警官高等职业教育"十三五"规划教材

行政法教程

XING ZHENG FA JIAO CHENG

主　编◎刘靖华

副主编◎胡丽珠　欧元军

撰稿人◎（以撰写章节先后为序）

刘靖华　郭　昕　凌代郡

朱　勇　胡丽珠　欧元军

徐丽艳　万春梅

中国政法大学出版社

2019·北京

图书在版编目（ＣＩＰ）数据

行政法教程/刘靖华主编. —北京：中国政法大学出版社,2019.8（2022.8重印）
ISBN 978-7-5620-9149-3

Ⅰ.①行…　Ⅱ.①刘…　Ⅲ.①行政法－中国－教材　Ⅳ.①D922.1

中国版本图书馆CIP数据核字(2019)第170025号

出　版　者　　中国政法大学出版社

地　　　址　　北京市海淀区西土城路 25 号

邮　　　箱　　fadapress@163.com

网　　　址　　http://www.cuplpress.com (网络实名：中国政法大学出版社)

电　　　话　　010-58908435(第一编辑部) 58908334(邮购部)

承　　　印　　北京朝阳印刷厂有限责任公司

开　　　本　　720mm×960mm　1/16

印　　　张　　15.5

字　　　数　　278 千字

版　　　次　　2019 年 8 月第 1 版

印　　　次　　2022 年 8 月第 2 次印刷

印　　　数　　5001～10000 册

定　　　价　　43.00 元

◆◇ 主编简介

刘靖华　女，1967 年 9 月生。安徽警官职业学院教授，法学博士，二级警监。中国法学会会员，安徽省行政法学会理事。主要从事行政法学和行政诉讼法学的教学和研究工作。出版学术专著一部；在《学术界》《江淮论坛》等学术刊物上发表学术论文数十篇；主编、参编教材多部。

❖ 编写说明

作为高等职业教育的重要组成部分，警官高等职业教育正随着经济社会的快速发展和一线政法工作对专门人才的迫切需求而与时俱进。近年来，全国司法类高职院校都积极探索高职教育教学规律、完善专业人才培养模式，以适应经济社会发展对司法类专门人才的客观需求，创新内容涉及各个方面，包括专业建设、课程建设、师资队伍建设等，当然也少不了至关重要的教材建设。编写一套以促进就业为导向、以能力培养为核心、以服务学生职业生涯发展为目标、突出当前警官高等职业教育教学特点的系列规划教材就显得尤为重要。

为适应司法类专业人才培养的需要，安徽警官职业学院决定遴选理论功底扎实、教学能力突出、实践经验丰富的优秀教师组成编写组，对警官高等职业教育原有的系列教材进行重新编写。本次编写按照"就业导向、能力本位、任务驱动"等职业教育新理念的要求，紧紧围绕培养高素质技术技能型人才开展工作。基础课程教材体现以应用为目的，以必需、够用为度，以讲清概念、强化应用为教学重点；专业课程教材加强针对性和实用性。同时，遵循高职学生自身的认知规律，紧密联系司法工作实务、相关专业人才培养模式以及课程教学模式改革实践，对教材结构和内容进行了革故鼎新的整合，力求符合教育部提出的"注重基础、突出适用"的要求，在强调基本知识和专业技能的同时，强化社会能力（含职业道德）和应用能力的培养，把基础知识、基本技能和职业素养三者有机融合起来。

本系列教材的主要特点是：

1. 创新编写思路，培养职业能力。"以促进就业为导向，注重培养学生的职业能力"是高等职业教育课程改革的方向，也是职业教育的本质要求。本系列教材针对司法类高职院校学生的特点，在教材编写过程中突出实用性和职业性，以我国现行的法律、法规和司法解释为依据，使学生既掌握法学原理，又明晓现行法律制度，提高学生运用法律知识解决实际问题的能力。同时，在教材内容编排上，本系列教材遵循由浅入深和工作过程系统化的编写思路，为学生搭建合理的知识结构，以充分体现高职的办学要求。

2. 体例设计新颖，表现形式丰富。为了突出实践技能培养，践行以能力为本位的职业教育理念，本系列教材改变以往教材以理论讲述为主的教学模式，采用新颖的编写体例。除基本理论外，本系列教材在体例上设置了学习目标、工作任务、导入案例、案例评析、实务训练、延伸阅读等相关教学项目，并在每章结束时通过思考题的形式，启发学生巩固本章教学内容。该编写体例为学生课后复习和检验学习效果提供便利，对提高学生的学习兴趣、促进学以致用、丰富教学形式、拓宽学生视野、提升职业素养具有积极的推动作用。

3. 课程针对性强，职业特色明显。高等职业教育教材突出相关职业或岗位群所需实务能力的教育和培养，并针对专业职业能力构成来组织教材内容。法律实务类专业在社会活动中具有与各方面接触频繁、涉及面广的特点，要求学生具有较高的综合素质和良好的应变能力。因此，本系列教材采用案例教学法，通过案例导入，并辅以简洁的案例分析，提供规范的实务操作范例，使学生能够更为直观地体会法律的适用，体验工作的情境和流程，增强学生的综合能力。

4. 文字表述简洁，方便学生使用。本系列教材在概念等内容编写中，尽量采用简洁明了的语言表述，使学生明确概念的要点即可，从而避免教材"一个概念多个观点""理论争论较多"的现象。

本系列教材共16本，在其编写过程中借鉴吸收了相关教材、论著的成果和资料；中国政法大学出版社也给予作者们大力支持和指导，责任编辑在审读校阅过程中更是付出了辛勤的劳动，在此我们深表谢忱。同时，由于时间紧、任务重，教材中难免出现不足和疏漏，恳请广大师生和读者给予批评指教，以便我们再版时进一步改进和提高教材质量，更好地服务于警官高等职业教育事业的发展。

警官高等职业教育"十三五"规划教材编审委员会
2019 年 3 月

❖ 前　言

　　本教材面向警官高等职业教育，主要适用于理论教学。在体例设计、内容编排、文字表述等方面，本教材既遵循高等职业教育的基本规律，力求将理论知识传授和岗位专业技能培养有机结合；又兼顾学科内容的完整性和系统性，注重对学科基础理论和基础知识进行介绍和阐述。

　　本教材的内容编写以"必需、够用"为原则，突出介绍基本理论、基本原理和常见的实务问题，注重融入法律制度的变化内容和行政法教学与科研的新成果。本教材共11章，章节体例简明统一：章前先明确"学习目标"，分为"知识目标"和"技能目标"两部分，以使学生明确本章的学习要点和技能培训要点；节前设置"本节引例"，促使学生产生问题意识，并在相应的知识点上解析引例，以培养学生分析问题、把握问题和解决问题的能力；接着为"理论知识"，阐述学科的主流观点、通说，以使学生建立系统的学科知识体系；之后为"延伸阅读"，选取能够帮助学生理解相应原理或培养能力的一些资料，拓展学生知识面；最后为"思考题"和"实务训练"，引导学生运用本章所学内容解决相应的行政法律实践问题。本教材的语言文字表述力求通俗易懂，避免晦涩冗长的叙述。

　　本教材由刘靖华同志任主编，胡丽珠同志、欧元军同志任副主编。郭昕、凌代郡、朱勇、徐丽艳、万春梅等同志参与了教材的编写工作。由主编负责全书的统稿和修改定稿。各章撰稿分工如下（以撰写章节先后为序）：

　　刘靖华：第一章、第二章；

　　郭　昕：第三章；

　　凌代郡：第四章；

朱　勇：第五章；

胡丽珠：第六章、第七章；

欧元军：第八章、第九章；

徐丽艳：第十章；

万春梅：第十一章。

主　编

2019 年 4 月

❖ 目 录

第一章

行政法概述

学习目标

【知识目标】

1. 掌握行政法的概念和特征。

2. 理解行政的含义。

3. 了解行政法的渊源和效力。

【技能目标】

能够识别行政法与其他部门法的区别。

行政法是规范行政的法，是我国法律体系中的一个部门法。行政法是调整公共行政管理过程中发生的行政关系的法律规范的总和。行政法律规范的表现形式多样，原则上成文法是我国行政法的主要法律渊源。像其他部门法一样，行政法具有时间效力、空间效力以及对人的效力，同时行政法律规范的各种表现形式之间的效力有等级之分。行政法通过对行政关系的调整形成行政法律关系。行政法律关系具有法律关系的共性，但有着区别于其他法律关系的特质。尽管具体的行政法律关系在不同行政领域反映出各自的特征，但它们的基本原理是一致的。

第一节 行政法概念

本节引例

案例一： 残疾人联合会为残疾人补贴培训学费的行为
是可诉的具体行政行为[1]

2007 年 5 月，吴某参加了北京市朝阳区残联举办的肢残人计算机平面设计培训班并交纳学费 400 元，后经考试取得了《全国计算机信息高新技术考试合格证》。2007 年 11 月，吴某向区残联提出报销培训学费的申请，填写了《北京市残疾人职业技能培训（学费补贴）登记表》，并提交了学费发票、个人申请、残疾人证、身份证复印件、户籍登记、退养协议等材料。区残联依据吴某提供的材料，认定吴某为在职在岗的残疾人，遂依据《北京市残疾人职业技能培训学费补贴暂行办法》第 8 条的规定，审查同意对吴某一次性补贴学费总额的 50%，即 200 元。吴某对此审核结果持有异议。

问题：残疾人联合会为残疾人补贴培训学费的行为是否具有行政性质？

案例二： 海关行政处罚实施细则有关"协助走私"
规定的可适用性[2]

1997 年 3 月至 1998 年 6 月，赫斯特拉号船等 64 艘次船舶运载油料入境，在厦门博坦公司所属的油料库卸载、仓储。上述油料均未在中国境内办理报关手续，系走私进口。厦门博坦公司经营上述业务的营业收入共计 5 797 142.97 美元，折合人民币 47 985 271 元。博坦公司 1997 年、1998 年间缴纳税收 3 006 505 元。此外查明，1997 年 3 月博坦公司致函福建省石油厦门总公司，提出卸储的油料手续不全，不予装船，并要求提供海关文件。同年 3 月、4 月，福建省石油厦门总公司回函，称由其办理海关手续，责任由其承担，并要求以后

---

[1] 中华人民共和国最高人民法院行政审判庭编：《中国行政审判案例（第 2 卷）》，中国法制出版社 2011 年版，第 41 号案例。
[2] 中华人民共和国最高人民法院行政审判庭编：《中国行政审判案例（第 1 卷）》，中国法制出版社 2010 年版，第 13 号案例。

按现行方式进行作业。后厦门海关依据《海关法行政处罚实施细则》[1] 第6条第2款的规定，以博坦公司"协助走私"为由，作出 [2002] 厦关查罚字第05-028号行政处罚决定，决定没收博坦公司违法所得44 978 766元，并科处罚款1000万元。博坦公司不服，向海关总署申请行政复议。2005年2月4日，海关总署驳回了博坦公司的复议申请，维持厦门海关作出的行政处罚决定。博坦公司仍不服，向厦门中级人民法院提起诉讼。本案最终由福建省高级人民法院二审终审。

问题：《海关法行政处罚实施细则》的效力如何？

理论知识

行政法，顾名思义，是关于行政的法。因此，正确理解和把握行政的含义是掌握行政法概念的前提和逻辑起点。

一、行政法上的行政

"行政"一词并不仅仅与行政法相关。行政是一个社会和历史的概念，行政的历史与人类有组织的活动一样的漫长。自人类形成共同生活的组织，行政就伴随而生。行政在社会生活中的含义具有多元性。一般意义上讲，行政是指社会组织为实现特定目标而进行的组织与管理活动，通常可区分为两大类：一类是基于公共利益对国家和社会事务的组织和管理，称为公共行政；一类是社会组织对其内部事务的组织和管理，称为私行政。从历史沿革上看，不是有了行政就有了行政法，行政法上的"行政"是在近代三权分立的宪政体制下所确立的概念。作为行政法研究对象的行政仅指公共行政。

（一）公共行政的含义

行政法是关于公共行政的法。公共行政是指国家行政机关或者其他社会公共组织，为了实现公共利益，对社会事务进行管理的活动。具体而言，公共行政具有以下内容：

1. 公共行政的主体是公共组织。在20世纪之前，国家对经济和社会生活的干预日渐增强，以至国家行政的范围不断扩大并空前膨胀，公共行政仅仅表现为国家行政，此时的公共行政的主体是政府。第二次世界大战以后尤其是自20世纪70年代以来，随着公共行政改革在全球范围内的兴起，国家对社会公共事务的垄断被打破，国家与社会的分离使得大量非政府的社会公共组织应运而生。

---

[1] 《海关法行政处罚实施细则》是案发时生效的规章，现在已经废止，取而代之的是与2000年修订的《海关法》相配套而制定实施的《海关行政处罚实施条例》。

这些社会组织在公共事务的管理过程中发挥了越来越重要的作用。政府不再是行使公共权力的唯一主体，社会上的非政府公共组织也享有部分公权力。因而，公共行政的主体范围已经从传统的政府扩大到社会组织。现代的公共行政已不等同于国家行政，除了国家行政之外，公共行政还包括其他非政府公共组织的社会行政。[1]

2. 公共行政以公共事务的管理为内容。公共事务不同于私事务，它是"一种为满足公众需要的，由国家组织的，固定、持续地向公众提供的服务"。[2] 公共事务包括公共服务和公共产品。由于公共事务关系到不同群体的利益，依靠市场难以有效解决，社会的基本公正也将难以达致，因此，只能借助公共权力予以解决。随着公共服务和公共产品内容、数量及质量的不断增长，公共事务体现在为数众多、形态各异的行政活动领域，"不同的国度，不同的地区，政府主管事务的多寡和干预领域的广窄会有很大不同"，[3] 这取决于国家与公民的关系以及国家在市场中的定位。一般来说，国家行政事务是公共事务的重要组成部分，涉及国家立法部门授权国家行政机关管理的所有与国家利益和社会整体利益有关的事务。除了国家行政事务外，还有许多社会事务需要由国家行政组织直接管理，或指导与监督其他社会组织进行管理，这也是公共事务的组成部分，如基层群众自治组织自主管理的事务。可见，国家行政事务属于公共事务，但公共事务绝不仅仅指国家行政事务。

3. 公共行政的目的是实现公共利益。公共利益是一个不确定的法律概念，一般是指符合人类理性的人民群众普遍需要的物质表现形式。[4] 公共利益是共同利益，但共同利益并不一定都是公共利益，只有那些具有社会共享性的共同利益才是公共利益。[5] 行政虽以公益为取向，但并不完全排斥私人利益。公共利益与私人利益并非完全处于对立状态，为法律所确认和保护的公民个人利益就属于公共利益的范畴，有时两者可以相得益彰。不过，公共利益与私人利益有时也相互对立而无法彼此兼顾，在此情形下，公共行政为维护公共利益而对私人利益有所限制的，不能逾越必要的限度，应符合法律保留与比例原则的要求。

---

〔1〕 姜明安主编：《行政法与行政诉讼法》，北京大学出版社、高等教育出版社 1999 年版，第 2 页。

〔2〕 ［法］莫里斯·奥里乌：《行政法与功法精要》（上册），龚觅等译，辽海出版社、春风文艺出版社 1999 年版，第 17 页。

〔3〕 姜明安："行政的'疆域'与行政法的功能"，载《求是学刊》2002 年第 2 期。

〔4〕 朱维究、王成栋主编：《一般行政法原理》，高等教育出版社 2005 年版，第 5 页。

〔5〕 石佑启：《论公共行政与行政法学范式转换》，北京大学出版社 2003 年版，第 22 页。

4. 公共行政表现为各种管理和服务活动。行政的本意就是管理，但公共行政不同于一般意义上的管理，它是对国家事务和社会公共事务的特殊管理活动。传统意义上的国家行政仅限于维护秩序，在行政方式上表现为权力行政，以强制力为基础实施管理；随着国家和社会的二元化、政府职能的不断转变，行政方式也不再完全是权力行政，非权力行政蓬勃发展。也就是说，无论公共行政的外在表现形式是强制的或合意的，其管理的本质就是服务。

（二）公共行政的分类

分类有助于揭示行政的不同表现形态，根据不同的标准可以对行政作如下分类。

1. 国家行政与社会行政。这是以主体为标准所作的分类。国家行政是指国家行政机关代表国家进行的公共行政，在我国主要是各级人民政府及其职能部门进行的管理活动。社会行政是指社会组织根据法律、法规授权进行的公共行政。其具体形态多种多样，实质是自治行政。在我国，社会行政的情形包括：律师协会等行业团体进行的行业自律管理活动；社团、基金会根据法律、法规授权进行的公务活动；各种鉴定、检测机构根据法律、法规授权进行的行业技术监督管理活动；村民委员会、居民委员会、社区等基层群众自治组织进行的自我管理活动等。社会行政拓宽了公共行政的主体范围，其实质是行政的自治和分权，代表着行政社会化的发展方向。

本节引例案例一中，依据《残疾人保障法》《残疾人就业条例》《残疾人联合会章程》以及《北京市朝阳区残疾人联合会职能配置、内设机构和人员编制规定》的有关规定，朝阳区残联在法律身份上是事业团体，在法律性质上属于公法人。该组织具有依照法律、法规、章程或者接受政府委托，开展残疾人工作，动员社会力量，发展残疾人事业的职能。依据《残疾人就业条例》《北京市残疾人职业技能培训学费补贴暂行办法》的规定，朝阳区残联具有促进本区残疾人就业，加强残疾人职业培训，对残疾人参加职业技能培训按规定给予学费补贴的审核权。因此，残疾人联合会为残疾人补贴培训学费的行为属于公共行政。

2. 权力行政与非权力行政。这是以手段为标准所作的分类。权力行政是指通过强制性的支配力量实现行政目的的行政活动，例如行政处罚、行政强制、行政征收等。非权力行政是指通过诸如劝告、建议、指导、契约等方式实现行政目的的行政类型，例如行政协议、行政指导等。由于行政民主化的发展，权力行政与非权力行政的界限日渐模糊。

3. 规制行政与给付行政。这是以行政的性质为标准所作的分类。规制行政是指以限制、规范公民、法人或其他组织的权利、自由的方式达到行政目的的行政活动，如经济规制、食品药品规制、交通规制、建筑业规制等。给付行政是指政府通过给予公民、法人或其他组织利益和便利等方式实现行政目的的活动，如政府提供社会福利、社会保障，设置道路、桥梁等活动。

4. 负担行政与授益行政。这是以行政法律关系内容为标准所作的分类。负担行政是指剥夺、限制公民、法人或其他组织人身、财产权益的行政，如税收、处罚、强制等行政。授益行政是指给予公民、法人或其他组织等某种权益的行政，如提供社会补助金、实施许可、减免税金、建设道路等行政。

基于行政自身的多样性和复杂性，行政手段呈现出多样化的趋势。相应地，关于行政的划分方式也不断增多。如根据行政主体享有和行使权力的自由度不同，可以划分为羁束行政与裁量行政；根据行政主体行为的方式不同，可以划分为作为行政与不作为行政。无论哪一种分类，都可以为我们提供一个认识行政，掌握其规律，发现并解决问题的新视角、新思路，同时还可以为立法规范行政提供参照系。

二、行政法的界定

关于行政法的概念，中外理论界有很多种定义方式，由于历史、法律体制和法律观念的差异，没有形成共识。国内外行政法学者有的从行政法调整的对象上界定，有的从行政法的目的上界定，有的从行政法涉及的内容上进行界定，有的从行政法对行政权力的作用上来界定。而且，在前述不同类型的界定中又分支出不同的观点，难以形成统一的概念。我们认为，行政法的概念应能对行政法现象进行全面、高度的概括，反映行政法的基本性质和内容。

（一）行政法的概念

行政法是调整公共行政过程中发生的行政关系的法律规范的总和。这一表述包含以下两层含义：

1. 行政法的调整对象是行政关系。行政关系是行政职能实现过程中产生的特定社会关系，包括为行使行政职权而进行自身建设时发生的内部行政关系，对相对方管理时发生的行政管理关系，对违法或不当行政行为进行补救时发生的行政救济关系，为保障职权的有效行使而由特定的国家机关对行政主体进行监督时产生的监督行政关系等多种类型。这些社会关系都与行政职权的行使有直接或间接的联系。与行政职权的行使无关的社会关系，即便是由行政机关为一方当事人，也不是行政法的调整对象。

2. 行政法是调整特定社会关系的一类法律规范的总称。行政法并不是指某个法典，而是指具有共同调整对象即行政关系，以宪法、法律、法规和规章等规范性文件为法律渊源的一系列法律规范的总和。把这些具有行政性的法律规范集合在一起，就构成了一个独立的部门法即行政法。

（二）行政法的特征

行政法作为一个独立的法律部门，与其他部门法相比，无论是在形式上还是在内容上都有显著的不同。

1. 行政法没有统一、完整的法典。由于行政法涉及的社会生活领域十分广泛，内容纷繁复杂，又有较强的公共性、专业性，再加上行政关系变动较快，制定一部系统、完整的实体行政法典比较困难，因此，世界上还未见成功的先例。另外，行政实践证明，行政法典的缺位并不影响以行政程序法为代表的许多单行行政性法律文件的颁布和实施。我国已颁布《行政处罚法》《行政许可法》《行政强制法》等法律，《行政程序法》的制定已列入立法规划。

2. 行政法律规范数量繁多，表现形式多样。行政法不是以统一完整的法典形式存在的，而是由宪法、法律、法规和规章等法律文件中的各种涉及行政权力的法律规范组成。行政法的规范数量之多，居各部门法之首。

3. 行政法涉及的领域十分广泛，内容非常丰富。现代法治国家，随着行政权力的扩张，行政职能不断加强，其干预领域已经从治安管理、外交、军事、税收等传统行政领域扩展到社会生活的其他方面，"公民从出生到死亡的全部生活都和行政部门所提供的服务密切相关"，[1] 各领域所发生的社会关系均需行政法调整，由此决定了行政法适用领域的广泛性和内容的丰富性。

4. 行政法律规范的内容易于变动。行政法所调整的社会关系，在任何国家都是最富于活动性、最易于变动的社会关系。行政法律规范作为行政关系的调节器，为了适应行政管理的客观要求，需要经常地通过废、改、立等方式变换内容，具有较强的变动性。行政法律规范制定主体的多元性，行政立法程序的简便性，行政法具体表现形式的多样性，也为及时制定、修改、补充或废止行政法规范提供了可能。

5. 行政法的结构具有融合性，实体法规范和程序法规范往往交织在一个法律文件中。这是因为行政程序极为复杂多样，涉及对行政职权的设定、行使、监督和救济等过程的各个环节，与实体行政权的运行有密切联系，因此，在大多数国家，行政程序法规范不是集中在自成体系的行政程序法文件中，而是散见于以行政实体法规范为主的众多法律文件中。需要指出的是，虽然行政实体法规范和程序法规范联系极为密切，但并不是说二者根本不能分离。许多国家

---

〔1〕 王名扬：《法国行政法》，中国政法大学出版社 1988 年版，第 13 页。

都制定了本国的行政程序法典。在我国，行政程序法的制定已纳入国家立法机关的议事日程，这对于行政法体系的完善具有特别重要的意义。

三、行政法的渊源

行政法律规范需要通过一定的形式表现出来，这些表现行政法律规范的形式称为行政法的渊源。在不同的国家和同一国家的不同历史时期，行政法律规范的表现形式不尽相同。在我国，行政法的渊源主要有以下几种：

（一）行政法的一般渊源

在我国，行政法的一般渊源是指以成文法的形态存在的，包含行政法性质和内容的一系列规范性文件。

1. 宪法典。宪法典是一切行政立法的依据。宪法典中关于行政的规范主要体现在：国家行政机关的组织、职权及活动原则；公民在行政领域的基本权利和基本义务等。宪法是行政法的基本法律渊源。

2. 法律。作为行政法渊源的法律，又被称为狭义法律，是指由全国人民代表大会及其常务委员会依照立法权限和程序制定的规范性文件。根据制定机关的不同，分为基本法律和一般法律。有些法律在整体上具有行政法的性质，如《行政处罚法》，还有些法律仅有部分规范属于行政法规范，如《婚姻法》。只要包含行政法律规范的规范性文件，就是行政法的渊源。

3. 行政法规。行政法规是国务院为领导和管理国家各项行政工作，根据宪法和法律，按照《行政法规制定程序条例》的规定而制定的政治、经济、教育、科技、文化、外事等各类法规的总称。行政法规一般以条例、办法、实施细则、规定等形式制定。在我国，行政法规是最主要的一类行政法成文法源。

4. 地方性法规。省、自治区、直辖市的人民代表大会及其常务委员会根据本行政区域的具体情况和实际需要，在不同宪法、法律、行政法规相抵触的前提下，可以制定地方性法规。设区的市的人民代表大会及其常务委员会根据本市的具体情况和实际需要，在不同宪法、法律、行政法规和本省、自治区的地方性法规相抵触的前提下，可以对城乡建设与管理、环境保护、历史文化保护等方面的事项制定地方性法规。地方性法规是地方人民政府在本地区开展行政工作的法律依据之一，其中有相当一部分法律规范以行政关系为调整对象，这些都是行政法的渊源。

5. 自治条例和单行条例。自治条例和单行条例是指由民族自治地方的人民代表大会依据宪法、民族区域自治法和其他法律规定的权限，结合当地民族的政治、经济和文化特点制定的规范性文件。作为行政法渊源的自治条例和单行条例只限于民族自治地方适用。

　　6. 行政规章。行政规章有部门规章和地方政府规章之分。国务院各部、委员会、中国人民银行、审计署和具有行政管理职能的直属机构，可以根据法律和国务院的行政法规、决定、命令，在本部门的权限范围内制定规章。省、自治区、直辖市和设区的市、自治州的人民政府，可以根据法律、行政法规和本省、自治区、直辖市的地方性法规制定规章。在我国行政法的法源中，行政规章的数量最多。

　　（二）行政法的特殊渊源

　　在我国，行政法的特殊渊源是指行政法的一般法律渊源的补充形态，包括法律解释、国际条约和协定等。

　　1. 法律解释。作为行政法渊源的法律解释是指依法享有法律解释权的特定国家机关对有关法律文件进行的具有法律效力的解释。根据1981年第五届全国人大常委会第19次会议通过的《全国人民代表大会常务委员会关于加强法律解释工作的决议》的规定，有权法律解释包括以下四种：①立法解释，即全国人大常委会依法对法律文件所作的解释；②司法解释，即最高人民法院和最高人民检察院依法对法律文件进行的解释；③行政解释，即国务院及其主管部门依法对法律文件进行的解释；④地方解释，即法定的地方人大常委会及人民政府主管部门依法对法律文件进行的解释。根据我国《立法法》《行政法规制定程序条例》《规章制定程序条例》的有关规定，法律解释同法律具有同等效力，行政法规的解释与行政法规具有同等效力，规章的解释与规章具有同等效力。

　　2. 国际条约和协定。国际条约是国际法主体间缔结的规定相互间权利义务关系的书面协议。国家或政府一旦签订了条约，条约所规定的权利和义务就对国内的组织和个人产生法律效力。协定是指两个或两个以上的国家的政府签订的，规定其相互之间在政治、经济、贸易、法律、文化和军事等方面的权利和义务的各种协议的总称。国家或政府一旦与别国或别国政府签订了国际条约或协定，其所规定的权利和义务就对国内的机关、组织和个人发生法律效力。凡是我国已经加入的、涉及行政管理内容的国际条约和协定也属于我国行政法的法源。

　　至于行政规章以下的规范性文件（行政规定）是否属于行政法的成文法源，我国行政法学界尚存争论。不可无视的现实是，如果从对行政活动的规范、对行政相对人权利义务的实际影响角度上去理解行政法法源的话，行政规定因构成"行为规范"自然属于法源之列；如果从对司法裁判的拘束角度上去理解行政法法源的话，行政规定则因不构成"裁判规范"而不在法源之列。可见，对行政规定的法源地位需要作辩证理解。[1]

四、行政法的效力

法律效力有广义和狭义两种解释。广义的法律效力是指法律所具有的拘束力和强制力，以及这种拘束力和强制力的范围。狭义的法律效力则仅指法律的效力范围。行政法规范无疑与其他法律规范一样，具有拘束力和强制力。

（一）行政法的空间效力

行政法的空间效力，是指行政法在空间上的效力范围，即关于行政法在哪些地域范围内具有约束力的问题。行政法的空间效力范围主要由国情和法的形式、效力等级、调整对象和内容等因素决定。

在我国，行政法总体上形成了"一国两制三系四区"的法域格局。即在中华人民共和国领域内，社会主义与资本主义性质的行政法，大陆法系、英美法系和中华法系风格的行政法同时存在，并且分布在我国内地、香港、澳门和台湾地区等四个区域。香港、澳门和台湾地区的行政法只在各自区域内适用。本文所述行政法指在我国内地范围内适用的行政法。

从整体上说，行政法在我国内地范围内都具有法律效力。但实际上，作为行政法渊源的法律、法规和规章的空间效力与行政法整体上的空间效力并不一致，法律、法规和规章之间的空间效力也各不相同。具体来说：①宪法、法律和行政法规在全国范围内有效，即在一国主权所及全部领域内有效，包括属于主权范围的全部领陆、领空、领水，也包括该国驻外使馆和在境外航行的飞机或停泊在境外的船舶。②地方性法规和地方规章只能在本行政区域内生效，在其他区域不具有法律效力。③某些法律、法规和规章明文规定只适用于特定地域的，只对特定地域的人或事产生约束力。例如，《中华人民共和国海关总署对进出经济特区的货物、运输工具、行李物品和邮递物品的管理规定》（现已失效）只适用于深圳、珠海、汕头和厦门四个经济特区，而不能适用于其他地方。④某些法律的空间效力范围大于行政法在整体上的空间效力范围。例如，根据《领海及毗连区法》第14条的规定，[2]该法不仅适用于我国领海，还适用于毗连区。[3]

---

[1]　章志远：《行政法学总论》，北京大学出版社2014年版，第43页。

[2]　《领海及毗连区法》第14条规定："中华人民共和国有关主管机关有充分理由认为外国船舶违反中华人民共和国法律、法规时，可以对该外国船舶行使紧追权……追逐只要没有中断，可以在中华人民共和国领海或者毗连区外继续进行。在被追逐的船舶进入其本国领海或者第三国领海时，追逐终止……"

[3]　叶必丰主编：《行政法与行政诉讼法》，中国人民大学出版社2003年版，第9页。

（二）行政法的时间效力

行政法的时间效力，是指行政法效力的起止时限以及对其实施前的行为有无溯及力。

1. 行政法的生效时间。一般说来，法律、法规和规章的公布是其开始生效的前提。但并不是所有的法一经公布就开始生效。各法律、法规和规章的生效时间根据法的规定、惯例、需要及其他有关情况而定，因而并不相同。法律、法规和规章往往以文本中的规定时间、发布时间、命令所定时间、文本到达时间或下达时间为生效时间。法律、法规和规章没有规定它的生效时间的，视为从发布之日起生效。但是，根据世界贸易组织的要求，以及《立法法》《行政法规制定程序条例》和《规章制定程序条例》的规定，今后都应当以命令的形式公布或发布法律、法规和规章，并在命令中明确规定生效时间。其中，除涉及国家安全、外汇汇率、货币政策的确定以及公布或发布后不立即施行将有碍施行的情况之外，法律、法规和规章应在公布或发布之日起30日后施行。

2. 行政法的失效时间。行政法的失效时间是指法律的废止时间。终止生效的时间依据法律的规定、立法发展、客观情况变化及其他有关因素而定。法律、法规和规章失效有以下几种情况：①新法取代旧法，使旧法失去效力；②有的法完成了历史使命而自然失效；③有的法律依法定事由按照法定程序被撤销而失效；④发布特别决议、命令宣布废止某项法；⑤法律规定了失效的日期，如期限届满又无延期规定的，便自行失效。其中，对被撤销的法律、法规和规章，视为自始不具有法律效力。在撤销前，该法律、法规和规章已经实施并产生了法律效果的，应分别对待。如果所产生的法律效果有利于公民，则应当予以承认；不利于公民的则不应承认。被废止的法律、法规和规章自废止之日起丧失法律效力。自行失效的法律、法规和规章，自所定期限届满或调整对象消灭之时起失效。

3. 行政法的溯及力问题。我国《立法法》第93条规定："法律、行政法规、地方性法规、自治条例和单行条例、规章不溯及既往，但为了更好地保护公民、法人和其他组织的权利和利益而作的特别规定除外。"也就是说，包括行政法律规范在内的法律规范，只能对其施行后的行为具有法律约束力，对其施行前的行为不具有任何法律约束力。但为了更好地保护公民、法人和其他组织的权益，法律、法规和规章也可以溯及既往。

（三）行政法对人和事的效力

行政法对行政法律关系主体都具有法律效力。其中，我国行政法对行政相对人的法律效力同时实行属人主义和属地主义原则。

根据法定主义原则，行政法一般只对它所规定的事项发生法律效力，对未作规定的事项和明文排除在外的事项不发生法律效力。但是，行政法规范总是概括性的，不可能列出每一项具体的事。这样，哪些事是法律、法规和规章已经规定的事，往往需要作具体的认定。

（四）行政法的效力等级

行政法是由宪法、法律、法规和规章中的行政法律规范所构成，行政法律规范因制定机关的多元性和制定机关地位的差异性而呈现出效力等级或位阶。

宪法具有最高的法律效力，一切法律、行政法规、地方性法规、自治条例和单行条例、规章都不得同宪法相抵触。法律的效力高于行政法规、地方性法规、规章。行政法规的效力高于地方性法规、规章。地方性法规的效力高于本级和下级地方政府规章。省、自治区的人民政府制定的规章的效力高于本行政区域内的较大的市的人民政府制定的规章。部门规章之间、部门规章与地方政府规章之间具有同等效力，在各自的权限范围内施行。自治条例和单行条例依法对法律、行政法规、地方性法规作变通规定的，在本自治地方适用自治条例和单行条例的规定。经济特区法规根据授权对法律、行政法规、地方性法规作变通规定的，在本经济特区适用经济特区法规的规定。

法律之间对同一事项的新的一般规定与旧的特别规定不一致，不能确定如何适用时，由全国人民代表大会常务委员会裁决。行政法规之间对同一事项的新的一般规定与旧的特别规定不一致，不能确定如何适用时，由国务院裁决。地方性法规与部门规章之间对同一事项的规定不一致，不能确定如何适用时，由国务院提出意见，国务院认为应当适用地方性法规的，应当决定在该地方适用地方性法规的规定；认为应当适用部门规章的，应当提请全国人民代表大会常务委员会裁决；部门规章之间、部门规章与地方政府规章之间对同一事项的规定不一致时，由国务院裁决。根据授权制定的法规与法律规定不一致，不能确定如何适用时，由全国人民代表大会常务委员会裁决。

本节引例二中，双方当事人争议的焦点之一是，博坦公司的卸储行为是否构成"协助走私"，《海关法行政处罚实施细则》关于"协助走私"的规定与新《海关法》的相关规定是否冲突。福建省高级人民法院在二审中确认：博坦公司的卸储行为属于"协助走私"的违法行为。理由是，在该行为发生期间，《海关法行政处罚实施细则》是有效的，依照该实施细则第6条第2款的规定，知情不报并为走私人提供方便的，构成"协助走私"的违法行为。《海关法行政处罚实施细则》第6条第2款的规定与新《海关法》第84条的规定未抵触，在其生效期间依法可适用。

第二节　行政法律关系

本节引例

被依法确认无权占有使用房屋的起诉人不具有
起诉房屋登记行为的原告资格[1]

1993 年 10 月，易达公司从海南外信工贸公司三亚办事处购买外信小区 A 楼地下室一层，1994 年 10 月三亚市房管所向其颁发了三集房字第 447 号《房屋所有权证》。从 1998 年 4 月起，外信小区 A 楼房产几经转让：海南外信工贸公司→海口中机经贸联营公司→溧阳燃料总公司→盛京公司。三亚住建局提供的资料证明，这几次转让交易的都是 A 楼 1~9 层房产，不包括地下室。2004 年，韦波从盛京公司处购买了外信小区 A 楼 1、2 层房产，双方约定：盛京公司将该楼地下室房产无偿赠给韦波。韦波取得了外信小区 A 楼 1、2 层《土地房屋权证》。2008 年，易达公司以韦波侵占其名下的外信小区 A 楼地下室为由提起民事诉讼。韦波败诉。韦波转而起诉三亚市政府和三亚住建局，请求法院依法撤销三集房字第 447 号《房屋所有权证》，并确认两被告给易达公司颁发该证的行为违法。

问题：韦波与三亚市政府和三亚住建局之间有行政法律关系吗？

理论知识

法律是社会关系的调节器，社会关系一经法律规范调整，便形成相应的法律关系。行政法律关系是法律关系的重要范畴，它对立法机关理顺关系、配置权利义务，行政机关执行法律、实施行政管理，司法机关分析案情、适用法律，以及学者们区分法律部门、构造法学体系，都具有重大的意义。[2]

一、行政法律关系概述

（一）行政关系与行政法律关系

任何法律关系都本源于实际存在的社会关系。行政法律关系作为一类特殊的法律关系，则本源于行政活动中产生或引发的各种社会关系，这些社会关系

---

〔1〕　参见中华人民共和国最高人民法院行政审判庭编：《中国行政审判案例（第 2 卷）》，中国法制出版社 2011 年版，第 48 号案例，有改动。

〔2〕　罗豪才主编：《行政法学》，中国政法大学出版社 1996 年版，第 17 页。

统称为行政关系。通常认为，行政关系是行政法的调整对象，而行政法律关系是行政法调整行政关系的结果。尽管行政关系与行政法律关系二者具有十分密切的联系，但二者有着根本区别，表现在：①性质不同。行政关系是一种客观存在的事实关系，仅具有"物质社会关系"的属性。这些事实关系只有受到行政法律规范调整之后，才能成为行政法律关系。因而，行政法律关系具有"思想社会关系"的属性。②内容范围不同。从传统的行政转向服务行政、生态行政，社会和法律对行政提出了更高的要求；就法治行政、公民与社会权利保护最大化而言，凡是涉及权利、义务的行政关系都应当法律化与制度化。但由于行政机关实施的一些行为，尤其是内部行为，目前尚没有法律、法规对之加以调整，因此这些行为发生的关系就只是行政关系而无法形成行政法律关系。因此，行政法律关系的范围小于行政关系，但内容层次较高。

（二）行政法律关系的概念[1]

我国自20世纪80年代恢复行政法制建设以来，理论界对行政法律关系概念的界定纷繁复杂。通常认为，行政法律关系是指行政主体在实现行政职能的过程中，因行政职权的配置、行政职权的行使和对行政的监督，经行政法调整之后所形成的具有权利义务内容的社会关系。

第一，行政法律关系产生于行政法对一定社会关系的法律调整过程。所谓调整，是指法律规范赋予关系各方当事人以实体权利和程序权利，规定各方当事人实体义务和程序义务，使相互关系的进行能适应人民的意愿和建立某种秩序状态。调整的方式主要有认可和设定。

第二，行政法律关系是行政法对一定社会关系调整后所形成的特定法律关系的总称。这些社会关系是在实现行政职能的过程中发生的，对其中的行政职能的范围应作广义的理解，包括行政机关为实现行政职能而需要配置的行政职权和行政职责活动，为实现行政职能而进行的行政活动，以及为保证有效实现行政职能而对行政机关进行的必要监督。在这个范围内的各种社会关系经行政法调整后形成了内容丰富、形式多样的行政法律关系。

第三，行政法律关系是一种行政法上的权利义务关系。行政法律规范对一定的行政关系作出规范和调整之后，关系的双方当事人便有了明确的权利和义务。同时，由于行政法律关系是受到行政法规范调整后形成的权利义务关系，因而行政法律关系只能是一种行政法上的权利义务关系。

本节引例中，韦波与被诉房屋登记行为有客观存在的关系，但问题在于，

---

[1]　朱维究、王成栋主编：《一般行政法原理》，高等教育出版社2005年版，第41页。

这是一种行政关系吗？本案中，被诉房屋登记行为发生于 1994 年，韦波从盛京公司处受赠 A 楼地下室是在 2004 年。也就是说，房屋登记机关作出房屋登记行为时，韦波所主张的权益尚未取得，不存在该登记行为作出时侵犯其财产权益的情形。况且，韦波没有合法取得 A 楼地下室的权属依据，也不存在被诉房屋登记行为作出后侵害其继受取得的合法权益的事实。因此，韦波与被诉的三亚市政府和三亚住建局之间没有形成行政法律关系。

二、行政法律关系的主体

（一）行政法律关系主体的概念

主体是法律关系的根本要素。行政法律关系的主体，是指行政法律关系中享有权利并承担义务的人或组织。与其他性质的法律关系相比，行政法律关系的主体具有如下特征：[1]

1. 主体的恒定性与不可转化性。行政法律关系发生在实现行政职能的过程中，关系双方当事人中必有一方是承担行政职能的行政主体，不以行政主体为一方当事人的法律关系不可能是行政法律关系。这就是行政法律关系主体的恒定性，是行政法律关系区别于其他法律关系的特点之一。同时，在行政法律关系主体中，行政主体与其他各类当事人是不能相互转化或互换位置的，它们各自的地位和法律角色是确定的。例如，在行政诉讼中，原告只能是行政相对人，被告只能是行政主体，它们不能互为原被告。

2. 主体资格的受限制性。在行政法律关系中，无论是行政主体还是其他各类当事人都要受到一定资格条件的限制。就行政主体而言，作为行政权力的享有与行使者，必须具备法定的资格条件。在我国，只有行政机关和法律、法规授权的组织才能作为行政主体。而且，行政机关和法律、法规授权的组织可以作为行政主体，并不意味着它们可以作为任何一种行政法律关系的行政主体，它们必须受法律授权范围的限制。其他各类当事人在资格上的限制呈现多样化的特点。其中，对行政管理法律关系中的行政相对人，一般情况下无资格上的特别限制，只是在一些特别行政法律关系中要求其具有特别权利能力和行为能力。

（二）行政法律关系主体的种类

行政法律关系主体不是指某一方主体，而是指参与到行政法律关系中的所有当事人，是双方或多方主体。根据它们在行政法律关系中所处地位的不同，

----

〔1〕 杨解君："行政法律关系"，载应松年主编：《当代中国行政法（上卷）》，中国方正出版社 2005 年版，第 140 页。

可以划分为以下几类：

1. 行政主体。行政主体是指具有行政权能，并能以自己的名义运用行政权力，独立承担相应法律责任的社会组织。在我国，具有行政主体资格的社会组织包括国家行政机关和法律、法规授权的组织。其中，国家行政机关是最普遍、最重要的行政主体，但不是唯一的行政主体。国家行政机关以外的其他社会组织在得到法律、法规授权的情况下，也能成为行政主体。同时，国家行政机关也并不始终是行政主体，它只有在行使行政权，管理行政事务时才是行政主体。当国家行政机关处于被管理者的地位时，它就是行政相对人。

2. 行政相对人。从广义上讲，行政相对人是指在行政法律关系中与行政主体相对应的、受行政权作用的另一方主体。行政相对人与行政主体不具有隶属关系，而是因接受行政主体的管理而与行政主体产生关系。作为行政相对人的自然人、法人和其他组织应具备一定的资格条件，即需满足行政法对其规定的权利能力和行为能力的要求。在某些特殊的行政法律关系中，对自然人的权利能力和行为能力会有一些特殊的要求。法人和其他社会组织的权利能力和行为能力始于成立，终于解散。

3. 监督主体。监督主体是指在监督行政法律关系中依法对行政主体及公务员实施监督的各种主体，既包括国家权力机关、国家司法机关、专门监督机关，也包括公民、法人或其他组织。作为监督主体的国家权力机关、司法机关根据宪法和组织法，监察机关、审计机关根据宪法和专门法，对行政主体及其公务员行使职权行为实施的监督，是直接产生法律效力的监督。公民、法人或其他组织作为监督主体，不能对监督对象作出直接产生法律效力的监督行为。

三、行政法律关系的客体

行政法律关系的客体，是指行政法律关系主体的权利义务所指向的标的。权利和义务如果没有他们所指向的对象，将因没有目标而不能落实，也就丧失了其存在的意义。行政法律关系客体的范围很广泛，一般认为，行政法律关系的客体包括人身、财物、精神财富和行为。

（一）人身

这里的"人身"意指人的身体和身份。如行政拘留、居民身份证管理等行政行为就是直接对人的身体和身份发生作用。[1]

（二）财物

物是指现实存在的、能够为人们所控制和支配的，满足人们物质需要的物

---

〔1〕　胡建淼：《行政法学》，法律出版社 2015 年版，第 18 页。

体。包括天然存在的物体，如水、矿产资源等；也包括人工制造的物体，如汽车、房屋等。大多数行政法律关系都与物有着密切的联系，有的直接以物为客体，如行政机关对公共设施的管理；有的虽以行为为客体，但仍与物紧密相关，如税务机关对市场主体纳税行为的监管，主要通过对其交纳金钱的数量进行检查来实现。因此，物在行政法律关系中占有重要地位。

作为行政法律关系客体的物主要包括：①行政奖励物，如奖金；②被行政确认或裁决物，如使用权有争议的土地；③行政罚没物，如罚款；④被保护的物，如受行政主体保护的公民合法财产或公共财物、公共设施等；⑤征收征用物，如行政征收、征用的税金、规费及其他财产；⑥救济物，如行政主体对遭受洪灾的人给予的金钱或生活、生产物资；⑦公益物，如行政主体为社会及相对人提供的公园、道路、桥梁等；⑧行政活动保障物，如行政主体进行行政管理所具有的一定的物质保障；⑨其他财政资产、金融资产、国有资产等公产、公物。[1]

（三）精神财富

精神财富是指能满足人们精神需要的无形的客观事物，如人格、文艺创作成果和娱乐等。精神财富虽然是一种无形的事物，但它是客观存在的，并有一定的表现形式，如国家机关的职位、文学作品、发明、某种荣誉和行为等。某些精神财富只能满足人们精神生活的需要，如娱乐行为；而某些精神财富在满足人们精神生活需要的同时，又能间接地带来物质利益，从而满足人们物质生活的需要，如学术著作等。在公民向国家专利管理机关申请发明专利的行政法律关系中，专利就是客体。

（四）行为

正如马克思所说："对于法律来说，除了我的行为以外，我是根本不存在的，我根本不是法律的对象。我的行为就是我同法律打交道的唯一领域，因为行为就是我为之要求生存的权利，要求现实权利的唯一东西。而且因此我才受现行法的支配。"[2] 由此可以看出，行为在法律关系中占有重要的地位。作为行政法律关系客体的行为包括作为与不作为、合法行为与违法行为、行政主体的行为与行政相对人的行为。作为行政管理法律关系客体的行为主要是行政相对人的行为；作为行政服务法律关系客体的行为主要是行政主体的服务行为；作为监督法律关系客体的行为主要是行政行为。

---

[1]　方世荣主编：《行政法与行政诉讼法》，中国政法大学出版社 2002 年版，第 29 页。

[2]　马克思、恩格斯：《马克思恩格斯全集（第 1 卷）》，人民出版社 1972 年版，第 16~17 页。

四、行政法律关系的内容

（一）行政法律关系在内容上的特征

行政法律关系的内容，是指行政法律关系的主体所享有的权利和所承担的义务。

行政法律关系主体的权利，是指由行政法规范规定的，行政法律关系主体以相对自由的作为或不作为方式获得利益的一种手段。行政法律关系主体的义务，是指由行政法规范规定的，行政法律关系主体以相对抑制的作为或不作为方式承受负担或保障权利主体获得利益的一种手段。行政主体和行政相对人都享有一定的权利，承担一定的义务。与其他性质的法律关系相比，行政法律关系在内容上具有如下特征：

1. 法律关系主体的权利义务具有法定性。行政法律关系主体之间不能相互约定权利义务，也不能自由选择权利义务，而是由行政法律规范预先规定他们的权利、义务。

2. 法律关系主体的权利义务具有对应性。在行政法律关系中，主体双方相互行使权利并履行义务，不允许存在一方只行使权利而另一方只履行义务的情况。例如，行政主体在对行政相对人行使行政处罚权力的同时，又要履行说明理由、听取陈述和申辩以及接受监督的义务。

3. 法律关系主体的权利义务具有不对等性。在行政法律关系中，主体双方虽对应地既享有权利又履行义务，但各自权利义务的质量却不对等。从质的方面讲，行政主体行使的是行政职权，履行的是行政职责，而行政相对人享有和承担的是公民、法人或其他组织的权利义务，这两类权利义务具有不同的性质。从量的方面看，主体双方各自权利义务的数量也不相等。由于权利义务性质不同，无法等量衡量，二者更不是一种等价交换。

4. 行政主体的权利义务的不可分割性和处分有限性。行政主体的权利义务往往相互渗透、交叉重叠，很难截然分开。行政主体的权利相对于行政相对人来说是权利（职权），但相对于国家和社会来说是义务（职责），因而是权利和义务、职权和职责的统一体。行政主体权利义务的法定性与不可分割性，决定着其内容处分的有限性。也就是说，行政主体不能自由处分其权利义务。

（二）行政主体的权利和义务

行政主体的权利和义务，通常又被称为"行政职权"和"行政职责"。

1. 行政职权。不同的行政主体所享有的行政职权内容有别，但总体说来，行政职权大致包括以下内容：制定规范权，即行政机关制定行政法规、规章和行政规范的权力；行政检查权，即行政主体依法对行政相对人履行法定义务的情况进行监督、检查的权力；行政处理权，即行政主体对行政相对人的权利义务进行处理的权力，包括许可权、处罚权、处分权、奖励权等；行政强制权，即行政主体对行政相对人依法采取强制措施的权力，包括即时强制权和强制执行权；行政司法权，即行政主体对一定的行政纠纷和民事纠纷进行裁决处理的权力，包括行政复议权、行政裁决权、行政调解权等。此外，还有行政命令权、行政合同权、行政指导权等。

2. 行政职责。行政职责随行政职权的产生、变更或消灭而相应变化，与行政职权密不可分。行政职责的核心是依法行政，其具体内容主要有：依法履行职务、不失职；严守职权、不越权；符合法定目的、不滥用职权；遵循法定程序、避免程序违法。

（三）行政相对人的权利和义务

公民、法人或其他组织行政相对人的权利可概括为：①行政参与权。它是指行政相对人可以依照法律规定，通过各种途径参与国家行政管理活动的权利。具体包括：直接参与管理权、了解权、听证权、行政监督权、行政协助权等。②行政获益权。它是指行政相对人可以依据法律规定从行政主体或通过行政主体的管理活动获得利益的权利。具体包括：就业权，享受养老、保险、救济金等社会福利的权利，获得许可、奖励、减免税等其他权益的权利，接受义务教育的权利。③行政保护权。它是指当行政相对人的合法权益受到侵犯时有权获得行政法上的保护的权利。这些保护是行政相对人通过行使请求权、申请行政复议或提起行政诉讼的方式而实现的。

行政相对人的义务主要有：遵守行政法律规范；服从行政管理；执行行政决定等。

（四）监督主体的权利和义务

不同的监督主体与行政机关及其公务员之间的权利义务，因监督主体的性质不同而有所区别。权力机关的监督权力主要包括：对行政权力违法运用结果的撤销权或变更权，对行政领导人员的罢免权，对行政行为的检查权、调查权、质询权等。国家行政机关的监督权力体现在：对违法行政或不当行政的撤销权或变更权，对在行政活动中违法、违纪的公务员的行政处分权以及辞退权，专门的行政监察权，审计权等。国家司法机关的监督权力主要有：对行政主体具体行政行为的审查、裁判权，对作为具体行政行为依据的行政规章和规范性文件的判断权及选择适用权，对行政机关申请人民法院强制执行的决定的审查权，对行政主体的司法建议权等。行政主体对上述国家机关的各种权力性监督负有不得干扰和妨碍的义务、配合并接受监督活动的义务、服从并执行监督权行使结果的义务。

其他监督主体的监督权利体现为：对行政活动提出批评、建议的权利，申诉、控告、检举、揭发的权利，来信来访的权利，提出行政复议、行政诉讼的权利，要求行政赔偿的权利等。

五、行政法律关系的产生、变更和消灭

行政法律关系是由行政法律规范调整和规定而形成的，所以，行政法律规范是行政法律关系形成的法律根据和前提条件。但是，行政法律规范所规定的只是一般的、普遍性的或抽象的权利义务模式，并不是现实具体的行政法律关系，它只为具体行政法律关系的产生、变更或消灭提供了可能。只有具体适用该权利义务规定的法律事实出现，这种可能性才能转化为现实性。因此，行政法律关系的运动是指由于一定的法律事实而引起的行政法律关系产生、变更和消灭的过程。

（一）法律事实

法律事实是指引起行政法律关系产生、变更和消灭的具体条件和根据。它能否产生这样的法律效果，即能否引起行政法律关系的运动、能引起何种行政法律关系的运动，以及是引起行政法律关系的产生还是引起行政法律关系的变更或消灭，完全取决于行政法律规范的预先规定。实际上，法律事实就是行政法律规范结构中的假定部分。法律事实通常可分法律事件和法律行为。

法律事件，是指能引起行政法律关系产生、变更和消灭，不以人的主观意志为转移的客观事件，如地震、台风和洪水等自然灾害和战争、动乱、流行病暴发、人的出生或死亡等社会事件。

法律行为，是指能引起行政法律关系产生、变更和消灭的，行政法主体有意志的行为。它可以是作为，如滥伐林木；也可以是不作为，如逃避服兵役。它主要是行政主体的行为，如行政征收和强制执行；也可以是相对人的行为，如超速驾驶。它可以是合法行为，如暂住人口申报暂住登记，公安机关依法收缴枪支；也可以是非法行为，如非法开采金矿，行政主体滥用职权。

（二）行政法律关系的运动形式

行政法律关系的运动有产生、变更和消灭三种形式。

1. 行政法律关系的产生。这是指行政主体和行政相对人之间依法实际形成特定的权利义务关系，即把行政法律规范中规定的权利义务转变为现实的由行政法主体享有的权利和承担的义务。例如，公民年满18周岁，就产生了兵役主管部门和该公民之间的行政法律关系。这使得该公民承担服兵役的义务，使得兵役主管部门享有征招的权利。

2. 行政法律关系的变更。这是指特定的行政法律关系在存续期间，因一定原因而使部分的权利义务发生变化的情况。具体来说，行政法律关系发生变更，一是发生在法律关系存续期间，如果行政法律关系尚未产生，或已经消灭，均不存在变更的问题。二是法律关系的部分要素发生了变化，如果一种法律关系的主体、客体和内容都有变化，则表明原来的行政法律关系已不复存在而形成了另一个新的行政法律关系。一般认为，行政法律关系的变更即主体、客体或内容发生的变更。

3. 行政法律关系的消灭。这是指政法律关系因一定原因而不复存在，即行政法律关系主体之间的权利义务的终结。引起行政法律关系消灭的法律事实主要有：①原主体消灭，没有或不能有承继主体。例如，公民或国家公职人员死亡，法人被兼并，其他社会组织被解散或授权行政主体的授权期限届满，国家公职人员因开除、辞退或解职而丧失所具有的身份等，都会引起行政法律关系的消灭。②设定权利义务的法律规范或行政决定的消灭。例如，行政决定的撤销、废止，权利的实现和义务的履行等，使行政法律关系归于消灭。③客体的消灭。例如，作为客体的文物的灭失，使文物保护行政法律关系归于消灭。当然，客体的消灭也不一定必然导致行政法律关系消灭。如果原客体消灭后，能以其他客体代替的，则原权利义务仍然可以实现，行政法律关系只是有了一定的变更。

思考题

1. 什么是公共行政？
2. 为什么行政法没有统一的法典？
3. 试述行政法的渊源体系与效力位阶。
4. 如何理解行政法律关系的不对等性？

实务训练

某化工厂超标排放污水，致使工厂附近20户农民种植的果树大量死亡。农民向县生态和环境保护局投诉，要求查处该化工厂。县生态和环境保护局经调查后对化工厂的超标排污行为进行了处罚。同时，20户农民还向化工厂提出索赔要求，并请求县生态和环境保护局对赔偿金额进行调解处理。

问题：本案中各方当事人之间是什么性质的法律关系？如果有行政法律关系的存在，何者为行政主体，何者为行政相对人？

第二章

行政法的基本原则

学习目标

【知识目标】

1. 掌握行政合法性原则、比例原则、诚实信用原则、程序公正原则的具体要求。

2. 理解法律优位、法律保留的内涵。

【技能目标】

能够运用行政法的基本原则解决实际问题。

作为部门法的行政法应当有自己独立的基本原则，但由于行政法没有统一的法典，行政法基本原则不可能像刑法和民法的基本原则那样由统一的法典加以明确规定。我国行政法学者对行政法基本原则的概括和表达不尽相同，但对行政法基本原则特征的理解大致接近。一般认为，行政法基本原则，是指导行政法制定、执行、遵守以及解决行政争议的基本准则，贯穿于行政立法、行政执法、行政司法和行政法制监督的各个环节之中。[1] 因此，只有充分把握行政法的基本原则，才能保证行政法规范在适用上的统一和协调，才能使行政法规范得到切实有效地实施。同时，当法律规范出现漏洞时，行政法基本原则作为共同理念可以弥补法律的不足。

行政法基本原则是在长期的民主法制建设过程中，在行政法与其调整对象的相互作用过程中逐渐形成和确立的一种精神，是对行政法规范的精神实质的概括，体现着行政法的价值和目的。因此，行政法基本原则内容的确定不仅要

---

〔1〕 应松年主编：《行政法学新论》，中国方正出版社 1998 年版，第 37 页。

反映出法治基本原则的特征，也应反映出行政法追求的价值和目的。

第一节　行政合法性原则

本节引例

2002 年初，某省某钢铁有限公司筹划在某市建设新的大型钢铁联合项目，概算总投资 105 亿元人民币，2003 年 6 月进入现场施工。该项目在建设实施过程中出现问题：越权审批项目，违规拆分审批征用土地，违规组织实施征地拆迁工作；违反《土地管理法》，未取得征地批准文件即动工建设，违法占用土地 6541 亩，其中耕地 4585 亩（含基本农田 1200 亩），致使 4000 多名农民被迫搬迁；该公司严重违反国家环境保护法、环境影响评价法律法规的有关规定，未取得环保部门批复的《环境影响评价报告书》就擅自开工建设；等等。上述事件经媒体调查曝光后在全国引起强烈震动。

理论知识

行政合法实质上体现了现代民主政治的基本要求，反映了现代国家行政的一般规律。作为社会主义国家行政法制建设的一项基本原则和主要内容，行政合法贯穿于社会主义国家行政活动的始终。

一、行政合法性原则概述

行政合法性原则是指行政主体的一切管理活动都必须符合法律规定。

（一）"法"的含义

行政合法，顾名思义，是要求行政要依据法律而为。因此，法律的范围直接影响着行政合法的具体要求。对"法"的范围的界定，在不同历史时期有所区别。在自由资本主义阶段，行政合法就是要求行政机关严格依照国家立法机关制定的法律行使职权，行政机关实施的一切行政行为都必须有明确的法律依据，绝对不得超越法律的规定。法律若无规定，行政机关不得为之，这就是通常所说的"无法律即无行政"。但是，随着社会的发展，这种严格意义上的行政合法在各国行政实践中都难以得到切实的推行。因为立法机关制定的法律在任何时候都是有限的，不可能对行政权所涉及的全部事务都预先作出详尽周密的规定。当前，世界各国共通的认识是，对"法"作广义理解，它是指一切行政法的法律渊源。在我国，不仅包括各级人民代表大会制定的法律、法规，而且包括行政机关制定的行政法规和规章。

（二）行政合法性原则的含义

我国行政法学界对行政合法性原则进行了比较深入的探讨，从不同的角度阐述其内涵，归纳起来包括以下几方面内容：行政权力的设定符合法律的规定；行政主体必须依据法律取得职权；行政主体依法定权限、法定条件和法定程序在法定范围内行使行政职权；违法行政承担相应的法律责任。

本节引例中，当地政府及地方相关行政职能部门严重违反了国家有关法律法规，违法作为或不作为。2004 年 4 月，该大型钢铁联合项目被国务院查处并勒令叫停。

行政合法性原则具体体现为法律优位和法律保留。

二、法律优位

法律优位或称法律优先，简而言之，是指法律相对于行政机关及其活动的优越地位，表现为：行政法规范对行政活动具有拘束力和支配力，行政主体不得采取任何违反行政法规范的措施。需要指出的是，法律优位只要求行政活动不得与法律相抵触，并不要求行政活动具有明确的法律依据，行政主体不实施与法律规定不一致的行为即符合该原则的要求。因此，该原则又称为消极的依法行政原则。

（一）含义

行政机关的行政行为从大的方面来说有两类，即制定规范性文件的抽象行政行为和作出处理决定的具体行政行为。依法行政不仅要求行政机关根据法律和法律授权制定规范性文件，还要求行政机关在作出具体行政行为时必须依据法律。从法律优先角度来讲，具体有下列要求：

对拥有行政立法权的行政机关而言，法律优先意味着：①在已有法律规定的情况下，行政法规、规章不得与法律相抵触，凡是有抵触的，都以法律为准。凡是上一位阶的法律规范已经对某一事项作出规定的，下一位阶的法律规范不得与之相抵触。②在法律尚无规定的情况下，行政法规、规章在各自范围内作出了规定，一旦法律就此事项作出规定，法律处于优先地位。上位阶法律尚无规定的，下位阶规范可以作出规定，但上位阶规范就此作出规定的，下位阶规范必须服从。[1]

对行政职权的行使，法律优先包含以下含义：①越权无效。行政权之主体应受其组织法所赋予职务的限制，不得逾越其管辖权和权限。任何超越管辖权

---

〔1〕 刘莘："行政法基本原则"，载应松年主编：《当代中国行政法（上卷）》，中国方正出版社 2005 年版，第 87 页。

和权限的行政均为无效行政。[1] ②行政不得违反法律。任何组织和个人都不得有超越宪法和法律的特权。代表国家行使行政权的行政主体尤其应在法律允许的范围内活动，行政主体实施行政行为不仅应当依照法律的具体规范，而且应当依据法律所确认和体现的原则、目的和精神以及社会公认的公平正义等价值观念；不仅应当依照实体法规范，而且应当依据程序法的规定。③行政主体应主动适用法律。执行法律是行政机关的职责，行政机关应主动适用其职权范围内的法律，不得拒绝和任意为之。

（二）保障机制

法律优先必须有机制保障，违反法律的审查机制是法律优先的重要保障。因各国体制不同，存在着不同的违法审查机制。[2] 在我国，对行政法规、规章及其他规范性文件的审查权属于权力机关和有权行政机关。例如，全国人大常委会有权撤销国务院制定的同宪法、法律相抵触的行政法规、决定和命令；国务院有权改变和撤销各部、各委员会发布的不适当的命令、指示和规章。至于具体行政行为是否合法，复议机关和人民法院都有权进行审查。

三、法律保留

法律优先要求行政机关按照现行法律行事，对法律未明文规定的事项，并未禁止行政机关行为。行政行为没有抵触法律，虽然不违反法律优先的要求，但也不可任意为之。在涉及公民权利义务等事项方面，只有法律明确授权，行政主体才能实施相应的管理活动。这就是法律保留。法律优先仅要求行政活动不与法律相抵触，而法律保留则进一步要求行政活动必须具有法律的明确授权根据，否则即构成违法，其要求显然比法律优先要严格得多，法律保留因此又被称为积极的依法行政原则。

（一）立法保留

立法保留是指在国家法律体系内，一些重大的事项只能由国家立法机关以正式法律的形式规定，而不能由其他国家机关特别是行政机关代为规定。我国《宪法》明确了全国人民代表大会、国务院、享有立法权的地方各级人民代表大会和人民政府各自享有的立法权限。

在我国，法律保留分为"绝对保留"和"相对保留"。"绝对保留"是指特

---

〔1〕 刘莘："行政法基本原则"，载应松年主编：《当代中国行政法（上卷）》，中国方正出版社2005年版，第87页。

〔2〕 在英国，议会和法院拥有违反法律优先原则的审查权；在法国，行政法院对行政立法、具体行政决定是否具有违法性进行审查；在德国，违反法律优先原则的审查权归国会和法院，对具体的行政决定是否合法的审查权归行政法院。

定事项的立法权只属于法律，任何其他国家机关不得行使，也不能授权其他国家机关行使。根据我国《立法法》的规定，涉及犯罪与刑罚、公民政治权利和人身自由的强制措施和处罚、司法制度等事项的立法权，只能由全国人民代表大会及其常务委员会行使，不得授权国务院制定行政法规，也不得授权地方各级人民代表大会制定地方性法规；涉及国家主权的立法事项，不得授权地方各级人民代表大会制定地方性法规。"相对保留"是指特定事项的设定权本来属于法律，但在特定情况下，法律可以授权国务院根据实际需要制定行政法规。相对保留的立法事项涉及国家机关的设置、职权及其相互关系，民族区域自治制度、特别行政区制度、基层群众自治制度等国家政权建设制度，涉及公民财产的强制措施和处罚，物权、债权、知识产权、婚姻家庭、财产继承等民事规范，诉讼制度、律师公证和仲裁制度，财政、税收、海关、金融和外贸制度，自然资源的所有权确认及其转让等。

（二）职权法定

现代社会关系的复杂性和瞬息万变要求国家赋予行政机关更多的决策权力，以便使其能够有效地维护社会秩序和公共利益。但是，行政权所具有的扩张性和侵略性又决定了不能将所有事项的决策权都毫无保留地交给行政机关。某些事项的决策权必须由法律保留，只能由法律加以规定，而行政机关必须严格执行、遵守法律的规定。关于哪些行政执法行为需要法律明确授权后，行政机关才能实施，通行的观点采取的是权力行政保留说。

1. 任何行政职权的存在都必须基于法律的授权，任何行政职权的行使和委托都必须具有法律根据，否则，相应的行政活动构成违法，原则上应当被撤销或者宣告无效。也就是说，行政机关的权力是有限的，不仅法律明确禁止的不能为之，而且法律没有授权的，也不得为之。当然，职权法定并不禁止行政机关在没有法律规定时从事不妨碍其履行职责且有益于行政相对人的事。职权法定与立法保留一样，凡属于对行政相对人"不利益"的权力，行政机关的行使都要有法律授权，反之，法律并不禁止行政机关为之。

2. 行政职权与行政职责统一。对行政机关而言，行政职权同时就是行政职责，必须合法行使，不得放弃。行政机关应当行使行政职权而不依法及时行使的，即违反法定职责，必须承担相关的行政法律责任。

第二节　比例原则

本节引例

正大高科电子（内蒙古）诉天津新港海关请求
确认不予返还担保金违法并请求返还案[1]

　　2010 年 7 月 1 日、8 月 12 日正大高科电子（内蒙古）分四票向天津新港海关申报出口飞机起落架连接件，因该公司上述货物涉嫌申报不实，2010 年 8 月 26 日天津新港海关立案进行调查。其依据《海关行政处罚实施条例》第 39 条的规定，决定收取该公司涉案担保金人民币 800 万元。该公司于 2010 年 8 月 31 日至 9 月 17 日共计缴纳人民币 500 万元。天津新港海关于 2012 年 3 月 27 日向该公司送达了津关缉查收字［2012］40 号《天津海关收取担保凭单》，但未予解除担保，未放行货物，亦未作出处罚决定。该公司于 2012 年 7 月 27 日向天津海关就天津新港海关不予放行货物的行为申请复议，天津海关于 2012 年 10 月 24 日作出复议决定，维持了不予放行货物的行政行为。该公司起诉要求确认天津新港海关不予返还担保金的行为违法，并要求返还担保金 500 万元及按银行同期贷款利率支付利息。

理论知识

　　20 世纪 80 到 90 年代中期，受英国行政法学的影响，我国教科书将合理性原则作为基本原则。90 年代中期以后，由于德国行政法理论的大量引入，学界开始较为普遍地用比例原则代替合理性原则作为行政法的基本原则。实际上，比例原则与行政合理性原则完全相通。两者都是针对行政裁量行为，为行政机关正确行使裁量权、审查行政裁量行为的合法性提供可供操作的标准，客观上都具有控制裁量权、使行政裁量的适当性转化为合法性的作用。由于比例原则包含了评价行政裁量行为合法性的可操作的具体标准，以比例原则替代行政合理性原则，可以从根本上解决行政合理性原则没有操作性的问题，避免造成行政合理性原则在理论上重要而实践中形同虚设的尴尬境地。

　　在我国，比例原则在一些行政管理领域有所体现，如行政处罚制度、行政

---

[1]　最高人民法院中国应用法学研究所编：《人民法院案例选（第 1 辑）》，人民法院出版社 2015 年版。

许可制度等。在行政自由裁量权广泛存在的现代社会中，强调比例原则，有利于加强对行政裁量权的控制，提高行政裁量行为的可预测性，切实保护公民、法人或其他组织的合法权益。

一、比例原则与依法行政原则

比例原则与依法行政原则都是有关行政活动合法性的原则，只是调整的侧面和层次不同。依法行政原则主要从法律与行政、权力机关与行政机关之间主从关系的角度调整行政行为的合法性，从根本上确立法律对于行政的支配关系。而比例原则专门针对行政裁量行为，通过具体的评价标准，使行政裁量行为受到法律的严格约束，从而使行政裁量行为的合理性问题转化为合法性问题。比例原则是在依法行政原则的基础上，使行政活动特别是行政裁量行为的合法性标准进一步具体化。如果说依法行政是从宏观上确立行政的民主合法性的基本原则，那么，比例原则是从微观上确立行政的技术合法性的基本原则。[1]

二、比例原则的含义

比例原则是指行政机关在采取行政措施时，应当全面权衡有关的公共利益和个人利益，采取对公民权益造成的限制或者损害尽可能小的行政措施，并且使行政措施所造成的损害与所追求的行政目的相适应，又称为禁止过度原则或者最小损害原则。这一原则包含以下三个方面的具体要求：

1. 行政行为应当具有适当性。所谓适当性，是指行政机关拟实施的行政行为必须有助于达到相应的行政目的，即使行政行为或措施只是部分地有助于目的的实现，也符合适当性要求。适当性针对的是行政目的和手段之间的客观联系，手段之于目的应该是一种正确的选择。

2. 行政行为应当具有必要性。必要性是指行政权的行使虽然是为达成某一行政目的所必需，但给公民造成的不利影响不能超过目的所要求的价值和范围，必须在侵害公民权利最小的范围内行使行政权。对行政立法而言，必要性要求立法人员全面考虑各种因素，对各种利益进行权衡。立法所规定的措施可能不是限制或者损害最小的，但必须对实现法定目的是最恰当的。对行政执法而言，必要性要求在法律规定可以达到相同法定目的可供选择的各种行为方式中，行政执法人员应当选择对公民权益侵害或者限制最小的措施。

3. 行政行为应当具有相当性。这个要求又称为狭义的比例原则，是指行政机关在经过适当性和必要性考虑之后，所设定或者选择的措施可能产生的成本或者损害必须与所追求的行政目的相对称。根据该原则，将行政目的所达成的

---

〔1〕 朱维究、王成栋主编：《一般行政法原理》，高等教育出版社 2005 年版，第 106 页。

公共利益与个人受到侵害的合法权益之间进行权衡，只有收益大于成本时，该行政行为才能实施。

本节引例中，对于比例原则的审查，应当首先审查行政行为所追求的行政目的的正当性以及目的与手段之间的关联性。行政执法应当兼顾行政目标的实现和相对人权益的保护，在目的与手段的关系上，必须是适当的。本节引例中，正大高科电子（内蒙古）主张天津新港海关不放行货物又不退还担保金，也未拆分放行部分货物的行为，使其货物和资金都无法运转，并遭受了经营不利的损失，主张天津新港海关实施了违反比例原则的行政违法行为。判断该公司的主张是否成立，需要对照比例原则的具体要求进行梳理分析。①与扣留涉案货物相比较，收取担保金更有利于行政处罚执法目的的实现。②收取担保金与放行货物分属两个执法程序，二者之间不存在非此即彼的选择关系。③退还担保金或者拆分放行部分货物等于放弃行政处罚权，与执法目的相悖。④先处罚后执行同样无法实现执法目标。⑤具体行政行为合法并且具有相应的自由裁量权。

第三节　诚实信用原则

本节引例

杨某诉某县房地产管理局撤销房产登记案[1]

2002 年，某县房产管理局为杨某颁发了利西潘楼镇 01226005 号《房屋所有权证》。2010 年 1 月 15 日，某县房产管理局以杨某在申办该《房屋所有权证》时提供过期身份证为由，将杨某的《房屋所有权证》予以撤销。杨某认为，自己申办该《房屋所有权证》时提供过期身份证并不违反法律的规定，因此，请求法院撤销某县房产管理局作出的利房管（2010）第 005 号《关于撤销杨某 01226005 号房产证书的决定》。本案二审终审，判决某县房产管理局败诉。

问题：某县房产管理局的行为是否侵犯了相对人的信赖利益？

理论知识

诚实信用原则本是私法关系领域的一项基本原则，在近代，几乎被各国民法典所明示。实际上，诚实信用是一个社会的公共秩序与善良风俗的要求，是

---

〔1〕 安徽省高级人民法院编：《安徽 2010 法院案例选》，安徽人民出版社 2011 年版，第 94 号案例。

国家、社会存在与发展的基本秩序，也是社会推崇的基本的价值标准和道德标准，它不仅是对公民的要求，同时也是对行政机关及其管理活动的要求。行政机关之间、行政机关与公民之间关系的处理都存在一个诚实信用的问题。如今，许多国家已在行政法上确认诚实信用原则为行政法的基本原则。2004 年 7 月 1 日实施的《行政许可法》第 8 条、第 69 条规定的内容是诚信原则的体现。

一、诚实信用原则的含义

与民事法律关系不同的是，在行政法律关系中，行政机关与公民之间的权利义务是不对等的。行政机关作为有权一方严格要求行政相对人遵循诚实信用原则，否则，行政机关将给予惩罚；但作为行政相对人一方，当行政机关不遵守诚实信用原则使行政相对人利益受损时，却常常处于无能为力的状态。从这个意义上讲，行政法上的诚实信用原则，首先是针对行政机关提出的要求。因此，行政机关的诚实信用与对公民合法信赖利益的保护相连，二者是一个问题的两个方面，只是角度有所不同。一些西方国家将信赖保护原则作为行政法的基本原则。信赖保护原则中的"信赖"通常是指公民对法律制度和法律规范的稳定性、连续性、可预测性的信任和对具体行政执法行为、既得权益和法律行为持续的信任。保护这些正当合理的信赖，就要求行政机关诚实信用地设定或行使职权。

诚实信用原则的主要内容建立在主观的"善意"和客观的"衡平"的基础上，具体的要求可归纳为以下几点：①行为具有明确性和可预测性。行政立法尽可能明确具体，以便公民可以毫无疑问地理解什么是允许的，什么是禁止的，行政机关可以对人民采取什么措施。同时，行政行为必须能被公民所预见，以便据以安排自己的活动。②不溯及既往。法治国家要求行政法律秩序具有连续性，行政立法对其实施以前已终结的事实，原则上不适用。特别是侵益性、负担性立法，一般禁止溯及既往。③禁止反复无常。行政机关作出将来作为或不作为的承诺，就应当积极践行。如果行政机关不履行承诺对公民权益造成损害的，应当承担责任。即使承诺违法，若信赖利益大于公益，也应当承认承诺具有拘束力。在合法承诺因情势变更而被行政机关收回时，应当给当事人以补偿。④行政撤销权受到限制。行政行为具有公定力，一经作出即被推定为有效，若有违法瑕疵，原则上可由有权行政机关或法院依法加以撤销。但为保护信赖该决定为合法的公民的利益，对违法行政决定是否撤销应综合权衡，不能只强调维护合法性。

二、诚实信用原则的内容

（一）行政机关之间相互信任和忠诚[1]

相互信任和忠诚是诚实信用原则在行政机关之间关系上的表现，是行政机关树立公民对行政的信任、保护公民对行政的合法信赖的前提。具体来说：①忠诚和信任是行政机关在处理相互关系时承担的职责；②对一个行政机关依法作出的行政行为，其他行政机关应当承认其效力，接受其约束，除非法律另有规定，不得作出与该行政行为冲突或者不一致的行政决定；③一个行政机关作出的行政行为可能涉及其他行政机关的职权、职责时，应当及时告知其他行政机关；④在遵守管辖权的限制和其他法律规定的情况下，一个行政机关对其他行政机关提出的职务上的请求，应当尽力协助。

（二）行政机关原则上不得制定对公民产生不利影响的具有溯及力的法律规范

禁止法律规范具有溯及力是法治国家原则的要求。但是，经济、文化和社会的发展必然引起法律制度和法律规范的变更，法律制度和立法应当根据新的情况作相应的调整。这里存在着发展与稳定、信赖保护和法律安定性与法律灵活性的冲突。在制定法律规范时，立法机关应当权衡这些相互冲突的利益。就行政立法而言，行政机关不得制定给公民增加负担的、限制或损害公民已经依法取得的既得利益的具有溯及力的法律规范。

（三）除非法律有明确规定，行政机关不得撤销或者废止已经生效的行政处理决定

在法定救济期限内，行政处理决定处于不确定的状态，不产生关系人的既得权益，行政机关可以随时撤销。但行政处理决定一经生效，就会对行政相对人产生有利或者不利的影响，撤销与否都涉及信赖保护问题。一般来说，分以下两种情况进行处理：①对相对人不利的行政处理决定，若合法，行政机关可以裁量决定是否废止；若违法，行政机关可以随时裁量决定撤销。②对行政相对人有利的行政处理决定，若合法，行政机关原则上不得废止，除非法律有特别明确的具体规定；若违法，行政机关可以裁量决定部分或者全部撤销，但是受益人对该行为的存续具有值得保护的信赖利益的，行政机关不得撤销。

本节引例中，办理房屋交易过户并颁发房产证是房产行政管理部门的法定职权，是对行政相对人的民事法律行为和权益进行的一种行政认可行为。本案中的杨某从县房产管理局处办理了《房屋产权证》，即相信自己的民事权益已得

---

[1]　朱维究、王成栋主编：《一般行政法原理》，高等教育出版社2005年版，第100页。

到了法律的承认和保护，也就是说，某县房产管理局的颁证行为具有了信赖利益。杨某在申办房产证时提供的过期身份证所显示的信息是真实的，根据《安徽省城市房屋产权产籍管理办法》的规定，其行为不属于隐瞒事实真相或伪造证明文件，杨某据此取得的《房屋所有权证》不应当被撤销。某县房产管理局以杨某隐瞒事实、为纠正错误为由对杨某作出撤销房产证的决定，侵犯了杨某的信赖利益，违反了诚实信用原则。

（四）行政机关依法撤销或废止行政处理决定，给行政相对人造成损失的，应当补偿或者赔偿

行政相对人依法取得的利益受法律保护，行政机关不得擅自改变已经生效的行政处理决定。行政处理决定所依据的法律、法规、规章修改或者废止的，或者作出行政处理决定所依据的客观情况发生重大变化的，为了公共利益的需要，行政机关可以依法变更或者撤销已经生效的行政处理决定。由此给行政相对人造成财产损失的，行政机关应当依法给予补偿。行政处理决定违法是由行政机关及其公务员违法造成、行政相对人并无过错的，行政机关撤销行政处理决定，应对行政相对人的合法权益的损害依法给予赔偿。但撤销行政处理决定可能对公共利益造成重大损害的，不予撤销。

第四节　程序正当原则

本节引例

彭淑华诉浙江省宁波市北仑区人民政府工伤行政复议案[1]

2003 年 7 月，彭淑华的丈夫徐某在骑车去上班的途中，与机动车发生碰撞致死。2005 年，彭淑华向宁波市北仑区劳动和社会保障局提出工伤认定申请，该局根据查明的事实，认定该次事故伤害为工伤。宣告后，徐某的工作单位金鑫公司不服，于同年 9 月向北仑区政府申请复议。2005 年 11 月，北仑区政府在未通知彭淑华参加行政复议的情形下，作出仑政行复〔2005〕6 号行政复议决定，撤销北仑劳动和社会保障局作出的涉案工伤认定决定。彭淑华不服该行政复议决定，于 2005 年 12 月向法院提起行政诉讼。

---

〔1〕 参见中华人民共和国最高人民法院行政审判庭编：《中国行政审判指导案例（第 1 卷）》，中国法制出版社 2010 年版，第 20 号案例，有改动。

问题：北仑区政府的行政复议行为是否违法？

理论知识

行政机关在行使职权时除必须依据实体法外，还应该遵循程序法。如果说，行政实体法规定的是行政职权所要达到的目的、目标，那么，行政程序就是达到这一目的的步骤、顺序、方式和期限。早在 13 世纪，英国的《大宪章》中就确立了程序正义的观念。[1] 程序正当在英国被称作"自然公正"，后为美国法所继承，并因《美国宪法》第 5 条、第 14 条修正案被冠以"正当程序"条款而名扬天下。正当程序及程序正义在实现行政法治方面的重要作用，已为英美等行政法治发达的国家的实践所证明。我国有"重实体，轻程序"的传统，因而有必要借鉴先进的发达法治国家的程序原则，将"程序正当"上升为行政法的基本原则，以规范行政行为，特别是行政裁量行为。由于经济发展和现代社会生活的需要，行政裁量的范围越来越广，行政裁量是行政的自由领域，法律规范无法从实体上予以明确规定，又不能允许其失控，因而程序的规范作用就显得尤为重要。

一、程序正当的渊源

无论是英国的自然公正原则，还是美国的正当程序原则，均以控制行政行为的正当性、妥当性为目的，它们所确立的观念和原则对世界上其他国家的行政程序法制建设有着重大的影响。了解和掌握英国自然公正原则和美国正当程序原则的含义，有助于我国程序正当原则的建立。

（一）英国的自然公正

自然公正是英国法治的核心概念，是英国法官据以控制公共行为及行政行为的方法。自然公正有两个主要原则：①任何人不得作自己案件的法官。这一要求又被单独称为"反对偏私"的原则。行政决定必须由一个没有偏私的行政官员作出，若有不具资格者参与决定，则该决定无效。②任何人的合法权益受到不利影响时，必须允许其陈述自己的意见，这些意见必须被公平地听取，即听取意见原则。这一原则要求行政机关在决定公民的申诉时，必须让双方相互了解对方的观点和根据，以便提出自己的辩护意见。同时，行政机关作出对公民不利的决定时，也必须遵守这个原则，必须事先告知公民行政机关的意图，听取其意见。公民在可能遭遇行政权不利对待时，有权陈述意见。

---

〔1〕　英国 1215 年的《大宪章》第 39 条规定："自由民非依国法而受其同辈之合法审判者，不得逮捕、禁锢、剥夺其财产，逐出于国外，或加以任何伤害。"

（二）美国的正当法律程序

久负盛名的"正当法律程序"条款出现在《美国宪法》第5条、第14条修正案中，依此规定，无论是联邦政府还是州政府，"非经正当法律程序，不得剥夺任何人的生命、自由或财产"。根据美国最高法院的解释，宪法规定的正当法律程序有两个方面的意义：一是实质性正当法律程序。这是一个实体规则，要求国会所制定的法律，必须符合公平与正义。如果法律剥夺个人的生命、自由或财产，不符合公正与正义的标准，法院将宣告其无效。二是程序性正当法律程序。这是指行政机关对个人或组织采取具有严重后果的行动，必须遵循公正的程序。一般而言，正当程序提供下列程序保障：①事先的通知和听证；②（法律明确规定时）审判形式的听证；③律师辩护；④公正无私的裁决人；⑤公布调查结果和结论。

二、程序正当原则的内容

正当程序原则在英国和美国虽然在适用上是从司法行为渐次扩展到行政行为的，但其基本内涵仍然是不能作为自己案件的法官，作出不利决定前要告知并听取当事人的意见。也就是说，程序正当是对行政机关最起码的要求。程序正当原则应当包括公开、公平、公正原则和相对人参与原则等子原则。

（一）公开原则

行政公开是行政机关在行使职权时，与行政职权有关的事项，除涉及国家机密、个人隐私和商业秘密外，必须向行政相对人及社会公开。行政公开的本质是通过一种法律程序实现对行政权的制约，其基本内容是：

1. 公开行政行为的依据。行政机关应当将行使行政权的依据在没有实施或者作出最终行政决定之前，向社会或行政相对人公开展示，使之知晓。公开依据有几个要求：一是要求"事先"，即依据的公开是在影响行政相对人合法权益的行政决定作出之前，事后公开依据将导致行政决定无效，除非法律有特别规定。二是要求"明确"，即一般理性人不会产生理解上的严重偏差。三是要求"合法"，主要是指公开的方式应符合法律的规定，如没有法律的规定，应采取便于社会和行政相对人了解的方式。

2. 公开行政行为的过程。行政机关应当将行政决定形成过程中有关的事项向行政相对人和社会公开。一般来说，行政决定形成过程中涉及两部分事项：一部分是行政内部程序，如讨论、批准等，这些内容一般不在公开之列；另外一部分属于公开的内容，如行政资讯。行政听证、卷宗阅览权等是公开行政决定过程的相关制度。

3. 公开行政决定结论。行政机关作出影响行政相对人合法权益的行政决定之后，应当及时将行政决定的内容以法定形式向行政相对人、与行政决定有利害关系的第三人公开；具有重大的、涉及社会公共利益内容的行政决定，应当向社会公众公开。

（二）公平原则

行政公平主要体现在行政机关基于公平观念行使行政权所产生的，可以为一般人所接受的结果。行政公平具有以下内容：

1. 遵守行政先例或惯例。所谓行政先例，是指在行政上同一或具有同一性的事项，经过长期、持续和反复的施行，即可认为已成为行政上的通例。行政机关在作出具体行政行为时，对于相同或者具有同一性质的事件，如无正当理由，应受行政先例或惯例的拘束而作出相同的处理。

2. 平等对待。行政机关行使行政权时，相同情况应当相同对待，不同情况应当区别对待。这是宪法上的平等原则在行政程序法上的具体体现，因而，这里的平等是实质意义上的平等，即相同事务不应有差别待遇，不同事务应差别对待。如行政机关对弱者合理的倾斜性保护，本质上是为实现平等对待。

（三）公正原则

行政公正是确保行政机关行使行政权的过程和结果可以为社会一般理性人所认同、接受所要遵循的基本原则，其要旨是要求行政权的行使无偏私，天下为公，没有私利。[1] 具体包括以下内容：

1. 行政行为的正当性。行政机关在行使行政权时，首先必须服从于法律规定的目的，因为法律目的可以引导行政机关的行政权不偏离正当性的基本要求。目的的正当具有两项内容：一是行政机关行使行政权不得以谋利为目的；二是行政机关行使行政权不得有本位主义，不得以保护本部门不当利益为目的。

2. 行政行为的无偏私性。行政机关在行使行政权的过程中，应排除可能造成偏见的因素，公平地对待行政相对人。可能造成偏见的因素主要有：行政机关对有关情况了解的不充分；执法人员与行政相对人有利害关系或与行政行为的结果有直接的利益关系；行政机关有先入为主的倾向；行政行为的方式不统一；等等。

3. 行政行为的说理性。行政机关就其作出的行政行为能够向行政相对人说明理由，至少能说明行政机关在理性地行使行政权，从而排除或减少行政权行使过程中的专断、恣意。说理的主要内容有：一是事实理由。它是指行政机关

---

〔1〕　章剑生：“行政程序法的基本原则”，载应松年主编：《当代中国行政法（下卷）》，中国方正出版社 2005 年版，第 1316 页。

通过法定程序收集的、支持行政行为所依赖的事实的各种证据。一个行政行为的公正的事实理由既包括对行政相对人不利的证据，也包括对行政相对人有利的证据。二是依据理由。它是指用于支持行政行为的、由国家机关制定的各种规范性文件。其中，外部规范性文件应由制定者事先通过一定的程序向社会公布，行政相对人有理由在行政行为作出前了解、认知。三是裁量理由。它是指行政机关行使自由裁量权时所考虑的各种因素。由于裁量理由不具有法定性，行政机关具有相当的选择权，因此，裁量理由的正当与否直接影响到行政行为的公正性。

（四）参与原则

行政参与是指行政相对人为维护其自身的合法权益而参与到行政程序中，就涉及的事实和法律问题阐述自己的主张，从而影响行政机关使其作出有利于自己的行政决定的活动。行政参与原则本质上是确定行政相对人的程序参与权，因而，行政相对人的程序参与权构成了行政参与原则的基本内涵。

1. 获得通知权。行政相对人在符合参与行政程序的法定条件的情况下，有要求行政主体通知其何时、以何种方式参与行政程序的权利。相应地，行政机关便承担通知的义务，应以符合法律规定的方式，将行政相对人应享有的实体上、程序上的权利和义务，在法定期间内通知相对人。

2. 陈述权。行政相对人就行政管理所涉及的事实向行政机关所作的陈述，不仅有利于行政机关全面了解事实真相，正确地行使职权，而且也有利于满足行政相对人维护自己合法权益的需要。陈述权的行使一般应限定在行政程序中，在行政程序未开始或者已结束时，行政相对人不能行使陈述权。行政相对人因客观事由不能行使陈述权的，可以委托代理人代为行使。

3. 抗辩权。当行政机关行使行政权限制、剥夺行政相对人的自由权、财产权等法律权利时，应当允许行政相对人针对对己不利的指控，依据其掌握的事实和法律向行政机关提出抗辩。抗辩权从本质上说是一种防卫权，是对行政权形成的约束。国家行政权是否具有正当性很大程度上取决于国家是否承认行政相对人对行政权具有抗辩权。

4. 申请权。是指行政相对人请求行政机关启动行政程序的权利。申请权在行政程序中可以表现为听证申请权、回避申请权、卷宗阅览申请权、复议请求权等几个方面的权利。行政相对人拥有了申请权，意味着他可以依法要求行政机关行使以及如何行使行政权力，从而减少行政机关恣意行政。

本节引例中，基于程序正当原则的要求，作为行政复议机关的北仑区政府应当通知利害关系人彭淑华参加复议。在未通知彭淑华参加复议的情况下作出对其产生不利影响的复议决定，复议机关违反了法定程序，复议决定应当依法予以撤销。

思考题

1. 行政合法性原则的主要内容是什么？
2. 试述程序正当原则的重要意义。
3. 诚实信用原则的具体要求有哪些？

实务训练

某市民在沿街路边搭建小棚经营杂货，县建设局下发限期拆除通知后强制拆除，并对该市民作出罚款 2 万元的处罚。该市民起诉，法院审理认为该市民所建小棚未占用主干道，其违法行为没有严重到既需要拆除又需要实施顶格处罚的程度，判决将罚款改为 1000 元。

问题：法院的判决适用了哪些行政法基本原则？

第三章

行政法主体

【知识目标】

1. 掌握行政主体、行政相对人的概念。

2. 明确行政主体、行政相对人的法律地位。

3. 了解我国行政公务员制度。

4. 了解行政法制监督主体的类型。

【技能目标】

能正确地识别出行政主体。

行政法主体即行政法律关系主体，包括行政主体、行政相对人和各类监督主体。他们在行政法律关系中都具有相应的权利义务。

第一节 行政主体理论

本节引例

郑某诉济南市公安局交通警察支队市中区
大队交通行政处罚案[1]

2012年8月，淄博交通协管员拍摄了郑某违章停车的照片，经当地交通主

---

[1] 案例来源：中国法院网。

管部门审核后将照片录入"公安交通管理综合应用平台"。济南市公安局交通警察支队市中区交警大队依据上述照片作出了处罚。郑某起诉称，对违法行为进行拍照取证，是交通行政部门的行政职权，交通行政部门将该职权让渡给交通协管员行使，严重违反了法律规定。

问题：本案的交通协管员是否具有行政主体资格？

理论知识

在我国，行政主体概念是一个典型的舶来品。20世纪80年代末期，我国行政法学界引入了法国、日本等国的行政主体概念，以图解决行政机关概念在传递"行政权力行使者"上的不足，以适应行政诉讼被告资格确认的现实需求。要说明的是，我国对引入的行政主体概念进行了实质性的改造，进而形成了独具中国特色的行政主体理论。具体来说，我国现行行政主体理论大致由五个部分的内容所组成：行政主体的含义、行政主体的类型、行政主体的资格、行政主体的法律地位、行政主体的职务关系。[1]

一、行政主体的概念

（一）行政主体的含义

所谓行政主体，是指享有国家行政权，能以自己的名义从事行政管理活动，并独立承担由此所产生的法律责任的组织。行政主体具有以下特征：

1. 行政主体是享有国家行政权，从事行政管理活动的组织。这一特征将行政主体与其他国家机关区别开来。行政机关依法享有国家行政权，是最重要的行政主体，但不是唯一的行政主体。一些企事业组织、社会团体等，基于法律法规的特别授权也可以享有部分行政权，从而成为行政主体。

2. 行政主体是能够以自己的名义行使行政权的组织。这主要是指行政主体应当具有独立的法律人格，能独立地对外发布决定和命令，独立地采取行政措施等。能否以自己名义行使行政权，是判断行政机关及其他社会组织能否成为行政主体的主要标准。行政机关的内设机构、派出机构作为行政事务的执行者，在行使行政权时，必须以所属行政机关的名义去实施。一般情况下，行政机关的内设机构、派出机构不能成为行政主体。另外，受行政机关委托执行特定行政管理事务的社会组织，如城市的治安联防组织等，也不具有行政主体资格，故而不能以该社会组织的名义作出行政决定，只能由委托的行政机关作出行政决定。

---

〔1〕　章志远：《行政法学总论》，北京大学出版社2014年版，第127~128页。

3. 行政主体是能够独立承担法律责任的组织。有权必有责，依法享有行政权的主体还必须能够独立地承担因行使行政职权而产生的行政法上的法律责任。如果某一组织仅仅行使行政权，实施行政管理活动，并不承担因此产生的法律责任，则该组织不具有行政主体资格。行政主体可以独立地参加行政复议、行政诉讼等活动，并能够独立地承担相应的法律责任。

本节引例中，交通协管员拍摄违法停车照片，并将照片提供给交通管理部门审核，属于向交通管理部门报告交通情况的行为，相应照片经交警部门审核后，才能录入"公安交通管理综合应用平台"。交通协管员并未行使交通管理部门的行政职权，故而，其并不具有行政主体资格。

（二）行政主体概念辨析

1. 行政主体与行政法主体。行政法主体与行政主体都是学理概念，两者之间既互相联系，又有区别。行政法主体的范围大于行政主体。行政法主体是指行政法律关系中享有权利、承担义务的当事人，包括行政主体、行政相对人和行政法制监督主体。而行政主体作为行政法律关系的一方当事人，只是行政法的主体之一。

2. 行政主体与行政机关。行政机关是指为实现行政目的而依据宪法或组织法设置的，行使行政权，负责组织、管理、协调公共事务的国家机关。行政机关是一个法律概念。在法律规范中，行政机关具有三重身份：行政机关行使行政权、管理公共事务时，具有行政主体身份；行政机关以本机关的名义从事民事活动时，其身份是民事法律关系主体；行政机关以被管理者的身份参加行政法律关系时，其身份是行政相对人。行政主体则是一个法学概念，理论上是指在行政法律关系中与行政相对人相对应的一方当事人。行政主体不仅包括具有行政主体身份的行政机关，还包括法律、法规授权的其他组织。

3. 行政主体与公务员。行政主体对社会的行政管理是通过公务员的公务行为来实现的。没有公务员，行政主体就成为毫无意义的空壳；离开行政主体，公务员只是一个普通公民。但公务员不具有行政主体资格，不以自己的名义，而是以其所在的行政主体的名义实施公务行为，行为产生的法律后果由行政主体来承担。公务员与行政主体之间是一种职务委托关系，二者的关系主要依靠行政组织法律规范来调整。

二、行政主体的职权职责

行政主体作为行政法律关系中必不可少的一方当事人，享有权利、承担义务，行政主体享有的权利，称为行政职权；行政主体承担的义务，称为行政职责。

（一）行政职权

行政职权是指行政主体依法管理国家事务和社会事务时拥有和行使的具体的国家行政权，即依法定位到具体行政主体身上的国家行政权。行政职权只能由行政主体行使，行政相对方不享有行政职权。我国行政职权的内容广泛，包括：行政立法权；行政许可权；行政确认权；行政检查权；行政奖励权；行政物质帮助权；行政处罚权；行政强制执行权；行政合同的签订权；行政复议权；行政指导权、行政裁决权等。行政职权一般具有以下特征：

1. 法定性。任何组织的行政职权都是法定的，而不是自我设定的。换言之，行政主体拥有或行使行政职权必须通过合法途径，否则便不能成立。

2. 公益性。行政职权的拥有与行使旨在谋求和保护国家、集体、社会的公共利益，同时保护行政相对人的合法权益，必须符合法定的公共目的和范围。

3. 专属性。行政职权的归属，在主体上具有专属性，只属于行政主体，行政相对人不具有行政职权，受委托组织也只能代行行政职权。

4. 国家意志性。在行政职权的行使过程中不可避免地会掺入行使者的个人因素，但行政职权本身的性质和内容乃是国家意志的体现，而非个人意志的体现。

5. 强制性。行政职权的行使以国家强制力作为保障，具有直接支配他方当事人的强制命令力量，也即可以通过行使行政职权迫使或禁止行政相对人作出某种行为、实施某些活动。

6. 不可处分性。行政职权不仅表现为法律上的支配力，还包含着法律上的职责要求，实际上是职权与职责的统一体，故行政主体对其拥有的行政职权不得任意转让或放弃。

（二）行政职责

行政职责是指行政主体在行使行政职权，实施国家行政管理活动的过程中，所必须承担的法定义务。

现代民主政治是以责任为基础的，作为行政职权享有者的行政主体，在行使行政职权的过程中必然承担一定的义务，以对赋予其权力的人民和国家负责。行政职责的内容包括：依法履行职务；遵守权限规定；符合法定目的；遵循法定程序等。

三、行政主体的法律地位

行政主体的法律地位是行政主体在行政法上权利、义务的综合体现，我们可以从以下两个方面来加以考察：

第一，从行政主体与国家之间关系的角度看，国家通过宪法和法律将行政权授予行政机关和一些社会组织，这些组织因此取得了行政主体资格，代表国家实施行政管理，贯彻国家意志，实现国家职能。但国家在赋予行政主体管理国家行政事务权力的同时，也规定其应履行行政职责。这种职责对于行政主体来说是不可放弃的。行政主体是行政职权和行政职责的统一体。

第二，从行政主体与行政相对人之间关系的角度看，行政主体代表国家实施行政管理，有权依照法律规定对行政相对人实施管理和提供公共服务。行政相对人则有义务服从和协助行政主体实施管理，也有权要求行政主体履行法定职责。当行政主体的行为侵权时，行政相对人有权获得法律救济。

第二节　行政主体类型

本节引例

何小强诉华中科技大学拒绝授予学位案[1]

武昌分校是独立的事业单位法人，无学士学位授予资格。根据国家对民办高校学士学位授予的相关规定和双方协议约定，华中科技大学同意对武昌分校符合学士学位条件的本科毕业生授予学士学位，并在协议附件中载明了《华中科技大学武昌分校授予本科毕业生学士学位实施细则》。2006年12月，华中科技大学作出《关于武昌分校、文华学院申请学士学位的规定》，规定通过全国大学外语四级考试是非外国语专业学生申请学士学位的必备条件之一。

何小强系华中科技大学武昌分校2003级通信工程专业的本科毕业生。2007年6月30日，何小强获得武昌分校颁发的《普通高等学校毕业证书》。由于其本科学习期间未通过全国英语四级考试，武昌分校根据上述实施细则，未向华中科技大学推荐其申请学士学位。8月26日，何小强向华中科技大学和武昌分校提出授予工学学士学位的申请。2008年5月21日，武昌分校作出书面答复，因何小强没有通过全国大学英语四级考试，不符合授予条件，华中科技大学不能授予其学士学位。

问题：具有学位授予权的高等学校是不是行政主体？

---

[1]　案例来源：中国法院网。

理论知识

根据行政职权的获得方式，可以将行政主体分为职权性行政主体和授权性行政主体。

一、职权性行政主体

其所享有的行政职权是随组织的成立而依宪法和组织法的规定取得的，这样的行政主体被称为职权性行政主体。在我国，行政机关属于职权性行政主体。

（一）行政机关的概念

行政机关是指依宪法或行政组织法的规定而设置的、行使国家行政职权的国家机关。这一定义包含以下内容：

1. 行政机关是国家机关。这使它与政党、其他社会组织和社会团体相区别。行政机关是由国家设置并代表国家行使国家职能的机关。其他的社会组织或者社会团体，虽然经法律、法规授权也可以行使一定的国家行政职权，但它们不属于国家机关。

2. 行政机关是行使国家行政职权的国家机关。这是它与立法机关、司法机关的根本区别。行政机关承担国家行政职能，具体表现为：执行法律，管理国家内政、外交事务。

3. 行政机关是依宪法或组织法的规定而设置的国家机关。这使它与法律、法规授权的组织区别开来。行政机关是固定的、基本的行政主体。而法律、法规授权的组织基于具体法律、法规的授权而行使一定的行政职能，只有在行使所授行政职能时才具有行政主体的地位。

（二）行政机关的特征

与其他国家机关比较，行政机关具有以下特征：

1. 行政机关具有执行性和法律从属性。在我国，行政机关是权力机关的执行机关，其活动内容与目的必须严格从属于国家权力机关，或者执行国家权力机关制定的法律和决议，或者为执行该法律和决议而采取组织、管理、监督和指挥等措施。行政机关也可依法制定行政法律规范，为行政管理活动设立行为准则，但无论是制定普遍性规范，还是采取具体措施，行政机关的一切活动都具有明显的执行性，不得违反宪法和法律。

2. 行政机关具有相对独立性。行政机关的一切合法的行政管理活动受国家强制力的保障，为了确保行政机关有效地完成管理国家事务的任务，行政机关拥有组织系统上的独立性和依法行使其职权的独立性。

3. 行政机关在组织体系上实行领导—从属制，在决策体制上实行首长负责制。行政机关基于行政效率的考虑，在组织体系上实行领导—从属制，即上级行政机关领导下级行政机关，下级行政机关从属于上级行政机关，向上级行政机关负责和报告工作。同时，基于行政效率和明确责任的考虑，行政机关在决策体制上实行首长决策制，而不是像立法机关和司法机关那样实行合议制。

4. 行政机关具有社会性、专业性和服务性。行政机关具有管理社会公共事务如经济、科技、文教、卫生、交通、电讯、社会保障、环境保护等职能，有较强的社会性。而现代行政的特点决定了行政机关具有高度的技术性和专业性。为了圆满完成对行政事务的管理，行政机关不仅应具备结构合理的行政系统，而且还必须具备一定的专门性、技术性。服务性是现代行政的重要特征之一。行政机关的主要任务是组织和管理国家行政事务，更多强调对行政相对人提供服务。

（三）具有行政主体资格的行政机关

按照不同的标准，可以将行政机关划分为不同种类：一是中央行政机关和地方行政机关。二是一般行政机关和专门行政机关。一般行政机关是指与人民代表大会相对应的一级政府，如县政府、市政府、省政府；专门行政机关则是一级政府的职能部门，如县政府下设的县公安局、县教育局等。三是正式行政机关、派出机关与派出机构。正式行政机关是由人民代表大会设立并独立行使职权的行政机关，包括各级政府及其职能部门；派出机关与派出机构是正式行政机关的派出机关和机构，行使设立机关和相关立法赋予的职权。

首先，就中央行政机关而言，大都具有行政主体资格。中央行政机关包括国务院及其行政机构。

1. 国务院。即中央人民政府，它是最高国家行政机关，依法享有领导和管理全国性行政事务的职权，因而具有行政主体资格。

2. 国务院的行政机构。根据《国务院行政机构设置和编制管理条例》的规定，国务院行政机构根据职能分为国务院办公厅、国务院组成部门、国务院直属机构、国务院办事机构、国务院组成部门管理的国家行政机构和国务院议事协调机构。

（1）国务院组成部门是国务院的职能部门，依法分别履行国务院的基本行政职能，包括各部、各委员会。各部、各委员会在法定职权范围内，以自己的名义实施行政管理，并独立承担因此而产生的责任，具有行政主体资格。

（2）国务院直属机构是国务院根据工作需要和精简的原则设立的，主管某项专门业务的行政机构。直属机构具有独立的行政管理职能，具有行政主体资格。

（3）国务院部委管理的国家局由国务院组成部门管理，主管特定业务，有权行使行政管理职能，具有行政主体资格。

（4）国务院直属事业单位，又分为以专业技术提供社会公益服务的公益型事业单位和依法具有公共事务管理职能的管理型事业单位。这些事业单位是否具有行政主体资格取决于是否有法律、法规的授权。

（5）国务院办公厅协助国务院领导处理国务院日常工作，没有独立的行政职权，不具有行政主体资格。国务院办事机构协助国务院总理办理专门事项，不具有独立的行政管理职能，不具有行政主体资格。

其次，大多数的地方行政机关具有行政主体资格。地方行政机关是指在一定的行政区域内行使行政职能的行政机关，包括地方各级人民政府、地方各级人民政府的工作部门、地方各级人民政府的派出机关、地方各级人民政府的内设机构和议事协调机构、工作部门的内设机构和派出机构。

1. 地方各级人民政府。地方各级人民政府是综合性行政机关。根据宪法和有关组织法的规定，按照行政区域的划分，分为省、自治区、直辖市人民政府；设区的市、自治州人民政府；县、市辖区和不设区的市人民政府；乡（镇）人民政府等。地方各级人民政府一方面是国务院统一领导下的国家行政机关，服从国务院的统一领导；另一方面又是地方国家权力机关的执行机关，对地方国家权力机关负责并向其报告工作。地方各级人民政府组织和管理本行政区域内的行政事务，承担行政行为所产生的法律后果。

2. 地方各级人民政府的工作部门。县级以上地方各级人民政府依据宪法和法律的规定，根据工作的需要可以设立行使专门权限和管理专门行政事务的工作部门。这些工作部门实行"条块结合"的管理模式，其中，部分工作部门为本级政府的组成部门，实行"条块管辖"和双重领导，接受本级人民政府的统一领导，并且受上级主管部门的业务指导或领导。另一部分工作部门不属于本级地方政府的组成部门，这些工作部门实行"条条管辖"和垂直领导，包括实行全国垂直领导的税务、海关、金融和外汇管理部门，以及实行省以下垂直领导的国土资源等部门。这些工作部门都具有行政主体资格。

3. 县级以上地方各级人民政府的派出机关。根据宪法和组织法的规定，县级以上地方各级人民政府因工作需要可以在一定区域内设立代表本级政府实施行政管理的机关。派出机关有三种类型：①省、自治区人民政府在必要时经国务院批准设立的行政公署；②县、自治县人民政府经省、自治区、直辖市人民政府批准设立的区公所；③市辖区、不设区的市人民政府经上一级人民政府批准设立的街道办事处。派出机关不是一级人民政府，但实际上履行着一级人民政府的行政职能，组织与管理一定区域内的行政事务，具有行政主体资格。

二、授权性行政主体

有权机关以法律、法规形式将行政职权授予一些社会组织享有，这些组织在授权范围内取得行政主体资格，属于授权性行政主体。

（一）授权的形式

从法律、法规由制定机关来解释，以及全国人大常委会以往对法律的解释严格限制在本义范围内的情况来看，法律、法规授权不会扩大解释为法律、法规和规章授权。因此，授权的形式应限于法律和法规。

（二）授权的限制

行政权的授予应当遵循一定的条件：①明确授权内容。对限制人身自由权的行政权不能授予；对法律、法规已经赋予特定行政机关的行政权不能授予。②明确授予对象。被授权组织应是具有管理公共事务职能的组织；被授权组织应当具备相应的责任能力。

（三）法律、法规授权组织的类型

1. 专门行政机构。依照法律、法规的授权而设立的处理专项行政事务的行政机构，具有行政主体资格。例如，专利法授权国家知识产权局内设的专利复审委员会负责处理专利争议事宜。

2. 内设行政机构。行政机关根据工作需要设立若干个办理机关内部事务和行政管理事务的工作机构，主要有两类：一类是各级人民政府所属的内部机构和临时机构；另一类是政府职能部门的内设机构。这些内设行政机构，在一般情况下，只能以所属机关的名义对外行使职权，因而不具有行政主体资格。例如，公安局内设的法制科。但出于技术和专业上的需要，或为了提高行政效率、维持行政秩序等因素的考虑，行政机构在获得法律、法规授权后，可以以自己的名义对外独立行使行政职权，并承担相应的法律责任，在这种情况下，内设行政机构就取得了行政主体资格。例如，公安机关的内设机构交警大队。

3. 派出机构。派出机构是政府工作部门根据行政管理的需要而在一定区域内设立的，代表该工作部门管理某项专门行政事务的机构，如公安派出所。派出机构与派出机关不同：①设立主体不同。派出机关是由各级人民政府设立的，派出机构则是由各级人民政府的职能部门设立的。②职能范围不同。派出机关的职能、权限是多方面的、综合性的，是对该行政区域内的各种行政事务进行管理，而派出机构的职能、权限则是单方面的、专门性的，是对该行政领域内的某项专门行政事务进行管理。③法律地位不同。派出机关自其成立时起即享有行政主体资格，而派出机构一般不具有行政主体资格。在有法律、法规明确授权的情况下，派出机构在授权范围内才取得行政主体资格。例如，公安派出所依《治安管理处罚法》的授权以派出所名义对行政相对人实施警告或者500元以下罚款的，派出所具有行政主体资格。在授权范围之外，派出机构仍然须以其所属工作组部门的名义实施行政管理。

4. 其他社会组织。由于现代行政事务的增加和行政范围的扩展，许多带有社会性和专业性的行政事项，完全依靠行政机关来承担和完成已难以适应现代国家不断出现的新行政形势发展的需要，不利于取得良好的社会效果。于是，行政机关系统以外的社会组织逐渐参与行政活动，成为承担国家行政任务、实现行政目的的一支生力军。为了使其他社会组织承担行政职能的活动规范化和法制化，出现了法律、法规将行政职权授予其他社会组织的情形。获得授权的其他社会组织便获得了行政主体资格，行政主体的范围得以扩大。

其他社会组织是一个组合概念，其具体存在形态可以是企业单位、事业单位，也可以是社会团体或基层群众性自治组织。事业单位大致有两类：一类是执行国家行政管理职能的事业单位，如中国银行保险监督管理委员会；另一类是履行公共服务职能的事业单位，是为了社会公益，由国家机关举办或者由其他组织利用国有资产举办的，为教育、科技、文化、卫生等活动提供社会服务的公共组织。这两类事业单位由相关国家立法授权实施行政职能。例如，全国人大常委会颁布的《学位条例》第8条第1款规定，学士学位由国务院授权的高等学校授予，硕士学位、博士学位，由国务院授权的高等学校和科学研究机构授予。国有的公用企业、金融企业和全国性总公司往往成为法律、法规授权的对象。公用企业包括邮电、铁路运输、煤气公司和自来水公司等，它们也会被立法授权部分行政职能。各种社会组织分别依照其所属领域的社会管理法而成立，其存在目的不是或主要不是为承担行政职能。因而，只有通过法律、法规授权，其他社会组织才能获得行政主体资格。

本节引例中，依据《学位条例暂行实施办法》的规定和华中科技大学与武昌分校之间的合作办学协议，华中科技大学具有对武昌分校推荐的应届本科毕业生进行审查和决定是否颁发学士学位的法定职责。本案中的华中科技大学具有行政主体资格，而武昌分校是未取得学士学位授予资格的民办高校，不具有行政主体资格。

（四）被授权组织的法律地位

1. 被授权组织在行使法律、法规所授行政职权时，具有行政主体资格。虽然都属于行政主体范畴，但被授权组织和行政机关的地位是有区别的：行政机关是一般行政主体，被授权组织只有在行使被授职权时才成为行政主体；属于行政机关专门享有的一些职权和管理手段，如行政立法权、行政处罚权中的行政拘留权及行政复议受理权、裁决权等，被授权组织不能享有。

2. 被授权组织在非行使行政职权的场合，不具有行政主体的资格。被授权组织的基本性质是法人或非法人组织，在执行作为企业事业单位、社会团体等本身的事务时，与其他法人或组织一样，享有民事主体或行政相对人的地位。

三、受委托的组织

（一）受委托的组织的含义

受委托的组织，是指受行政主体委托而代为行使一定行政职权的组织。一般来讲，出于行政管理的需要，某一行政主体可以将本属于自己的一部分行政职权委托给其他社会组织代为行使，该行政主体是委托机关，接受委托的一方是受委托组织。受委托组织具有以下几个方面的特征：

1. 受委托组织是基于行政主体的委托而行使行政职权的。行政职权仍然属于行政主体，出于行政管理的需要，行政主体将一部分行政职权委托给其他的社会组织来行使。换个角度讲，受委托组织不享有行政职权，只是基于行政主体的委托才行使一定的行政职权。

2. 受委托组织行使的是一定的行政职权，而不是一般的行政职权。所谓"一定的行政职权"，是指行政机关依法可以委托其他组织代为行使的那些行政职权。在行政职权中，还有一些职权只能由行政机关行使，不得委托他人代为行使，如行政立法权、限制人身自由的行政处罚权或行政强制措施权等。

（二）受委托的组织的法律地位

受委托组织不具有行政主体资格。行政主体的委托行为并不引起行政职权和职责的转移，而只是将行政职权进行委托。受委托组织在委托权限范围内以委托机关的名义行使行政权，其行为的法律后果由委托机关承担。

在委托机关与受委托组织之间的关系上，受委托组织接受委托机关的监督、指导，在委托权限范围内行使职权，不得超越委托权限。同时，受委托组织有权取得履行职责所应有的权力、管理手段和工作条件；有权取得履行职责所需要的经费和报酬；有权请求委托机关协助排除其在履行职责过程中所遇到的障碍；有权向委托机关提出变更委托范围和改进相应领域行政管理的建议。

第三节　行政公务员

本节引例

某县发生了一起原公安局长章某某的儿子伤害致他人死亡的事件。事件发生后，身为直接主管社会治安的部门领导的章某某不主动请求回避，而是直接参与案件办理，在当地造成极坏影响。死者家属选择走法律途径维权，最终取得了较满意的结果。章某某被撤职查办，其子受到相应的惩处。

问题：试用公务员制度来分析对章某某的处理决定。

理论知识

一、行政公务员的界定

（一）行政公务员的范围

《公务员法》第2条规定："本法所称公务员，是指依法履行公职、纳入国家行政编制、由国家财政负担工资福利的工作人员。"根据这一规定，我国公务员的范围包括：行政机关的工作人员，中国共产党机关的工作人员，权力机关的工作人员，政协机关的工作人员，审判机关和检察机关的工作人员以及民主党派机关的工作人员。

行政法学主要研究依法履行行政职能的行政机关工作人员，即行政公务员。所谓行政公务员，是指在行政机关中，依法行使行政职权、履行行政职责，纳入国家行政编制，由国家财政负担工资福利的工作人员。这个定义有两层含义：

第一，行政公务员是国家机关工作人员。从职责上看，是为国家服务的人员；从法律地位上看，是纳入国家行政编制的人员；从经济来源上看，是由国家财政负担其工资福利的人员。

第二，行政公务员是依法行使行政职权的国家机关工作人员。在行政机关工作的人员并不都是公务员。行政公务员与国家之间包含三层法律关系：行政职权关系；人事编制关系；财政福利关系。从行政职权关系角度，排除一般的工勤人员；从人事编制关系角度，排除在政府供职但没有纳入行政编制的人员；从财政福利关系的角度，排除政府委托行使职权的人员。

下列人员不是公务员：国有企业、国有事业单位、人民团体中的工作人员；法律、法规授权具有公共事务管理职能的事业单位中的工作人员。需要说明的是，经批准参照《公务员法》进行管理的人员不是公务员，只是"准公务员"。

（二）行政公务员的任职条件

公务员应具备三类条件：

1. 基本条件。具有中华人民共和国国籍；年满18周岁；拥护《中华人民共和国宪法》；具有良好的品行；具有正常履行职责的身体条件和心理素质；具有符合职位要求的文化程度和工作能力；法律规定的其他条件。

2. 资格条件。主要指具备拟任职位所要求的资格条件，《公务员法》对此没有作统一规定，由相关部门具体确定或根据其他相关规定确定。如按照有关规定，报考省级以上政府工作部门职位的一般须具有两年以上基层工作经历。

3. 其他条件。主要是指录用主管机关批准的其他条件。如公安机关要求其录用对象达到一定的身高等。此外，《公务员法》第26条对公务员的条件作了限制性规定，下列人员不得录用为公务员：因犯罪受过刑事处罚的；被开除中国共产党党籍的；被开除公职的；被依法列为失信联合惩戒对象的；有法律规定不得录用为公务员的其他情形的。

（三）行政公务员的职位、职务和级别

国家实行公务员职位分类制度。公务员职位类别按照公务员职位的性质、特点和管理需要，划分为综合管理类、专业技术类和行政执法类等类别。对于具有职位特殊性，需要单独管理的，可以增设其他职位类别。

国家实行公务员职务与职级并行制度，根据公务员职位类别和职责设置公务员领导职务、职级序列。领导职务层次分为：国家级正职、国家级副职、省部级正职、省部级副职、厅局级正职、厅局级副职、县处级正职、县处级副职、乡科级正职、乡科级副职。职级在厅局级以下设置。综合管理类公务员职级序列分为：一级巡视员、二级巡视员、一级调研员、二级调研员、三级调研员、四级调研员、一级主任科员、二级主任科员、三级主任科员、四级主任科员、一级科员、二级科员。

公务员的领导职务、职级应当对应相应的级别。公务员领导职务、职级与级别的对应关系，由国家规定。公务员的级别根据所任领导职务、职级及其德才表现、工作实绩和资历确定。公务员在同一领导职务、职级上，可以按照国家规定晋升级别。根据工作需要和领导职务与职级的对应关系，公务员担任的领导职务和职级可以互相转任、兼任；符合规定资格条件的，可以晋升领导职务或者职级。

公务员的领导职务、职级与级别是确定公务员工资以及其他待遇的依据。

二、行政公务员的义务与权利

国家任用公务员行使各项权力，目的是为国家和社会服务。为了达到这一目的，必须对公务员有明确的义务要求，强调公务员要认真履行义务，否则将受到纪律处分和法律制裁。同时，为了防止肆意践踏公务员权益的情况发生，还要赋予公务员相应的权利，当其合法权益受到侵害时，能够依法得到救济。

（一）公务员的义务

公务员的义务，是指法律对公务员必须作出一定行为或不得作出一定行为的约束和强制。

根据法律的规定，公务员承担如下义务：忠于宪法，模范遵守、自觉维护宪法和法律，自觉接受中国共产党领导；忠于国家，维护国家安全、荣誉和利益；忠于人民，全心全意为人民服务，接受人民监督；忠于职守，勤勉尽责，服从和执行上级依法作出的决定和命令，按照规定的权限和程序履行职责，努力提高工作质量和效率；保守国家秘密和工作秘密；带头践行社会主义核心价值观，坚守法治，遵守纪律，恪守职业道德，模范遵守社会公德、家庭美德；清正廉洁，公道正派；法律规定的其他义务。

（二）公务员的权利

公务员的权利，是指法律对公务员在履行职责、行使职权、执行国家公务的过程中，可以作出某种行为，要求他人作出某种行为或抑制某种行为的许可和保障。具体包括：获得履行职责应当具有的工作条件；非因法定事由、非经法定程序，不被免职、降职、辞退或者处分；获得工资报酬，享受福利、保险待遇；参加培训；对机关工作和领导人员提出批评和建议；提出申诉和控告；申请辞职；法律规定的其他权利。

三、行政公务员管理的法律制度

（一）行政职务关系产生制度

1. 录用制。录用制度适用于担任一级主任科员以下及其他相当职级层次的公务员。录用遵循公开、平等、竞争和择优的原则，采取公开考试、严格考察、平等竞争、择优录取的办法。新录用的公务员试用期为 1 年。试用期满合格的，予以任职；不合格的，取消录用。

2. 选任制。选任是通过民主选举的方式任用公务员职务，即通过全国人大和地方各级人大及其常委会选举的方式任免领导职务公务员。各级政府组成人员实行选任制，即由各级人大及其常委会选举产生或决定任命。选任制公务员在选举结果生效时即任当选职务；任期届满不再连任或者任期内辞职、被罢免、被撤职的，其所任职务即终止。

3. 委任制。委任是指由任免机关在其任免权限范围内直接决定拟任职人选，委派其担任某种职务的方式。委任制的实质就是上级领导直接决定任用人选。

委任制公务员试用期满考核合格，职务、职级发生变化，以及其他情形需要任免职务、职级的，应当按照管理权限和规定的程序任免。

4. 聘任制。即由用人单位通过与应聘人员签订协议来任用公务员的任职方式。行政机关根据工作需要，经省级以上公务员主管部门批准，可以对专业性较强的职位和辅助性职位实行聘任制，但涉及国家秘密的职位除外。聘任公务员，应当按照平等自愿、协商一致的原则，签订书面的聘任合同，聘任合同的签订、变更或者解除，应当报同级公务员主管部门备案。聘任合同期限为 1 年至 5 年。聘任合同可以约定试用期，试用期为 1 个月至 12 个月。聘任制公务员实行协议工资制。

公务员领导职务实行选任制、委任制和聘任制。公务员职级实行委任制和聘任制。领导成员职务按照国家规定实行任期制。

（二）行政职务关系存续制度

1. 考核制度。公务员的考核应当按照管理权限，全面考核公务员的德、能、勤、绩、廉，重点考核政治素质和工作实绩。公务员的考核分为平时考核、专项考核和定期考核等方式。定期考核以平时考核、专项考核为基础。领导成员的考核由主管机关按照有关规定办理。非领导成员公务员的定期考核采取年度考核的方式。定期考核的结果分为优秀、称职、基本称职和不称职四个等次。定期考核的结果应当以书面形式通知公务员本人，此结果作为调整公务员职位、职务、职级、级别、工资以及公务员奖励、培训、辞退的依据。

2. 奖励制度。对工作表现突出，有显著成绩和贡献，或者有其他突出事迹的公务员或者公务员集体，给予奖励。奖励坚持定期奖励与及时奖励相结合，精神奖励与物质奖励相结合、以精神奖励为主的原则。奖励分为：嘉奖、记三等功、记二等功、记一等功、授予称号。对受奖励的公务员或者公务员集体予以表彰，并对受奖励的个人给予一次性奖金或者其他待遇。按照国家规定，可以向参与特定时期、特定领域重大工作的公务员颁发纪念证书或者纪念章。

3. 职务、职级升降制度。公务员晋升领导职务，应当具备拟任职务所要求的政治素质、工作能力、文化程度和任职经历等方面的条件和资格。公务员领导职务应当逐级晋升。特别优秀的或者工作上有特殊需要的，可以按照规定破格或者越级晋升。公务员晋升领导职务的，应当按照有关规定实行任职前公示制度和任职试用期制度。公务员职级应当逐级晋升，根据个人德才表现、工作实绩和任职资历，参考民主推荐或者民主测评结果确定人选，经公示后，按照管理权限审批。公务员的职务、职级实行能上能下。对不适宜或者不胜任现任职务、职级的，应当进行调整。公务员在年度考核中被确定为不称职的，按照规定程序降低一个职务或者职级层次任职。

4. 培训制度。根据公务员工作职责的要求和提高公务员素质的需要，对公务员进行分类分级培训。对新录用人员应当在试用期内进行初任培训；对晋升领导职务的公务员应当在任职前或者任职后1年内进行任职培训；对从事专项工作的公务员应当进行专门业务培训；对全体公务员应当进行提高政治素质和工作能力、更新知识的在职培训，其中对专业技术类公务员应当进行专业技术培训。公务员的培训实行登记管理。公务员培训情况、学习成绩作为公务员考核的内容和任职、晋升的依据之一。

5. 交流制度。公务员可以在公务员和参照本法管理的工作人员队伍内部交流，也可以与国有企业和不参照本法管理的事业单位中从事公务的人员交流。交流的方式包括调任和转任。①调任：国有企业、高等院校和科研院所以及其他不参照本法管理的事业单位中从事公务的人员，可以调入机关担任领导职务或者四级调研员以上及其他相当层次的职级。②转任：公务员可以在不同职位之间转任，对省部级正职以下的领导成员应当有计划、有重点地实行跨地区、跨部门转任。对担任机关内设机构领导职务和其他工作性质特殊的公务员，应当有计划地在本机关内转任。上级机关应当注重从基层机关公开遴选公务员。

6. 回避制度。回避在种类上分为任职回避、公务回避、地域回避和离职回避。任职回避要求公务员之间有夫妻关系、直系血亲关系、三代以内旁系血亲关系以及近姻亲关系的，不得在同一机关担任双方直接隶属于同一行政首长的职务或者有直接上下级领导关系的职务，也不得在其中一方担任领导职务的单位从事组织、人事、纪检、监察、审计和财务工作。公务回避要求公务员在执行公务时，凡处理涉及本人或与本人有夫妻关系、直系血亲关系、三代以内旁系血亲关系以及近姻亲关系等利害关系的问题，或者其他可能影响公正执行公务的问题时，应予以回避。公务员担任乡级机关、县级机关及其有关部门主要领导职务的应当实行地域回避，法律另有规定的除外。离职回避是指公务员辞去公职或者退休的，原系领导成员、县处级以上领导职务的公务员在离职3年内，其他公务员在离职2年内，不得到与原工作业务直接相关的企业或者其他营利性组织任职，不得从事与原工作业务直接相关的营利性活动。

本节引例中，章某某的儿子与章某某是直系血亲关系。在章某某的儿子因打架而致人死亡的事件发生后，身为直接主管社会治安的部门领导的章某某没有主动提出回避申请，而是直接参与处理，严重违反了公务回避制度。

7. 处分制度。公务员违反法律、法规、规章以及行政机关的决定和命令，应当承担纪律责任的，依照《行政机关公务员处分条例》给予处分。给予行政公务员处分，应当坚持公正、公平和教育与惩处相结合的原则。给予行政机关公务员处分，应当与其违法违纪行为的性质、情节、危害程度相适应。行政机关公务员处分的种类为：警告；记过；记大过；降级；撤职；开除。

（三）行政职务关系解除制度

1. 辞职制度。公务员依据法律、法规的规定，可以向有权任免机关申请终止其与国家行政机关的任用关系。公务员辞职应当向任免机关提出书面申请，任免机关应当在 3 个月内予以审批，其中对领导成员辞去公职的申请，应当自接到申请之日起 90 日内予以审批。担任领导职务的公务员因工作严重失误、失职造成重大损失或者恶劣社会影响的，或者对重大事故负有领导责任的，应当引咎辞去领导职务。但是，公务员有下列情形之一的，不得辞去公职：①未满国家规定的最低服务年限的；②在涉及国家秘密等特殊职位任职或者离开上述职位不满国家规定的脱密期限的；③重要公务尚未处理完毕，且须由本人继续处理的；④正在接受审计、纪律审查、监察调查，或者涉嫌犯罪，司法程序尚未终结的；⑤法律、行政法规规定的其他不得辞去公职的情形。

2. 辞退制度。公务员的辞退是指行政机关可以依照法律、法规规定的条件和程序，在法定的权限内单方面解除其同公务员之间的行政职务关系。辞职和辞退都会引起公务员法律关系的消灭，但辞退不同于辞职，辞职是国家公务员所享有的一项权利，而辞退则是行政机关所行使的一项职权。公务员有下列情形之一的，予以辞退：①在年度考核中，连续 2 年被确定为不称职的；②不胜任现职工作，又不接受其他安排的；③因所在机关调整、撤销、合并或者缩减编制名额需要调整工作，本人拒绝合理安排的；④不履行公务员义务，不遵守法律和公务员纪律，经教育仍无转变，不适合继续在机关工作，又不宜给予开除处分的；⑤旷工或者因公外出、请假期满无正当理由逾期不归连续超过 15天，或者 1 年内累计超过 30 天的。但对因公致残，被确认丧失或者部分丧失工作能力的；患病或者负伤，在规定的医疗期内的；女性公务员在孕期、产假、哺乳期内的；法律、行政法规规定的其他不得辞退的情形的公务员，不得辞退。被辞退的国家公务员，可以领取辞退费或者根据国家有关规定享受失业保险。

3. 退休制度。公务员达到国家规定的退休年龄或者完全丧失工作能力的，应当退休。符合下列条件之一的，本人自愿提出申请，经任免机关批准，公务员可以提前退休：①工作年限满 30 年的；②距国家规定的退休年龄不足 5 年，且工作年限满 20 年的；③符合国家规定的可以提前退休的其他情形的。公务员退休后，享受国家规定的退休金和其他待遇，国家为其生活和健康提供必要的服务和帮助，鼓励发挥个人专长，参与社会发展。

四、行政职务保障制度

公务员实行国家统一规定的工资制度。公务员工资制度贯彻按劳分配的原则，体现工作职责、工作能力、工作实绩、资历等因素，保持不同职务、职级、级别之间的合理工资差距。公务员工资包括基本工资、津贴、补贴和奖金。公务员工资应当按时足额发放。公务员按照国家规定享受地区附加津贴、艰苦边远地区津贴、岗位津贴等津贴。按照国家规定享受住房、医疗等补贴、补助。公务员在定期考核中被确定为优秀、称职的，按照国家规定享受年终奖金。公务员按照国家规定享受福利待遇。国家根据经济社会发展水平提高公务员的福利待遇。国家建立公务员保险制度，保障公务员在退休、患病、工伤、生育、失业等情况下获得帮助和补偿。任何机关不得违反国家规定自行更改公务员的工资、福利、保险政策，擅自提高或者降低公务员的工资、福利、保险待遇。任何机关不得扣减或者拖欠公务员的工资。

五、行政公务员的权利救济制度

行政公务员对涉及本人的处分决定不服的，可以申请复核或者申诉。公务员对涉及本人的下列人事处理不服的，可以自知道该人事处理决定之日起 30 日内向原处理机关申请复核；对复核结果不服的，可以自接到复核决定之日起 15 日内，按照规定向同级公务员主管部门或者作出该人事处理的机关的上一级机关提出申诉；也可以不经复核，自知道该人事处理决定之日起 30 日内直接提出申诉：①处分；②辞退或者取消录用；③降职；④定期考核定为不称职；⑤免职；⑥申请辞职、提前退休未予批准；⑦不按照规定确定或者扣减工资、福利、保险待遇；⑧法律、法规规定可以申诉的其他情形。原处理机关应当自接到复核申请书后的 30 日内作出复核决定，并以书面形式告知申请人。

对省级以下机关作出的申诉处理决定不服的，可以向作出处理决定的上一级机关提出再申诉。受理公务员申诉的机关应当自受理之日起 60 日内作出处理决定；案情复杂的，可以适当延长，但是延长时间不得超过 30 日。

复核、申诉期间不停止人事处理的执行。行政公务员不因提出复核、申诉而被加重处分。

有下列情形之一的，受理公务员复核、申诉的机关应当撤销处分决定，重新作出决定或者责令原处分决定机关重新作出决定：①处分所依据的违法违纪事实证据不足的；②违反法定程序，影响案件公正处理的；③作出处分决定超越职权或者滥用职权的。

有下列情形之一的，受理公务员复核、申诉的机关应当变更处分决定，或者责令原处分决定机关变更处分决定：①适用法律、法规、规章或者国务院决定错误的；②对违法违纪行为的情节认定有误的；③处分不当的。

行政公务员的处分决定被变更，需要调整该公务员的职务、级别或者工资档次的，应当按照规定予以调整；行政公务员的处分决定被撤销的，应当恢复该公务员的级别、工资档次，按照原职务安排相应的职务，并在适当范围内为其恢复名誉。被撤销处分或者被减轻处分的行政公务员工资福利受到损失的，应当予以补偿。

第四节　行政相对人

本节引例

罗镕荣起诉吉安市物价局案[1]

2012 年 5 月 20 日，罗镕荣在江西省吉安市吉州区井冈山大道电信营业厅办理手机号码时，吉安电信公司收取了其 20 元卡费并出具了发票。罗镕荣认为吉安电信公司收取其首次办理手机号码的卡费的行为，违反了《集成电路卡应用和收费管理办法》中不得向用户单独收费的禁止性规定，故向吉安市物价局申诉举报，并提出了要求吉安市物价局履行法定职责进行查处和作出书面答复等诉求。吉安市物价局虽然出具了书面答复，但答复函中并没有对原告申诉举报信中的请求事项作出处理。于是，罗镕荣提起行政诉讼，以吉安市物价局的行为违反了《价格法》、《价格违法行为举报规定》（现已失效）等相关法律规定为由，请求法院确认被告在处理原告申诉举报事项中的行为违法。被告吉安市物价局则辩称：本案中，被告于 2012 年 7 月 3 日对罗镕荣作出的答复不是一种具体行政行为，罗镕荣与举报处理行为无法律上的利害关系，本案不具有可诉性。

问题：举报人就其自身合法权益受侵害向行政机关进行举报的，与行政机关的举报处理行为之间是否具有法律上的利害关系？

理论知识

一、行政相对人概述

在行政管理过程中，行政主体行使行政职权、作出相应决定必定有特定的

---

[1]　案例来源：中国法院网。

承受对象，这是行政法律关系运行中不可或缺的主体。在行政法学界，这一承受对象通常都被称为行政相对人。

（一）行政相对人的含义

行政相对人是指在行政法律关系中与行政主体相对应的、与行政行为之间存在利害关系的当事人。也就是说，行政相对人具有两个特征：①是行政法律关系的一方当事人。行政法律关系不同于民事法律关系，双方当事人的法律地位是不平等的，一方享有行政权，能依法实施行政管理，作出影响对方当事人权益的行政行为；而另一方则服从管理，依法履行行政行为确定的义务。有权实施行政管理行为的一方当事人被称为"行政主体"，而接受行政主体管理的一方当事人被称为"行政相对人"。②是与行政行为之间存在利害关系的当事人。这里的"利害关系"是指因为行政主体的行政行为在客观上已经或者必将对当事人的合法权益产生实际的影响。这一实际的影响，不仅包括已经产生的，还包括未来必然会产生的；不仅包括有利的，还包括不利的。为给行政相对人提供更为充分的救济机会，对"利害关系"不宜作过于严格的限制，既不要将其限定在法定权利的范围，也不要将其限定在直接利害关系的范围，只要当事人在行政法律关系中具有一定的法律利益，就应当认定为有利害关系。确定法律主体资格时，既不能仅凭当事人的主观认识，也不能要求当事人的权益必须受到现实的损害，但法律主体资格所要求的"利害关系"必须具有一定的现实性，即当事人应当证明其在该行政法律关系中具有客观的法律利益存在。

（二）行政相对人的范围

1. 行政直接相对人。是指行政行为直接针对的对象，直接承担着行政行为的法律后果，如行政处罚行为的被处罚人、行政许可行为的被许可人。

2. 行政相关人。是指行政行为虽然不是直接针对其作出的，但是由于行政行为的作出，在客观上对其合法权益产生实际的影响，如行政处罚中的受害人、行政许可中的公平竞争权人。

本节引例中，罗镕荣虽然要求吉安市物价局"依法查处并没收所有电信用户首次办理手机卡被收取的卡费"，但仍是基于认为吉安电信公司收取卡费的行为侵害了其自身合法权益，故而向吉安市物价局进行举报，并持有收取费用的发票作为证据。因此，罗镕荣与举报处理行为具有法律上的利害关系。

二、行政相对人的分类

根据不同的标准，可以将行政相对人进行不同的分类。对行政相对人的分类研究，有助于我们把握各种类型的行政相对人的特征。

（一）个人相对人与组织相对人

以行政相对人是否为组织体为标准，行政相对人可以分为个人相对人与组织相对人。个人相对人主要指公民。在大多数行政管理领域，与行政主体发生法律关系的对方当事人都可能是公民，如行政许可、行政征收、行政给付、行政强制、行政处罚、行政裁决，公民都可以成为这些行政行为的直接或间接对象。组织相对人包括国家机关、企事业单位、社会团体等法人和非法人组织。有些行政行为的对象只能是组织相对人，如责令停产停业；而有些行政行为的对象只能是个人相对人，如行政拘留。

（二）直接相对人与间接相对人

以行政相对人的权益受行政行为的影响是否直接为标准，行政相对人可以分为直接相对人与间接相对人。直接相对人是行政行为的直接对象，其权益受到行政行为的直接影响。间接相对人是其权益受到行政行为间接影响的当事人。直接相对人和间接相对人都是行政相对人，其权益受到行政行为侵害都可以依法申请行政救济，但法律规定的救济途径、方式可能会有所区别。

（三）特定相对人与不特定相对人

以行政行为的对象是否确定为标准，可以将行政相对人分为特定相对人和不特定相对人。特定相对人是行政行为所明确指向的对象，不特定相对人是行政主体行政行为所指向的广泛而不确定的对象。特定相对人通常是具体行政行为的相对人，不特定相对人通常是抽象行政行为的相对人。由于具体行政行为的种类各不相同，特定相对人与行政主体之间的权利义务也就各不相同。不特定相对人是与行政主体有同类权利义务关系的相对人，既有可能成为同一类权利主体，也有可能成为同一类义务主体。

（四）受益相对人与损益相对人

以行政行为对其权益影响的性质为标准，行政相对人可以分为受益相对人与损益相对人。行政行为对其权益产生有利影响，即通过行政行为赋予其某种权益的相对人为受益相对人；行政行为对其权益产生不利影响，即行政行为使其失去某种利益或使其利益受到损害的相对人为损益相对人。一般来说，行政许可、行政给付行为的直接相对人为受益相对人；行政处罚、行政强制的直接相对人为损益相对人。

三、行政相对人的权利义务

（一）行政相对人的权利

行政相对人的权利与行政主体的义务具有对应性，行政相对人的权利同时是行政主体的义务。行政相对人的权利主要有以下几种：

1. 参政权。它是指行政相对人以各种形式和渠道参与行政管理的权利。这种权利是宪法规定的公民政治权利在行政管理中的具体化。行政相对人参与行政管理的权利主要包括：①批评建议权。对国家行政机关以各种方式提出批评、意见、建议的权利。②控告检举权。对国家行政机关及其公务人员的违法失职行为提出控告或检举的权利。公民行使控告、检举权利的行使方法和途径与公民言论、出版、集会、结社、游行、示威等政治权利有较大联系。

2. 知情权。公民依法享有对与行政活动有关的内容、资料及其他信息的知情权，除法律、法规规定应予保密的以外，行政相对人均有权查阅各种规范性文件、会议决议、决定、制度、标准、程序规则等信息。

3. 平等权。行政相对人有平等地享有权利、承担义务和受行政主体平等保护的权利。

4. 受益权。行政相对人有权通过行政主体的积极行为而获得财产利益、人身利益和其他利益。具体体现为：基本生活水平保障权；劳动就业和劳动安全保障权；义务教育保障权和参加基本性社会生活的保障权等。

5. 隐私保密权。行政相对人享有对自己的隐私保密的权利，行政主体有为相对人的隐私保密的义务。行政主体在行政活动中，非经法定程序，不得公开相对人的隐私。

6. 行政协助权。行政相对人有主动协助行政机关的权利。该权利主要包括：①报告权。发现需要由行政主体处理的事情，行政相对人有权向行政主体报告。②制止权。行政相对人对一切违反法律规范的行为有权予以制止。③扭送权。行政相对人对正在实施行政违法行为，或实施完毕正想逃跑的行为人有依法将其扭送到有关国家机关的权利。

7. 申请、请求权。行政相对人有权依法向行政主体提出实现其法定权利的各种申请，如申请办理许可证照；申请取得抚恤金、补助金、救济金等。行政相对人的各种权益在受到不法侵害时，有权请求获得行政主体的保护，主要包括：紧急情况下受行政主体救助的权利；合法权益受到侵害请求行政主体予以处理的权利；合法权益受行政主体确认的权利；等等。

8. 救济性权利。行政相对人对行政行为不服，可以依法申请复议和提起行政诉讼。行政行为违法或合法而造成了相对人的财产损失的，当事人有权获得国家赔偿或补偿。

（二）行政相对人的义务

行政相对人在行政法上享有一定的权利，同时也必须履行一定的义务。概括起来，行政相对人的义务主要包括：

1. 遵守行政法律秩序、服从行政管理的义务。在行政管理过程中，行政相对人应遵守行政法规、规章和其他规范性文件；执行行政命令、行政决定；履行行政法上的各项义务。

2. 协助行政管理。在行政管理过程中，行政相对人有义务协助行政主体完成行政任务，如协助人民警察追捕犯罪嫌疑人等。必要时为执行公务提供交通工具或其他必要的设施，如防洪、灭火器材等。

3. 维护公益的义务。行政相对人有义务维护国家和社会公共利益。在国家和社会公共利益正受到或可能受到损害或威胁时，行政相对人应采取措施，尽可能防止或减少损害的发生。行政相对人因维护公益致使本人财产或人身受到损失或伤害的，事后可请求国家予以适当补偿。

4. 接受行政监督的义务。行政相对人在行政管理过程中，要接受行政主体依法实施的监督，包括检查、审查、检验、鉴定、登记、统计、审计，向行政主体提供情况说明及有关材料或报表、账册等。

第五节　行政法制监督主体

理论知识

一、行政法制监督概述

（一）行政法制监督的概念

实现依法行政，要依靠行政机关的自我约束，更重要的是要通过各种途径和方法，加强对行政权的监督与控制。为保证行政活动的合法性和正当性，从法律制度上建立对行政主体的全面、严密的监督体系尤为重要。我们把这一监督体系称为"行政法制监督"。

所谓行政法制监督，是指有权的国家机关、国家机关系统以外的个人、组织依照宪法、法律的有关规定，对行政主体及公务员行使国家行政权力、履行行政职责所进行的监察督促。这一定义反映出行政法制监督制度的基本特征：

1. 监督主体的多元性。行政法制监督的主体既包括国家权力机关、国家司法机关、专门行政监督机关，也包括国家机关系统以外的公民、法人或其他组织。作为监督主体的国家权力机关、司法机关根据宪法和组织法，监察机关、审计机关根据宪法和单行法，对行政主体及其公务员行使职权行为实施的监督，是直接产生法律效力的监督。国家机关系统以外的公民、法人或其他组织作为监督主体，不能对监督对象作出直接产生法律效力的监督行为。行政法制监督主体的多样化，既是提高监督效率的重要保障，也是行政活动社会化、民主化的基本要求和重要体现。

2. 监督对象的确定性。行政法制监督的对象主要有两种：一是可以代表国家行使行政权力的行政主体；二是代表行政主体行使行政职权的公务员。不拥有行政权力或不行使行政权的其他组织或者个人，如行政主体以外的其他国家机关、企业事业单位、社会团体和一般公民等，均不属于行政法制监督的对象。这里要指出的是，公务员在行政管理中代表行政主体行使职权，但在行政法制监督法律关系中，却与行政主体并列，成为独立的监督对象。

3. 监督内容的广泛性。行政法制监督的主要内容是行政主体行使职权的行为和公务员履行职责的行为。行政行为是以国家强制力为保障的，能对行政相对人产生权利义务，因此必须受到有效监督。除了监督行政主体及其公务员行使职权的行为是否合法以外，监督对象与实施行政行为、履行职责有关的情况，如是否廉洁奉公、忠于职守，是否兼有营利性组织的职务，个人的财产收入状况等，也是监督的内容。

4. 监督方式的多样性。不同的监督主体享有不同的监督权，行使监督权的方法和途径具有多样性。国家机关作为监督主体，能对监督对象采取直接产生法律效力的监督措施，如撤销行政行为、处分违纪公务员等。公民、法人或其他组织作为监督主体，只能通过批评、建议或申诉、控告、检举等方式向有权国家机关反映，使之采取能产生法律效力的措施，以实现对监督对象的监督。通过各种方法，建立体系完备、运转协调的对行政管理的监督制度，从而保证行政管理的高效、廉洁。

（二）行政法制监督与行政执法监督的辨析

行政法制监督和行政执法监督的出发点都是为了维护和保障行政管理秩序，实现行政的民主和公正，提高效率。但两者是性质不同的监督，有着以下区别：

1. 监督的主体和对象不同。行政法制监督是对行政主体及其公务员的监督，监督主体是国家权力机关、司法机关、被监督对象的上级行政机关、专门监督机关以及国家机关系统以外的个人和组织；行政执法监督是对公民、法人或者其他组织的监督，监督主体是有权的行政机关。

2. 监督的内容和目的不同。行政法制监督的内容是行政主体及其公务员行使行政职权和履行行政职责的情况，目的是保证国家行政权力的正确行使，维护公民、法人或其他组织的合法权益；行政执法监督的内容是公民、法人或其他组织遵守法律、法规或规章的情况，目的是保证行政法规范的贯彻施行，维护正常的行政秩序。

3. 监督的性质不同。行政法制监督是对行政权行使情况进行的监督，具有权力制约的特点，体现了国家权力行使的严肃性和统一性；行政执法监督是对行政法规范执行情况的监督，反映了行政权的主动性、广泛性特点，并体现了行政法规范的国家意志性和强制性。

4. 监督的方式不同。行政法制监督主要采取权力机关审查、调查、质询、司法审查、监察、审计、舆论监督等方式；行政执法监督主要采取检查、检验、统计、登记、鉴定等方式。

二、行政法制监督主体

（一）国家权力机关

宪法规定，各级国家行政机关由同级国家权力机关产生，是国家权力机关的执行机关，对它负责，受它监督。这是权力机关对行政机关进行监督的宪法依据。

作为监督主体的国家权力机关是指各级人民代表大会及其常务委员会。权力机关对行政的监督是由其性质和法律地位决定的，反映了我国的根本政治制度。权力机关对行政机关实施监督，可以保证政府在法定的范围内活动，保证政府的目标与人民的利益相一致，体现我国的国家性质。

（二）国家司法机关

人民法院和人民检察院作为监督主体，其监督与行政法制监督的其他监督主体的监督不同。相对于行政系统的内部监督而言，司法监督是一种外部监督，具有较强的可信度；相对于权力机关的监督而言，司法监督没有权力机关监督那么范围广泛和形式多样；相对于公民、法人或其他组织对行政行为的监督而言，司法监督是一种权力监督，是国家体制设计上权力制约思想的体现。当然，司法机关的监督有一定的限度，司法权毕竟不同于行政权，有自己的作用范围，对行政的介入不能达到干涉行政权的法定界限。

（三）国家行政机关

行政系统内部的监督又可以分为行政机关的层级监督、平级监督和专门监督。因而，作为监督主体的行政机关包括被监督对象的上级行政机关、内部管理机关、审计机关。

根据我国行政组织法律规范的规定，作为监督主体的上级行政机关依据被监督对象而定。被监督对象为一级人民政府的，上级行政机关是指被监督者的上级人民政府；被监督对象为政府职能部门的，上级行政机关是指被监督者的本级人民政府和上一级主管部门；被监督对象是公务员的，上级行政机关是指该公务员所属的行政机关。

国家审计权是行政权的重要组成部分，它由审计机关依法独立行使。国务院设立审计署，在国务院总理领导下，主管全国的审计工作。县级以上地方各级人民政府设立审计机关，在本级人民政府行政首长和上级审计机关领导下负责本行政区域内的审计工作。

（四）其他法律监督主体

宪法规定，公民对于国家机关和国家机关工作人员，有提出批评和建议的权利；对于任何国家机关和国家机关工作人员的违法失职行为，有向国家机关提出申诉、控告或者检举的权利。宪法的规定给公民监督行政提供了法律依据。除此以外，其他社会组织，如政党、政协、人民团体、企事业单位、社会团体、群众自治组织等，可以根据宪法所赋予的民主权利对行政主体及其工作人员是否依法行政进行监督。

思考题

1. 什么是行政主体？行政主体与行政机关是否有区别？
2. 简述我国行政主体的范围。
3. 如何判断行政相对人？行政相对人有哪些权利和义务？

实务训练

某市城管执法局委托镇政府负责对一风景区域进行城管执法，镇政府接到举报并经现场勘验，认定刘某擅自建房并组织强制拆除。刘某父亲和嫂子称房屋系二人共建，出示了相关产权证，以证明房屋的共建关系，认为拆除行为侵犯了其合法权益，向法院起诉，法院予以受理。

问题：本案的行政主体是镇政府还是某市城管执法局？刘某父亲和嫂子是否是本案的行政相对人？

第四章

行政行为

【知识目标】

1. 掌握行政行为的概念、行政行为的合法要件。

2. 识别行政行为的分类、行政行为的范围。

3. 理解行政行为效力的内容。

4. 了解行政程序等基本理论。

【技能目标】

培养识别行政行为的能力。

第一节　行政行为概述

本节引例

刘某某诉某县某镇人民政府支付垫支款项案

原告于 1998 年至 2002 年 4 月在镇政府工作，工作期间，因工作关系为单位办事共垫支各种款项计 27 550 元。后单位因经济困难没有给付原告所垫款项。镇财政所于 2000 年 11 月 1 日在收取了原告的报销条之后，给原告出具了"暂存款"收据 3 份，并注明其来源系报销条，合计款项 27 550 元，且分别加盖了"某县某镇财务专用章"。后原告一直向被告主张权利，被告总是以财政困难为由推脱，不予支付，原告无奈之下诉至法院。

问题：分析被告在本案中行为的法律性质。

理论知识

一、行政行为的概念

在行政法学中，行政行为是一个重要的和基础的法律概念。行政行为，又称为行政法律行为，是指行政主体为了实现行政职能，行使行政权作出的，能够直接或者间接产生法律效果的行为。行政行为具备以下基本特征或要素：

1. 行政行为是行政主体所实施的行为，这是行政行为的主体要素。行政主体包括行使行政权的行政机关和法律、法规授权的组织。通常情况下，只有依照法律成立的行政机关才能实施行政行为。但行政机关以外的其他社会组织在法律、法规授权的条件和范围内，也能实施行政行为。此外，行政主体在特定的条件下还可以委托其他国家机关、社会组织或者个人行使行政权力，实施行政行为。行政行为以委托的行政主体的名义作出的，由此而产生的法律责任也由委托的行政主体承担。

2. 行政行为是行使行政权力的行为，这是行政行为的权力要素。国家行政机关以平等的民事主体的身份参加民事活动，如购买办公用品、装修办公用房等，以及国家行政机关的工作人员与行使职权无关的个人行为，如购买消费品、外出旅游等，这些行为都不能成为行政行为。行政行为与行政权力是密不可分的，行政行为是行政权的载体或表现形式。只有当行政主体为了实现行政管理目标而依法实施行使行政权力的行为时，这些行为才是行政行为。

3. 行政行为是能够直接或间接产生行政法律效果的行为，这是行政行为的法律要素。法律效果是就法律关系当事人的权利和义务而言的。行政行为产生的法律效果应当是行政法意义上的效果。这个特征一方面使行政行为具有法律强制性，另一方面也确保了行政主体在实施行政行为时负有法律责任，以区别于行政机关的事实行为，如收集资料、发布数据、打印文件等。行政主体的行政行为能够对行政相对人的权利和义务产生直接或间接的影响。行政行为有时对当事人的权利和义务的影响是直接的，如行政处罚行为、行政许可行为等；有时对当事人的权利和义务的影响是间接的，如行政机关的通知、鉴定、证明、调查等行为，这些行为可能影响到即将作出的行政处理决定。另外，行政机关发布的规范性文件对当事人的权利和义务的影响是间接的。

本节引例中，被告欠付原告款项的行为系民事法律行为。被告欠款行为非依行政职权而作出，原被告之间争议系民事争议而非行政争议。

二、行政行为的内容与形式

（一）行政行为的内容

权利和义务是一切法律行为的主要内容，行政行为也不例外。行政行为的内容是指一个行政行为对当事人权利（职权）和义务（职责）的具体影响。无论哪种行政行为，其基本内容都应该包含着行政主体和行政相对人的权利（职权）和义务（职责）两方面的内容。下面我们仅从行政相对人的角度来分析，可以把行政行为从内容上主要分为权利性行政行为和义务性行政行为。

1. 权利性行政行为，是指对行政相对人的权益产生积极或消极影响的行政行为。一是赋予权益的行政行为，表现为赋予相对人更多的权益，对行政相对人的权益产生积极的影响。例如，颁发营业执照、授予律师资格、发放抚恤金或救济金等。二是剥夺权益的行政行为，表现为对相对人权益的剥夺，对行政相对人的权益产生消极的影响。例如，吊销许可证或执照、责令停产停业、没收财产等。

2. 义务性行政行为，是指行政主体依法设定或免除行政相对人某种义务的行政行为。一是设定义务的行政行为，表现为相对人义务的增加，使符合法定条件的相对人承担某种义务。可以是单纯行为上的义务，也可以是财产上的义务或人身上义务，如接受审计监督、纳税的义务、罚款的决定等。二是免除义务的行政行为，表现为相对人义务的减少，使符合法定条件的行政相对人免除某种义务。可以是单纯行为上的义务，也可以是财产上的义务或人身上的义务，如免除纳税人的纳税义务。

此外，还有一些其他内容的行政行为，如确认行政相对人的法律事实或法律地位。法律事实确认是指行政主体通过行政行为对现有的事实状态依法作出确认。这种状态的确认与否，对于一定的法律关系影响重大，是构成一定的法律关系的基础。例如，对于公民出生的登记、对于婚姻事实的登记、工伤事故的认定，等等。法律地位的确认是指行政主体通过行政行为确定某种法律关系是否存在。例如，土地管理部门对土地使用权的确认，房管部门对房屋所有权的确认，人民政府对矿产、森林等自然资源使用权的确认，等等。此种确认的结果将成为行政相对人权利义务发生变化的依据，导致发生一定的法律后果。

这里必须强调，上述各项内容对于一个行政行为来讲可能同时具备，它们之间并不是相互排斥的关系。一个行政行为可能既赋予权益又设定义务，同时产生多项法律效果。例如，工商部门在向企业颁发工商营业执照的同时，又要求其交纳一定的费用。

（二）行政行为的形式

每一个行政行为都具备一定的外在表现形式。在行政管理中，各种行政行为的外在表现会有差异，体现出不同的形式。总结起来，行政行为的形式有以下四种：

1. 口头形式。口头形式是指行政主体借助于口头语言的形式来表达其行政行为的内在意思的一种形式。例如，口头作出决定或者电话告知等。口头形式的优点是便捷、易于执行；但也具有不易保留为证据的缺点，发生争议时不利于问题的解决。因此，在行政管理实践中，不宜被广泛采用，只适用于比较简单的行政行为。内容复杂、对当事人权利和义务影响较大的行政行为不能采用口头形式，否则，无论是对行政权力运作的监督，还是对行政相对人权益的维护，都是极为不利的。

2. 书面形式。书面形式是指行政主体借助于书面语言的形式来表达其行政行为的内在意思的一种形式。它主要指文字（文件、信函、电报等）、图表、照片、电子数据等形式。在行政管理中，书面形式是行政主体作出行政行为的最经常、最大量采用的形式。书面形式的特点是繁难不便，但却有郑重庄严和"白纸黑字，铁证如山"的优点。按照依法行政的要求，内容复杂、对当事人权利和义务影响较大的行政行为都应当采用书面形式。对于大量要式的行政行为依法必须采用书面形式而未采用此种形式的，当认定为无效的行政行为，行政主体应当承担由此而产生的不利的法律后果。

3. 动作形式。动作形式是指行政主体借助其工作人员的外形动作来表达其行政行为的内在意思的一种形式。动作形式的优点是直接、明了，但不易被大量运用，只能在一些简易的行政程序中予以运用。最为常见的是交通管理中交警指挥交通的各种手势。

4. 默示形式。上述三种形式都是明示的形式，而默示形式是指行政主体以含蓄或者间接的方式来表达其行政行为的内在意思的一种形式。默示所包含的意思，行政相对人不能直接把握，而要通过推理手段才能理解。例如，某企业向市场监督管理部门申请颁发工商营业执照，在法定的期限内该部门不予答复，即可以推定行政机关是拒绝作为。对默示形式的采用必须严格加以限制，只有在法律、法规或规章有明确的规定时，或者在行政管理实践中为大家所公认的情形下，默示形式才能被采用。

第二节　行政行为分类

本节引例

乔占祥诉铁道部 2001 年春运价格上浮案

2000 年 12 月 21 日，铁道部依据《国家计委关于部分旅客列车票价实行政府指导价有关问题的批复》（现已失效），发出《关于 2001 年春运期间部分旅客列车实行票价上浮的通知》（以下简称《通知》），有关铁路局依据此通知对旅客列车的票价实行上浮。乔某在春运期间购买了石家庄至磁县、石家庄至邯郸的火车客票 2 张，支付票款 37 元，比上浮前分别多了 5 元和 4 元。对此，乔某认为铁道部上浮票价的行为侵犯了自己的合法权益，遂于 2001 年 1 月 18 日向铁道部申请复议，要求撤销上浮火车票价的具体行政行为。同年 3 月 19 日，铁道部作出维持的复议决定。乔某不服，向北京市第一中级人民法院提起行政诉讼，请求法院撤销铁道部的复议决定及《通知》。一审法院审理后，判决驳回了乔某的诉讼请求。乔某不服一审法院判决，向北京市高级人民法院提出上诉。二审法院审理后，判决驳回上诉，维持原判。

问题：铁道部关于上浮票价的《通知》属于哪种类型的行为？

理论知识

行政行为的表现形式多样，内容繁多。对行政行为进行相应的分类不仅是理论研究的需要，也是规范行政行为的要求。通过对行政行为的进一步分类研究，我们能够认识和把握不同类型行政行为的内容、特点以及它们所要遵循的行为规则，深入理解不同类型行政行为的成立与合法要件及其法律效力，从而确立科学的监督行政行为的机制。对行政行为的科学分类，一直是行政法学的一项重要课题。依据不同的标准，可以对行政行为作出如下分类：

一、抽象行政行为与具体行政行为

以行政行为的对象是否特定，将行政行为划分为抽象行政行为与具体行政行为。抽象行政行为与具体行政行为的划分不仅是行政法学理论研究的需要，也曾经是我国法律制度中所采用的一个法学概念。例如，1989 年《行政诉讼法》在受案范围的规定中提出了具体行政行为的概念。尽管在理论上我们认为，抽象行政行为与具体行政行为在外延的界定上有不周延之处，但是对这对概念作进一步细致的研究具有重要的理论和实践意义。

所谓抽象行政行为，是指行政机关在行政管理过程中以不特定的人或事为对象，制定和发布具有普遍约束力的行为规范的行为。例如行政机关制定行政法规、规章的行为。对抽象行政行为有两种意义上的理解：一是行政机关制定和发布具有普遍约束力的行为规范，即静态意义上的抽象行政行为，如国务院的行政法规；一是行政机关制定和发布具有普遍约束力的行为规范的行为，即动态意义上的抽象行政行为，如国务院制定和发布行政法规的行为。两种意义上的理解都能成立。另外，从立法体例上看，抽象行政行为可以分为行政立法的行为和制定行政规范性文件的行为两个层次。目前学术界对行政立法的研究比较成熟，对于行政机关制定行政规范性文件的行为的研究尚待发展。抽象行政行为的特点是：对象具有不特定性；效力具有普遍的约束力；可以被反复地适用。抽象行政行为调整范围的广泛性和长期性，决定了其对行政相对人的权利、义务影响十分重大。

所谓具体行政行为，是相对于抽象行政行为而言的，是指行政机关在行政管理过程中以特定的人或事为对象，作出的直接影响行政相对人的权利，义务的行为。与抽象行政行为相比，具体行政行为最为突出的特点是行为对象具有特定性、行为直接影响行政相对人的权利、义务。具体行政行为只对特定的对象或业已发生的事件有法律上的拘束力，对尔后发生的同类事件没有法律效力，即所谓的"一次性消费"。后面我们讨论的行政许可、行政强制、行政处罚等都属于具体行政行为。当然抽象行政行为与具体行政行为并非截然对立的关系，在很多情形下，具体行政行为的作出是以抽象行政行为为依据的。可以说，具体行政行为是抽象行政行为的贯彻和落实。

抽象行政行为与具体行政行为的法律救济和监督途径是有所区别的。尽管2014年《行政诉讼法》已经不使用具体行政行为的概念，但还是明确将行政法规、规章或者行政机关制定、发布的具有普遍约束力的决定、命令排除在行政诉讼受案范围之外。行政复议既可以审查具体行政行为，也可以审查部分抽象行政行为。

本节引例中，判断铁道部作出的《通知》是抽象行政行为还是具体行政行为，应当以当时生效的《最高人民法院关于贯彻执行〈中华人民共和国行政诉讼法〉若干问题的意见（试行）》第1条的规定来界定。公民、法人或其他组织根据该司法解释的要求，在排除其他条件的情况下，确定某个执法行为属于具体行政行为要具备两个"特定"，即"特定的相对人"和"特定的事项"。只有行政机关作出的管理行为符合两个"特定"，才属于具体行政行为。本案的《通知》是事项特定而对象不特定的行政行为，因此导致定性争议。严格意义上讲，铁道部的《通知》属于抽象行政行为。但是从保护公民合法权益的角度来看，应当认为其是具体行政行为。

二、羁束性行政行为与裁量性行政行为

以法律对具体行政行为的约束强度不同，将行政行为划分为羁束性行政行为与裁量性行政行为。

所谓羁束性行政行为，是指法律规范对行为的范围、条件、形式、标准、方法、程序等作出较为明确而具体规定的行政行为。行政主体没有自由选择的余地，只能严格依法实施该行为。对这类行为，法律明确规定了处理结果，行政机关不得任意为之，行政相对人则确切知道行为产生的法律后果。税务征收管理就是典型的羁束性行政行为，因为关于税种、税率法律有明确、具体的规定，税务机关没有自由裁量的权力，只能依法征税；如果违反法律的明确规定，就构成违法行政，税务机关要承担相应的法律责任。

所谓裁量性行政行为，是指法律仅对行为的范围、条件、幅度和种类等作原则性或概括性的规定，由行政主体在法定范围内根据实际情况决定如何适用法律而作出的行政行为。例如，在《治安管理处罚法》中，公安机关可以依法根据行政相对人的违法情节，对扰乱公共秩序的行为人处以警告或者200元以下罚款；情节较重的，处5日以上10日以下拘留，可以并处500元以下的罚款。

划分羁束性行政行为与裁量性行政行为的法律意义在于：在法律性质上，对羁束性行政行为只进行合法与违法的判断，而对裁量性行政行为在法定权限和幅度内只进行是否适当的合理性审查。在法律救济方面，划分羁束性行政行为与裁量性行政行为决定着司法审查的程度。对于羁束性行政行为，人民法院进行合法性审查；而对于裁量性行政行为，人民法院原则上不予审查。

三、依职权的行政行为与依申请的行政行为

以行政主体行使职权的前提条件不同，将具体行政行为划分为依职权的行政行为与依申请的行政行为。

所谓依职权的行政行为，又称为主动行政行为或积极的行政行为，是指行政主体依据法律的规定，主动行使其职权而作出的行政行为。典型的依职权的行政行为是行政处罚。

所谓依申请的行政行为，又称为被动的行政行为或消极的行政行为，是指行政主体必须在行政相对人提出申请的基础上作出的行政行为。行政相对人提出申请是此类行政行为的前提条件。如果没有行政相对人提出申请，即使行政相对人符合条件，行政主体也不能主动实施行政行为。典型的依申请的行政行

为是行政许可行为。

区分依职权的行政行为与依申请的行政行为的法律意义在于：①这一分类决定了不同的诉讼类型。对依职权的行政行为提起的行政诉讼，行政相对人的诉讼请求一般是撤销之诉，人民法院对被诉行政行为进行合法性审查，并作出确认判决或者撤销判决。对依申请的行政行为提起的行政诉讼，行政相对人提出请求履行之诉，人民法院进行合法性审查后作出驳回判决或限期履行判决。②这一分类影响着举证责任的分配。对依职权的行政行为，举证责任的分配遵循行政诉讼的一般分配规则，即由被告（行政主体）承担举证责任；而对依申请的行政行为，除被告承担举证责任外，原告应当对自己的申请行为承担举证责任。

四、内部行政行为与外部行政行为

以行政行为的效力范围不同，将行政行为划分为内部行政行为与外部行政行为。所谓内部行政行为，是指行政主体对有行政隶属关系的组织内部的编制、人事、财务等内部事务进行管理的行政行为。例如，行政机关对所属公务员作出的行政处分，上级行政机关对下级行政机关财务报告的审批等。所谓外部行政行为，是指行政主体对非隶属关系的行政相对人或社会事务进行管理的行政行为。例如，税务机关的税务管理、公安机关的治安处罚等。

内部行政行为与外部行政行为的区别表现在：①两者所适用的法律规范的性质不同。内部的行政行为适用的是内部行政法律规范；而外部行政行为适用的是外部的行政法律规范。两者所适用的法律规范不能任意地相互替代。②两者所产生的法律效果的领域不同。内部行政行为只能对内部行政相对人发生法律效果；外部行政行为也只能对外部的行政相对人发生法律效果。③两者的救济途径不同。内部行政行为被排除在行政复议和行政诉讼的受案范围之外。但是，行政复议和行政诉讼对外部行政行为是开放的，公民、法人或者其他组织对外部行政行为不服的，只要符合法定条件，就可以申请行政复议或者提起行政诉讼。

五、单方行政行为与双方行政行为

以行政法律关系主体的意思表示对行为效果的影响程度为标准，将具体行政行为划分为单方行政行为与双方行政行为。

所谓单方行政行为，是指行政主体无须征得行政相对人的同意即可以单方作出行政决定的行为。多数的行政行为都具有单方行政行为的法律属性。单方行政行为无论是依职权作出的，还是依申请作出的，都是以行政主体的意思表示为主导，最终的决定权在于行政主体。行政相对人是否有参与意志，不影响行政行为的法律定性。因此，无论单方行政行为的外在表现怎样，单方意志性不会改变。

所谓双方行政行为，是指行政主体为了实现行政管理目的，与行政相对人意思表示达成一致而成立的行政行为。行政协议是典型的双方行政行为。在行政管理活动中，双方行政行为越来越多地得以运用，是行政民主化的具体反映。

区分单方行政行为与双方行政行为的法律意义在于，全面认识行政行为的各种形式。单方意志性的行政行为占绝大多数，可是也存在双方合意的行政行为。

六、其他类型的行政行为

（一）行政立法、行政执法与行政司法

以行政行为的行为方式不同，将行政行为分为行政立法、行政执法与行政司法。

行政立法是指行政主体依法定权限和程序，制定具有普遍约束力的行为规则的行政行为。例如，国务院制定行政法规的行为。行政执法是指行政主体行使行政职权作出影响行政相对人权益的行政行为。例如，行政许可、行政征收等。行政司法是指行政机关以居间（中立）管理者的身份，依法审查和裁决特定范围内争议的准司法性行政行为。例如，行政裁决、行政复议等。

（二）职权行政行为、授权行政行为与委托行政行为

以行政权力的来源不同，将具体行政行为分为职权行政行为、授权行政行为与委托行政行为。

职权行政行为，是指行政机关行使直接来源于宪法和组织法规定的行政权力而作出的行政行为。授权行政行为，是指行政机关以外的其他社会组织依据法律、法规的授权而作出的行政行为。委托行政行为，是指行政机关以外的其他社会组织或个人，依据行政机关的委托而作出的行政行为。

（三）作为行政行为与不作为行政行为

以具体行政行为是否以作为方式来表现，将行政行为分为作为行政行为与不作为行政行为。

作为行政行为，是指行政主体以积极作为的方式改变行政相对人现有权利义务关系的行政行为，如行政主体的行政征收、行政强制等行为。

不作为行政行为，是指行政主体依法应当履行行政职责而没有履行的行政行为。构成行政不作为，需要具备三个条件：①申请要件，即行政相对人向行政主体提出申请，要求其作出一定的行政行为。②职权要件，即行政主体对行政相对人申请的事项具有法定的职权和权限。③期限要件，即行政主体未在一

定期限内按照法定方式作出一定的行政行为。根据行政主体不作为是否明示，可将不作为分为积极不作为和消极不作为。积极不作为表现为拒绝履行，而消极不作为表现为拖延履行。

（四）要式行政行为和非要式行政行为

以是否需要法定形式，将具体行政行为分为要式行政行为和非要式行政行为。要式行政行为，是指需法定形式才可以生效的具体行政行为。也就是说，法律对某些行政行为有外在形式的要求，必须以书面文字、特定符号等法定形式表现出来。非要式行政行为，是指法律没有明确外在形式的要求，行政主体可以根据实际需要以各种形式作出的行政行为。例如，法律授予行政主体行使紧急交通管制行为的权力。在行政法上，要式行政行为是原则，非要式行政行为只是例外。

此外，对行政行为还可以依据不同的标准作出更多的分类。如附款行政行为与无附款行政行为，授益行政行为与负担行政行为，可诉行政行为与不可诉行政行为，合法行政行为与违法行政行为，等等。

第三节　具体行政行为效力

本节引例

某市某区环境保护局申请行政强制执行案

经某市某区环境保护局调查，某公司自 2008 年 2 月投入生产经营以来，未通过环保"三同时"验收。2017 年 5 月 26 日，区环保局依据《建设项目环境保护管理条例》规定给予该公司行政处罚，责令其停止生产，并罚款 8 万元。该公司在法律规定期限内未提起行政复议或行政诉讼，经催告仍不履行处罚决定，区环保局遂于 2018 年 2 月 5 日申请法院强制执行。但法院最终裁定不予执行。

问题：法院不予执行的裁定是否合法？

理论知识

一、具体行政行为的成立要件

行政行为的成立，是指行政行为在法律上的存在。一项行政行为倘若没有成立，那么我们就无法进一步讨论其合法要件、效力问题。成立是生效的前提，成立解决具体行政行为有无的问题，生效解决的是具体行政行为存在后的法律效果问题。

具体行政行为的成立一般应具备三个条件：

（一）主体条件

具体行政行为必须是享有行政职权的行政主体所实施的，其表现为行政机关、法律法规授权的组织。行政主体一般是通过具有行政执法资格的工作人员来实施具体行政行为。特殊情况下，行政主体将属于自己的行政职权委托给其他的社会组织或个人代为行使，在委托范围内，被委托的组织或个人以行政主体的名义作出具体行政行为。如果主体不合法，就不可能有具体行政行为的存在。

（二）主观方面的条件

行政主体向行政相对人作出具有法律效果的意思表示，目的在于产生、变更或撤销双方之间行政法意义上的法律关系。没有这方面的意思表示，具体行政行为不成立。

（三）客观方面的条件

行政主体有行使行政职权或履行行政职责的外在形式，表现为行为的对象、时间、地点、语言、文字等。行政主体必须按照法定期限和方式将具体行政行为的内容送达行政相对人，以使其知晓。未经送达受领程序的具体行政行为是未完成的行政行为，不会对行政相对人发生法律约束力。

二、具体行政行为的合法要件

在满足了成立要件后，具体行政行为在法律上成立，但不必然产生行政行为的合法性。行政行为的合法要件，是指行政行为合法成立并发生法律效力所应当具备的条件。

由于行政行为类别众多，不同类型的行政行为在合法性的具体标准上有所不同。此处讨论的行政行为的合法要件是各类行政行为所共同具备的基本要素，或称为一般要件。

（一）证据确凿充分

"证据确凿充分"要求，对具体行政行为确认的事实，有充分证据证明其真实存在。具体表现为：具体行政行为确认的事实均有相应的证据证明；各证据均真实、可靠，并且合法；各项证据对待证事实有证明力，并与待证事实之间具有关联性；各项证据相互协调一致，对整个事实构成完整的证明，并能经受住反证的反驳；具体行政行为所依据的事实必须能够满足法律预先设定的事实要件。

（二）适用法律、法规正确

具体行政行为适用了应当适用的法律、法规和具体的条文条款，而且处理的性质、形式和程序等符合法律、法规的规定。具体要求是：对具体行政行为所基于的事实的性质认定正确；对相应事实选择适用的法律、法规及具体规范正确，选择的法律依据与更高层次的法律文件不相抵触；根据相应事实所具有的情节，全面地适用法律、法规。

（三）符合法定程序

在法律、法规明确规定实施行政行为的程序时，主体实施具体行政行为必须严格遵循法定程序。具体要求是：符合法定方式，符合法定形式，符合法定手续，符合法定步骤，符合法定期限。

（四）无滥用职权、超越职权的情形

行政主体实施具体行政行为应当符合法律规定的目的、原则和精神，并且正当地、合理地行使行政职权。如果行政主体及其工作人员在实施具体行政行为时追求私人利益，而不是为了公共利益，假公济私、以权谋私，违背立法目的而作出行政行为，则构成滥用职权。滥用职权的行为没有超越法定权限，但表现为故意违背法律的目的、原则和要求的，在本质上构成行政违法。

无权而为称为超越职权。行政主体应当在法律授予的权限范围内行使行政职权，超出权限的具体行政行为构成超越职权。超越职权有以下表现：①横向越权。即一个行政主体超越业务主管范围、地域管辖范围，管辖了依法应当由另一行政主体管辖的事务，或主体在行使职权时超越了法律、法规规定的幅度、手段等。②纵向越权。即有行政隶属关系的上下级行政主体之间，一方行使了属于另一方的职权。

本节引例中，案涉焦点问题是某市某区环境保护局在2017年5月26日作出行政处罚决定时有无行政处罚权。依据当时生效施行的《建设项目环境保护管理条例》的规定，建设项目需要配套建设的环境保护设施未建成、未经验收或者经验收不合格，主体工程正式投入生产或者使用的，由审批该建设项目环境影响报告书、环境影响报告表或者环境影响登记表的环境保护行政主管部门责令停止生产或者使用，可以处10万元以下的罚款。某公司生产项目环境影响报告表由某市环境保护局审批，而非某市某区环境保护局审批，因此某市某区环境保护局不具有作出行政处罚的行政主体资格，也即某市某区环境保护局在作出本案行政处罚时没有行政处罚权。因此，法院最终裁定不予执行。（注：依据2017年10月1日施行的《建设项目环境保护管理条例》第23条规定，违反本条例规定，需要配套建设的环境保护设施未建成、未经验收或者验收不合格，建设项目即投入生产或者使用，或者在环境保护设施验收中弄虚作假的，由县级以上环境保护行政主管部门责令限期改正，处 20 万元以上 100 万元以下的罚款；逾期不改正的，处 100 万元以上 200 万元以下的罚款；对直接负责的主管人员和其他责任人员，处 5 万元以上 20 万元以下的罚款；造成重大环境污染或者生态破坏的，责令停止生产或者使用，或者报经有批准权的人民政府批准，责令关闭。违反本条例规定，建设单位未依法向社会公开环境保护设施验收报告的，由县级以上环境保护行政主管部门责令公开，处 5 万元以上 20 万元以下的罚款，并予以公告。故某市某区环境保护局现在对案涉事项应有行政处罚权。）

（五）无明显不当

明显不当是指具体行政行为明显不合理，特别是行政主体行使行政裁量权作出具体行政行为时明显逾越了合理性界限。明显不当具有三个特点：①行政机关作出具体行政行为时具有事实根据和法律依据；②行政机关作出具体行政行为虽然符合法律规定，但存在明显不合理、不适当的情形；③这种不合理、不适当已经严重违背了法律、法规的目的、原则和精神，以至于具有一般理性的人都能够发现这种不适当。

三、具体行政行为效力的内容

行政行为效力是行政行为的核心要素，是指具体行政行为生效之后，在法律上能够产生的影响或者效果，主要包括确定力、拘束力和执行力。

（一）确定力

确定力是指具体行政行为非依照法律的规定不得随意地改变或撤销，即是指一种不可改变的法律效力。此种法律效力是对行政主体和行政相对人双方而言的。行政主体非依法定事由和法定程序，不得改变或撤销已经作出的行政行为；行政相对人也是非依法定事由和法定程序，不得请求或自行改变或撤销已经作出的行政行为。例如，对已经颁发的营业执照，市场监督管理部门不得随意撤销，也不得随意更改许可经营的事项和范围。同时，持有营业执照的行政相对人也不能无视登记范围的限制，而从事登记范围以外的活动。

行政行为具有不可变更的法律效力并非是绝对的，而是相对而言的。如果行政行为存在违法的情形，行政主体可以依据法定的程序加以改变或撤销，并承担由此给行政相对人带来的损失。《行政许可法》第 8 条规定，公民、法人或其他组织依法取得的行政许可受法律保护，行政机关不得擅自改变已经生效的行政许可。行政许可所依据的法律、法规、规章修改或者废止，或者准予行政许可所依据的客观情况发生重大变化的，为了公共利益的需要，行政机关可以依法变更或者撤回已经生效的行政许可。由此给公民、法人或其他组织造成财产损失的，行政机关应当依法给予补偿。行政相对人如果认为具体行政行为是违法作出的，侵犯了自己的合法权益，也可以通过行政复议、行政诉讼等法定程序请求有权机关予以改变或撤销。

（二）拘束力

拘束力是指具体行政行为一经生效，行政主体、行政对人都必须遵守，其他国家机关和社会成员必须予以尊重的效力。具体要求是：对于已经生效的具体行政行为，不但对方当事人应当接受并履行义务，作出具体行政行为的行政机关不得随意更改，而且其他国家机关也不得以相同的事实和理由再次受理和处理该同一案件，其他社会成员也不得对同一案件进行随意的干预。

（三）执行力

作为一种实现具体行政行为内容的法律效力，执行力是指已生效的具体行政行为要求行政主体和行政相对人将其确定的权利、义务内容转化为现实的法律效力。执行力的实现方式有自觉履行和强制履行两种。自觉履行是指行政相对人主动使行政行为的内容得以实现。强制履行是在行政行为的内容无法主动得以实现的情况下而采取的强制方式。行政主体的强制履行包括行政主体直接强制执行和申请人民法院强制执行两种。

四、行政行为效力的变化

行政行为的效力并非静止不变，会因各种不同情况的出现而发生变化。这种变化主要体现在以下几个方面：

（一）无效

1. 无效的条件。行政行为无效是指具体行政行为存在重大且明显违法情形或者重大的法律缺陷，以至有正常理智的普通人都能明显看出存在违法情形，则该行为不能发生与其内容相应的法律效力。无效的具体行政行为应当是已经成立的行政行为，具备具体行政行为的形式，但是不具备具体行政行为的本质特征。

"重大且明显违法"是具体行政行为无效的条件。重大意味着具体行政行为将给公民、法人或其他组织的合法权益带来严重影响；明显意味着具体行政行为的违法性为一般理性人所能判断。

2. 无效的法律后果。无效的具体行政行为不具有任何法律效力。①在实体法上，无效的行政行为自作出之日起就没有法律约束力。行政相对人不受其约束，不需履行其规定的义务，也不承担法律责任；该行为对其他国家机关、组织和个人也不产生法律上的影响。②在程序法上，无效的行政行为不具有确定力。行政相对人有权在任何时候请求国家机关宣布该具体行政行为无效，有权国家机关可在任何时候宣布该具体行政行为无效。③在后果处理上，具体行政行为被确定无效后，原则上应当使行政相对人的权利义务恢复到具体行政行为作出以前的状态。如果是负担性行政行为，应当返还处罚款项，撤销处罚措施，取消行政相对人承担的义务，赔偿行政相对人的损失。如果是授益性行政行为，无效具体行政行为给行政相对人合法权益造成损害的，应当予以补偿。

（二）撤销

1. 撤销的条件。行政行为撤销，是指具体行政行为违法或明显不当，由有权国家机关作出撤销决定后而使其失去法律效力。撤销的条件包括两个方面：①一般违法。即合法要件的缺乏，包括缺乏事实证据、法律依据、法定程序或者超越职权、滥用职权。②明显不当。即具体行政行为的内容明显不合理。

2. 撤销的法律后果。①在实体法上，具体行政行为在被撤销之前一直有效，行政相对人应当受其约束。撤销一般具有溯及既往的效力，即具体行政行为撤销通常使得行为自作出之日起丧失法律效力。但是根据公共利益的需要或者相对人是否存在过错等情况，撤销也可以仅使具体行政行为自撤销之日起失效。②在程序法上，撤销具体行政行为必须依照法定的程序由有权机关作出决定，不能随意为之。行政相对人可以在法定的期限内经过行政复议、行政诉讼，请求行政复议机关或者人民法院撤销违法或明显不当的行政行为。行政主体还可以通过行政监督的程序来撤销违法或明显不当的行政行为。例如，上级行政机关撤销下级行政机关的行政行为，行政机关主动撤销自己作出的行政行为等。③在处理结果上，符合撤销条件的具体行政行为并非一律予以撤销，《行政许可法》对符合撤销条件的行政许可行为作出了可以撤销、应当撤销和免予撤销三种处理方式的规定。具体行政行为被撤销后，如果相关义务已经履行或者已经执行的，能够恢复原状的应当恢复原状。对于行政相对人的损失，要分不同的情况区别对待。如果行政相对人的损失是行政主体违法造成的，行政主体应该赔偿损失。如果是由于行政相对人的过错导致的，行政相对人的损失就应该由自己承担。如果造成了公共利益的损失，行政相对人还应该承担相应的法律责任。

（三）废止

1. 废止的条件。行政行为废止是指因情势、政策、法律的变化，原合法、适当的具体行政行为已不符合现行法律、政策，或者具体行政行为已完成其既定目标、任务，则由行政主体终止其法律效力。具体行政行为具有确定力，一经作出是不能随意废止的，但通常认为在下列情形下可以废止：①依据变更。具体行政行为所依据的法律、法规、规章、政策经有权机关依法修改、废止或者撤销，使其失去存在的合法依据。②情势变更。具体行政行为作出时所依据的客观情况发生重大变化或者已经不复存在，使其丧失存在的事实依据。③目标实现。具体行政行为所期望的法律效果已经实现，其失去继续存在的必要。

2. 废止的法律后果。具体行政行为自废止之日起失效。原则上要求，具体行政行为在废止之前已给予行政相对人的利益不再收回；行政相对人依原行为已履行的义务也不得要求行政主体予以补偿。然而，如果这种废止严重损害了行政相对人的合法权益，或者造成了严重的社会不公情形，那么行政主体尽管不承担赔偿责任，但是应对行政相对人的损失予以适当补偿。

（四）终止

行政行为的终止又称行政行为的消灭，是指行政行为失去法律效力。与行政行为废止不同的是，行政行为的终止是行为自然地失去法律效力。终止的条件包括：①标的物消灭。具体行政行为的处理对象消灭，行政处理决定无法执行，法律效力自然终止。②行政相对人死亡。行政处理决定的法律效力原则上只能及于特定的当事人，而不能发生转移。由于行政相对人的不存在而使行政行为法律效力终止。③期限届满。有一定生效期限的具体行政行为，自期限届满之日起就自然失效。④内容已实现。行政行为的内容已经实现也会导致该行政行为自然失效。

第四节　行政程序

本节引例

原告李某某诉被告某省交通运输厅政府信息公开案[1]

原告李某某诉称：其于 2011 年 6 月 1 日通过某省人民政府公众网络系统向被告某省交通运输厅提出政府信息公开申请，申请获取某客运站至某地的客运里程数等政府信息。根据《政府信息公开条例》（已于 2019 年修订）第 24 条第 2 款的规定，被告应在当月 23 日前答复原告，但被告未在法定期限内答复及提供所申请的政府信息，故原告请求法院判决确认被告未在法定期限内答复的行为违法。

被告某省交通运输厅辩称：原告申请政府信息公开通过的是某省人民政府

---

〔1〕 最高人民法院审判委员会讨论通过，并于 2014 年 1 月 26 日发布的《指导案例》。

公众网络系统，即省政府政务外网（以下简称省外网），而非被告的内部局域网（以下简称厅内网）。按规定，被告将某省人民政府"政府信息网上依申请公开系统"的后台办理设置在厅内网。由于被告的厅内网与互联网、省外网物理隔离，互联网、省外网数据都无法直接进入厅内网处理，需通过网闸以数据"摆渡"的方式接入厅内网办理，因此被告工作人员未能立即发现原告在某省人民政府公众网络系统中提交的申请，致使被告未能及时受理申请。根据《政府信息公开条例》《国务院办公厅关于做好施行〈中华人民共和国政府信息公开条例〉准备工作的通知》等规定，政府信息公开中的申请受理并非以申请人提交申请为准，而是以行政机关收到申请为准。原告称2011年6月1日向被告申请政府信息公开，但被告未收到该申请，被告正式收到并确认受理的日期是7月28日，并按规定向原告发出了《受理回执》。8月4日，被告向原告当场送达了《关于政府信息公开的答复》和《政府信息公开答复书》，距离受理日仅5个工作日，并未超出法定答复期限。原告在政府公众网络系统递交的申请未能被及时发现并被受理应视为不可抗力和客观原因造成，不应计算在答复期限内，故被告请求法院依法驳回原告的诉讼请求。

法院经审理查明：2011年6月1日，原告李某某通过某省人民政府公众网络系统向被告某省交通运输厅递交了政府信息公开申请，申请获取某客运站至某地的客运里程数等政府信息。政府公众网络系统以申请编号11060100011予以确认，并通过短信通知原告确认该政府信息公开申请提交成功。7月28日，被告作出受理记录确认上述事实，并于8月4日向原告送达了《关于政府信息公开的答复》和《政府信息公开答复书》。庭审中被告确认原告基于生活生产需要获取上述信息，原告确认8月4日收到了被告作出的《关于政府信息公开的答复》和《政府信息公开答复书》。

理论知识

一、行政程序概述

（一）行政程序的概念

行政程序是指行政主体实施行政行为时所遵循的步骤、顺序、时间、方式等要素的总称。行政程序本质上是行政主体的行政行为在时间和空间上的表现形式。行政程序具有以下基本特征：

1. 行政程序是关于行政行为的程序。行政机关在日常活动中可以以行政主体、民事主体以及诉讼主体等多种身份出现，只有以行政主体的身份出现作出行政行为时，才涉及行政程序。

2. 行政程序是行政行为的过程，是行政行为的实施形式。任何行政行为都是实体内容与程序形式的有机统一。实体内容与程序形式是相互依存的关系，任何行政行为都离不开行政程序。

3. 行政程序是由步骤、顺序、时间、方式等基本要素构成的。步骤、方式构成了行政行为的空间形式，顺序、时间构成了行政行为的时间形式。任何行政行为都是时间上和空间上不同表现形式的有机结合。

行政行为的程序合法是行政行为的合法要件之一，如果行政程序违法则构成了行政复议机关和人民法院撤销该行政行为的理由。行政程序在行政法中具有非常重要的意义。

（二）行政程序的种类

1. 内部行政程序和外部行政程序。内部行政程序是指行政主体管理内部事务所遵循的工作程序，如行政机关公文的处理程序。外部行政程序是指行政主体处理外部事务所遵循的程序规则，如行政处罚程序。

这种划分的意义在于：明确行政程序的调整重心，确立"交叉适用无效"和"分别救济"两大原则。外部行政程序是行政程序的核心，它是行政程序调整的重心。研究行政程序主要是研究外部行政程序，因为直接和间接影响行政相对人的合法权益的行政行为主要是外部行政行为。

2. 抽象行政程序和具体行政程序。抽象行政程序是为了规范抽象行政行为而设置的行政程序，如行政立法程序。具体行政程序是为了规范具体行政行为而设置的行政程序，如行政处罚程序。

这种划分的意义在于：违反不同的行政程序将会有不同的法律后果；违反不同的行政程序所适用的法律救济途径不同。

3. 强制性行政程序和任意性行政程序。这是以行政主体在行政程序中是否有自由裁量权为标准来划分的。强制性行政程序又称为法定性行政程序，是指行政主体在实施行政行为的时候必须严格遵守的，没有自由选择权的行政程序。例如，行政机关在作出责令停产停业、吊销许可证或者执照、较大数额罚款等行政处罚决定之前，应当告知当事人有要求举行听证的权利。任意性行政程序又称为裁量性行政程序，是指行政主体在实施行政行为的时候可以有自由选择权的行政程序。例如，当事人向指定的银行缴纳罚款确有困难的，经当事人提出，行政机关及其执法人员可以当场收缴罚款。这里的当场收缴罚款程序，可以认为是在法定性行政程序的基础上规定的任意性行政程序。

这种划分的意义在于：强制性行政程序只存在是否合法的问题；而任意性行政程序还存在是否合理的问题。强制性行政程序有法律、法规的明确要求，不能违背。而对于任意性行政程序，行政主体可以自由裁量，只有在超越裁量权限范围或者明显不合理的情况下，才会导致行政行为的无效或撤销。

4. 行政立法程序、行政执法程序和行政司法程序。行政立法程序是具有行政立法权的行政机关制定和颁布行政法规或行政规章的方式、步骤和次序，如行政法规制定程序。行政执法程序是行政主体在行政管理活动中，实现行政职能，作出具体行政行为所遵循的方式、步骤和次序，如行政许可程序。行政司法程序是行政主体居间裁决与行政管理职能有关的纠纷时所遵循的方式、步骤和次序，如行政复议程序、行政裁决程序。

这种划分的意义在于：行为方式不同，程序内容的设置应当有区别。设置行政立法程序要有利于公民、法人或其他组织的积极参与，收集不同意见，充分体现民意；要设置严格的论证程序，对行政立法进行效益分析和可行性研究。设置行政执法程序，要注重效率；注重对个人权益的保障。此外，行政执法的手段具有多样性，从而决定了程序设置的多样性。行政司法程序在设置上应当借鉴司法程序的特点，注重体现公平、公正和效率。

二、行政程序的主要制度

（一）行政听证制度

行政听证是指行政主体在作出影响行政相对人合法权益的决定之前，依法由非本案调查人员主持，听取行政相对人陈述、申辩并进行质证的程序。

行政听证制度是行政程序的一项基本制度。我国立法中较早规定听证制度的是《行政处罚法》，此后一些法律中也规定了听证制度。听证制度的广泛运用，有利于行政机关广泛地听取各方面的意见，从而作出全面、客观、公正的行政决定；有利于行政相对人参与权的行使，加强对行政权运作的监督和强化行政执法人员的自我约束力，从而避免违法和不当行政，减少行政争议，提高行政效率。

（二）信息公开制度

信息公开制度又称为资讯公开制度，是指行政主体对其所掌握的文件、档案材料及其他政府信息负有义务向社会公示，并允许行政相对人查阅、摘抄和复制。信息公开制度是行政公开原则的具体体现，符合人民主权的政治理念，同时也是对公民知情权的保障。因此，信息公开制度在行政程序中占有相当重要的地位。域外现有四十多个国家和地区都制定了专门的信息公开法。其中，美国的信息公开制度最为完善，1966 年《情报自由法》（Freedom of Information Act）的制定是重要的标志。我国近些年的行政立法对于行政信息公开制度给予了高度的重视。例如，《行政许可法》第 5 条规定："有关行政许可的规定应当公布；未经公布的，不得作为实施行政许可的依据。行政许可的实施和结果，除涉及国家秘密、商业秘密或者个人隐私的外，应当公开。"但我国目前还没有一部专门的行政信息公开法。

（三）行政调查制度

行政调查制度是行政主体依照法定的权限和程序获取行政相对人的个人信息档案、从事商业经营和公共事业活动信息档案和其他有关证据材料的制度。行政调查制度，一方面有利于行政主体获取必要的信息而作出正确的决定；另一方面又容易侵犯行政相对人的合法权益。

（四）行政案卷制度

行政案卷制度要求，行政案卷所体现的事实是作出行政决定的唯一依据。行政案卷制度的法律意义在于，规范认定程序和认定结果的权威性，排除外界对行政决定的不当影响和干预，便于司法审查和法制监督。

三、行政程序法

（一）行政程序法的概念

行政程序法是规范行政主体实施行政行为的程序的法律规范的总称。对行政程序法可以分别从实质意义和形式意义两方面加以理解。从实质意义上讲，凡涉及行政程序的法律规范都属于行政程序法的组成部分，既包括行政程序法典，也包括存在于各种形式的规范性文件中的行政程序法律规范。形式意义上的行政程序法仅指行政程序法典。我国目前只有存在于各种规范性文件中的具体的行政程序性法律规范，即实质意义上的行政程序法，没有统一完整的行政程序法典。

（二）行政程序法的调整范围

行政程序法的调整范围是重要的行政程序。为实现行政管理目标，行政执法人员必须根据具体案件的情况灵活地采取措施，适用不同的行政程序。因此，行政程序呈现出复杂性和多样性的特点。法律不可能对所有的行政程序都作明确的规定，许多行政程序只能由行政执法人员根据自己的经验和行政机关内部长期形成的制度、习惯等加以运用。行政程序法只规定其中相对稳定的、比较重要的、一般的程序，特别是与行政相对人的权益关系密切的行政程序。

（三）行政程序法的地位与作用

1. 行政程序法的地位。[1] 行政程序法是程序法体系的一个独立的分支。我国程序法体系包括刑事诉讼法、民事诉讼法、仲裁法、行政诉讼法和行政程序

---

[1] 马怀德主编：《中国行政法》，中国政法大学出版社 1999 年版，第 148～149 页。

法。与各个诉讼法不同，行政程序法的实施机关是各级人民政府及其工作部门以及法律、法规授权的组织，而不是人民法院。行政程序法的适用范围比诉讼法广泛。行政程序法是实施行政实体法的第一道程序法和必要的程序法，是事先的程序法，而行政诉讼法是非必要的第二道程序法，是事后的程序法。换言之，行政程序是行政实体法的"第一审程序"，行政诉讼是行政实体法的"第二审程序"。当然，作为程序法的一个分支，行政程序法的基本原理与诉讼法相通。

行政程序法是行政法体系的重要组成部分，与行政实体法相对称。没有行政诉讼法，行政实体法照样实施，但是没有行政程序法，行政实体法就不可能实施。行政实体法与行政程序法的关系才是"生命和形式"的关系。实际上，行政法的民主化和科学化主要体现在行政程序法方面，美国有学者甚至认为行政法主要是行政程序法。

2. 行政程序法的作用。行政程序法在监督和制约行政权力，保障行政相对人合法权益和提高行政效率方面发挥着积极作用。

（1）监督和制约行政权力的作用。行政程序法能够在程序上对行政机关起监督作用，防止行政机关失职、越权和滥用职权。孟德斯鸠曾说："一切有权力的人都容易滥用权力，这是万古不易的一条经验。"[1] 健全和完善的行政程序法，从法律制度上要求行政机关实施行政行为必须要严格遵循法定的程序，否则行政行为违法。这一方面有利于防止行政机关恣意行政，武断专横地运作行政权力，另一方面也为行政相对人提供了监督和制约行政权力的运作的机会。

（2）保障行政相对人合法权益的作用。行政程序法通过对行政行为的监督，防止、纠正违法或不当的行政行为，为行政相对人的合法权益提供了保障。保障行政相对人合法权益单靠行政实体法的规定是远远不够的，还必须要有正当的行政程序予以保障。例如，通过公众参与原则的落实，公民、法人或其他组织通过陈述、辩解等途径，不仅充分地表达了自己的观点和意见，而且让受损害的合法权益得到了有效的法律救济。

（3）提高行政效率的作用。行政程序法将行政程序以及相对人的参与程序规范化、统一化、标准化，有利于提高行政效率。遵循行政程序和提高行政效率并非是矛盾和对立的，科学合理的行政程序是对行政效率的有效促进。正如王名扬先生所指出的："在程序法上规定一些限制，当然是对行政机关的活动制造了一些障碍。看起来是妨碍行政效率，实际上自然公正原则防止行政机关的

---

〔1〕〔法〕孟德斯鸠：《论法的精神》，张雁深译，商务印书馆 1961 年版，第 154 页。

专横行为，可以维持公民对行政机关的信任和良好关系，减少行政机关之间的摩擦，最大限度提高行政效率。"[1]

本节引例中，依据 2007 年《政府信息公开条例》第 24 条的规定："行政机关收到政府信息公开申请，能够当场答复的，应当当场予以答复。行政机关不能当场答复的，应当自收到申请之日起 15 个工作日内予以答复；如需延长答复期限的，应当经政府信息公开工作机构负责人同意，并告知申请人，延长答复的期限最长不得超过 15 个工作日。"本案原告于 2011 年 6 月 1 日通过某省人民政府公众网络系统向被告提交了政府信息公开申请，申请公开某客运站至某地的客运里程数。政府公众网络系统生成了相应的电子申请编号，并向原告手机发送了申请提交成功的短信。被告确认收到上述申请并认可原告是基于生活生产需要获取上述信息，却于 2011 年 8 月 4 日才向原告作出《关于政府信息公开的答复》和《政府信息公开答复书》，已超过了上述规定的答复期限。某省人民政府"政府信息网上依申请公开系统"作为政府信息申请公开平台，应当具有整合性与权威性，如未作例外说明，从该平台上成功递交申请应视为相关行政机关已收到原告通过互联网提出的政府信息公开申请。至于外网与内网、上下级行政机关之间对于该申请的流转，属于行政机关内部管理事务，不能成为行政机关延期处理的理由。被告认为原告是向政府公众网络系统提交的申请，因其厅内网与互联网、省外网物理隔离而无法及时发现原告申请，应以其 2011 年 7 月 28 日发现原告申请之日为收到申请日，主张其没有超过答复期限的理由不能成立。因此，原告通过政府公众网络系统提交政府信息公开申请的，该网络系统确认申请提交成功的日期应当视为被告收到申请之日，被告逾期作出答复的，应当确认为违法。[2]

思考题

1. 行政行为的基本特征有哪些？
2. 简述抽象行政行为与具体行政行为的区别。
3. 简述行政行为的成立要件与合法要件。
4. 行政行为的效力有哪些内容？
5. 行政程序的基本原则有哪些？
6. 如何理解行政程序法的地位与作用？

---

[1] 王名扬：《英国行政法》，中国政法大学出版社 1987 年版，第 152 页。
[2] 最高人民法院审判委员会讨论通过，并于 2014 年 1 月 26 日发布的《指导案例》。

实务训练

"北雁云依"诉某市公安局某区分局某某派出所公安行政登记案[1]

原告"北雁云依"的法定代理人吕某某诉称：其妻张某某在医院产下一女取名"北雁云依"（"北雁"是姓，"云依"是名），并办理了出生证明和新生儿落户备查登记。为女儿办理户口登记时，被告某市公安局某区分局某某派出所（以下简称"某某派出所"）不予上户口。理由是孩子姓氏必须随父姓或母姓，即姓"吕"或姓"张"。根据《婚姻法》和《民法通则》关于姓名权的规定，原告请求法院判令确认被告拒绝以"北雁云依"为姓名办理户口登记的行为违法。

被告某某派出所辩称：依据法律和上级文件的规定，不按"北雁云依"进行户口登记的行为是正确的。《民法通则》规定公民享有姓名权，但没有就此作具体规定。而2009年12月23日最高人民法院举行新闻发布会，在关于夫妻离异后子女更改姓氏问题的答复中称，《婚姻法》第22条是我国法律对子女姓氏问题作出的专门规定，该条规定子女可以随父姓，可以随母姓，没有规定可以随第三姓。行政机关应当依法行政，法律没有明确规定的行为，行政机关就不能实施。原告和行政机关都无权对法律作出扩大化解释。这就意味着子女只有随父姓或者随母姓两种选择。从另一个角度讲，法律确认姓名权是为了使公民能以文字符号即姓名明确区别于他人，实现自己的人格和权利。姓名权和其他权利一样，受到法律的限制而不可滥用。新生婴儿随父姓、随母姓是中华民族的传统习俗，这种习俗标志着血缘关系。随父姓或者随母姓，都是有血缘关系的，可以在很大程度上避免近亲结婚，但是姓第三姓，则与这种传统习俗、与姓的本意相违背。全国各地公安机关在执行《婚姻法》第22条关于子女姓氏的问题上，标准都是一致的，即子女应当随父姓或者随母姓。综上所述，拒绝原告法定代理人以"北雁云依"的姓名为原告申报户口登记的行为正确，恳请人民法院依法驳回原告的诉讼请求。

问题：某某派出所作出拒绝办理户口登记的行政行为是否合法，为什么？

---

[1]　最高人民法院审判委员会讨论通过，并于2017年11月15日发布的《指导案例》。

第五章

行政立法

学习目标

【知识目标】

1. 掌握行政立法的概念和分类。

2. 明确行政立法的效力。

3. 理解行政立法的权限。

4. 了解行政立法的程序。

【技能目标】

运用行政立法的理论分析和处理行政管理过程中的法律适用问题。

第一节　行政立法概述

本节引例

《公务员法》的立法背景

我国从 20 世纪 80 年代初开始酝酿公务员制度，直到 1993 年 8 月国务院以行政法规的形式颁布《国家公务员暂行条例》，公务员制度自此建立。经过十多年的实践，《国家公务员暂行条例》的实施为进一步健全和完善公务员制度积累了丰富经验，制定公务员法的条件已经成熟。2005 年 4 月 27 日第十届全国人民代表大会常务委员会第十五次会议通过《中华人民共和国公务员法》。

理论知识

一、行政立法的必要性

行政立法作为一种立法实践究竟起源于何时，尚无定论。在奉行传统"分权制衡"理念的西方国家，行政立法数量大，广泛深入社会生活领域。行政立法的产生和发展有其深刻的内在原因，对此，国内外学者见仁见智，莫衷一是，归纳起来，主要包括以下几个方面：

（一）提高立法工作效率的需要

随着政府职能的持续扩张以及国家对社会干预的强化，立法任务空前繁重，因而，立法机关在不违背"法律保留"原则的前提下，通过授权立法可以使立法资源得到优化配置。

（二）专业性与技术性的考虑

行政管理方面的立法事项往往具有极强的专业性与技术性。以金融、投资、外汇管理、安全生产、生态与环境保护、能源等领域为例，通过行政立法，可以将专业性事项的原则性法律规定演化为具体的可操作规则，使纲领性的政策意见落实为实现宏观治理目标的路径依赖。

（三）改革创新的需要

通过行政立法，行政机关得以在行政管理过程中先行先试，"摸着石头过河"。通过试验性的行政立法，把握舆情民意，探索尽可能让社会各个利益群体都能最大程度接受的施政方案。在研究、分析执法效果的基础上，总结经验、推广示范，甚至进一步在中央层面的立法当中进行吸收借鉴；发现瑕疵缺陷并及时纠偏矫正。

本节引例中，《国家公务员暂行条例》颁布后，各级行政机关采取整体推进、突出重点、分步到位的方法，有计划、有步骤地推进公务员制度建设，根据难易程度和基础条件，逐项建立实施公务员管理的各个单项制度。公务员制度的建立和推行，对推进机关干部人事管理的科学化、民主化、制度化，优化干部队伍，增强生机和活力，促进机关勤政廉政建设，提高工作效能，起到了重要的作用。推行公务员制度的实践，也为制定《公务员法》积累了经验。

（四）灵活性与可行性的考量

与法律、地方性法规相比，行政立法从规划、起草、审议、表决到颁布实施，具有相对的灵活性和可行性。立法机关的立法程序繁琐，法律效力位阶较高，不易也不宜经常修改，以免损害法的安定性。行政立法则相对简便易行，可以及时制定、修改、补充，以敏锐把握社会变迁动向并适时作出积极回应。[1] 从可行性的层面分析，我国如果仅以各级人民代表大会及其常务委员会作为立法主体，不能适应社会现实的需要，尤其是改革开放形势发展的需要。各级人民代表大会每年召开一次大会、人大常委会每两个月召开一次常委会，难以满足社会对立法工作的现实需求。[2]

二、行政立法的概念

（一）行政立法的含义

对于行政立法的含义，学术界历来存在两种代表性的见解。有的学者主张从制定的法律规范的内容属性来界定，认为凡是涉及行政法律规范的立法行为，不论制定主体的性质如何，一概作为行政立法对待。行政立法是国家立法机关和行政机关制定和发布一切有关行政管理方面的法律、法规和规章的行为。这一观点是从实质内容进行定义，范围较为宽泛，可以将其称为"广义"的行政立法。还有学者认为，行政立法既应当从制定机关的类型，又应当从所制定法律规范的性质来界定，即只有行政机关制定行政法律规范的活动才是行政立法，从而与"广义"的行政立法行为区分。本书认同第二种观点，倾向于从制定主体角度结合法律规范内容两个方面确定行政立法的内涵并展开研究。行政立法是指法定的行政机关根据法定的权限和程序，制定载有行政法律规范的行政法规、行政规章的行政行为。这是就其动态意义而言的。从静态意义来看，所谓行政立法，是指特定的行政机关根据法定的权限和程序，制定和发布有关行政管理的规范性法律文件，包括行政法规、国务院部门规章及地方政府规章。

（二）行政立法的特征

1. 行政立法是国家行政机关的行政行为。行政立法的主体只能是特定的国家行政机关，而不包括国家权力机关、国家司法机关或其他组织。根据《宪法》第89条、《立法法》第65条、第80条以及有关法律规定，只有以下特定的行政机关才可以作为行政立法的主体：国务院及国务院各部、委员会、中国人民银行、审计署和具有行政管理职能的直属机构；省、自治区、直辖市和设区的市、自治州人民政府。

2. 行政立法是依法进行的。首先，行政立法的主体是法定的。其次，行政立法的立法权限是法定的。在我国，立法权由国家权力机关行使是一般原则，

〔1〕　曾祥华："行政立法的正当性初探"，载《江苏社会科学》2005年第2期。
〔2〕　江子浩、马贝艺："我国行政立法存在的问题、成因和对策"，载《政府法制研究》2005年第3期。

行政立法在"一元化、多层次"的立法体制中则是一种例外和补充。为了防范行政立法的内容违背宪法、法律的基本原则，行政立法的实施必须具有明确、具体的法律依据和授权依据，必须遵循法律优先及法律保留原则。具体而言，职权立法的立法权来源于宪法和有关组织法的规定，这种立法权的权限范围在《立法法》中已经作了规定。就授权立法而言，单行法律和行政法规对行政机关的立法授权，以及通过授权决议对行政机关的立法授权一般都有比较明确的权限范围和授权目的，相应的行政立法必须遵循授权范围和授权目的的要求，不得突破。最后，行政立法的程序也是法定的。为了实现"过程公正"，保障立法科学与立法质量，行政立法程序仿照法律的立法程序也有类似的制度设计。

3. 行政立法是一种立法活动。行政立法的最终结果表现为能够反复多次适用于不特定公民、法人或其他组织的普遍性行为规则，即行政法规、部门规章、地方政府规章。行政立法的立法属性体现在以下几个方面：首先，行政立法是有权的行政机关以国家名义制定规则的行为，行政机关制定的行政法规和行政规章，是社会成员普遍遵守的行为准则。其次，行政法规、行政规章具备规范性、普遍性、强制性等基本特征，属于法的范畴。最后，按照《立法法》《行政法规制定程序条例》《规章制定程序条例》的规定，行政法规和行政规章的颁布实施必须经历规划、立项、起草、征求意见、审议、通过、签署和公布等规范化的程序才能够生效实施。

作为法的形式渊源，行政法规和规章具有普遍适用的法律效力，具有法定的制定程序和规范化的形式要求，是实施具体行政行为的依据，而不是指导具体行政行为实施的行政政策，更不同于影响特定行政相对人权利义务的具体行政行为。

第二节　行政立法分类

本节引例

在我国《行政程序法》千呼万唤尚不能出台的背景下，湖南省于 2008 年颁布并实施了全国第一部系统化规范行政程序问题的省级地方政府规章——《湖南省行政程序规定》。该规定长达 10 章 178 条，共计 2 万余字，对各类行政行为进行了系统而详尽的规范，内容涉及行政主体、行政决策、行政执法程序等诸多方面。

理论知识

根据不同的参考标准，可以对行政立法作相应的类型划分，从而有助于对行政立法实践作理论的反思，对其在法律体系中的功能作适当的定位。

一、职权立法和授权立法

根据行政立法权来源的差异，行政立法可以区分为职权立法和授权立法。

职权立法是指行政机关直接依据宪法和组织法规定的立法职能，制定行政法规和规章的活动。根据《宪法》第 89 条的规定，国务院根据宪法和法律，规定行政措施，制定行政法规，发布决定和命令；根据《立法法》第 80 条的规定，国务院各部、委员会、中国人民银行、审计署和具有行政管理职能的直属机构，可以根据法律和国务院的行政法规、决定、命令，在本部门的权限范围内，制定规章；根据《立法法》第 82 条的规定，省、自治区、直辖市和设区的市、自治州的人民政府，可以根据法律、行政法规和本省、自治区、直辖市的地方性法规，制定规章。行政机关通过职权立法所制定的行政法规和规章原则上不能变通法律和法规的规定。

授权立法是指由具备授权资格的立法主体依据授权法的规定，遵循严格的程序要求，将立法权授予另一个能够承担立法责任的机关，该机关根据授权要求进行的立法活动及其制定的规范性法律文件。学术界认为授权立法可分为两种：一般授权立法和特别授权立法。前者是指立法权来源于授权机关所制定的单行法律、法规中的授权性法律规范。后者是指立法权来源于授权机关专门制定的法律性或法规性的决议或决定。例如，《道路交通安全法》第 13 条第 2 款的规定，"对机动车的安全技术检验实行社会化。具体办法由国务院规定"。这就属于一般授权立法的情形。又如，1994 年全国人大常委会授权厦门市人大及其常委会和人民政府分别制定法规和规章，在厦门市经济特区实施。这就属于特别授权立法的情形。

二、执行型立法和创制型立法

根据行政立法的功能的不同，行政立法可以分为执行型立法和创制型立法。

执行型立法是指行政机关为了执行或者落实有关法律、法规或者上级行政机关发布的规定而进行的立法。通过执行型立法制定的行政法规和规章，一般称为"实施条例""实施细则"或"实施办法"，依附于所执行的法律、法规或者上级行政规定而存在。

创制型立法是指行政机关在法律和法规对有关事项存在立法空白或者为了变通现有法律和法规的规定而进行的立法。其中，为了填补法律和法规的空白而进行的立法，即在没有相应上位法规定的前提下，行政机关行使宪法和组织法赋予的立法权，称为自主性立法。为了变通行政法律规范的规定而进行的创制性立法，称为补充性立法。补充性立法应当以法律、法规的授权为根据，所制定的行政法规和规章并不因授权法律、法规的消灭而当然消灭，只要不与新的法律、法规相抵触就具有法律效力。

本节引例中，湖南省出台《湖南省行政程序规定》这部地方规章，首先，从立法技术上为国家制定法律积累了经验；其次，可以通过该规章的实施，为我国将来制定尽可能完善、科学的《行政程序法》铺平道路；最后，可以加强行政机关和政府官员的程序意识。这些作用，对我国的行政程序立法都有着开创性意义。

三、中央行政立法和地方行政立法

以行政立法的创制机关及适用的行政区域为标准，可以将行政立法分为中央行政立法和地方行政立法。

中央行政立法是指国务院制定行政法规，以及国务院各部委、中国人民银行、审计署和具有行政管理职能的直属机构制定部门规章的活动。原则上，行政法规和部门规章在全国范围内（除特别行政区及我国台湾地区外）具有普遍适用的法律效力。地方行政立法是指有权的地方人民政府制定和发布地方政府规章的活动。省、自治区、直辖市人民政府和设区的市、自治州的市人民政府制定、修改和废止地方政府规章的活动，属于地方行政立法。地方政府规章，只在本行政区域内具有法律效力。

第三节　行政立法体制

本节引例

由于一直得不到有效保护，青海省珍稀的冬虫夏草资源被滥采乱挖，遭受了严重破坏。针对这一问题，青海省人民政府出台了《青海省冬虫夏草采集管理暂行办法》，规定合理规划、利用资源，并宣布实施"虫草采集证"制度。

理论知识

一、行政立法主体

行政立法主体是指依法享有行政立法权，可以制定行政法规和行政规章的国家行政机关。依据我国《宪法》《立法法》以及其他相关法律、法规的规定，行政立法主体包括：

（一）国务院

国务院即中央人民政府，是最高国家权力机关的执行机关，是最高国家行政机关，既有依职权立法的权力，又有依据最高国家权力机关和法律授权立法的权力，具备较为充分的行政立法权。

（二）国务院组成部门

国务院组成部门包括国务院各部委、中国人民银行和审计署。根据《立法法》第 80 条的规定，国务院组成部门，可以根据法律和国务院的行政法规、决定、命令，在本部门的权限范围内，制定规章。

（三）国务院直属机构

根据《国务院行政机构设置和编制管理条例》第 6 条的规定，国务院直属机构主管国务院的某项专门业务，具有独立的行政管理职能。直属机构与国务院组成部门的区别主要在于设立、撤销、合并的决定机关和程序不同。其中，具有行政管理职能的直属机构，可以根据法律和国务院的行政法规、决定、命令，在本部门的权限范围内制定规章。

（四）省、自治区、直辖市人民政府

依据《立法法》第 82 条的规定，省、自治区、直辖市人民政府，可以根据法律、行政法规和本省、自治区、直辖市的地方性法规，制定规章。

（五）设区的市、自治州的人民政府

根据《立法法》第 82 条的规定，设区的市、自治州的人民政府，可以根据法律、行政法规和本省、自治区的地方性法规，制定规章。

二、行政立法的权限

行政立法的权限，是指行政法规、行政规章制定过程必须遵循的条件和可以对哪些事项作出规定的制度。行政立法的权限反映了在《宪法》规定的国家机构体系中，立法权在权力机关与行政机关之间、中央政府和地方政府之间的分配关系；意味着《宪法》《立法法》及有关法律对行政立法权的限制和约束。行政立法权限包括行政法规的立法权限和行政规章的立法权限两个方面的问题。

（一）行政法规的立法权限

行政法规的立法权限，是指行政法规制定过程必须遵循的条件和对规制事项范围、规制措施等问题作出约束、限制的法律制度。

1. 在制定条件方面，国务院制定行政法规应当以宪法和法律为根据。为了把握行政法规制定条件的特点，可以将其与地方人大及其常委会制定地方性法规的情形进行对比。《立法法》第 72 条规定，省、自治区、直辖市的人民代表大会及其常务委员会根据本行政区域的具体情况和实际需要，在不同宪法、法律、行政法规相抵触的前提下，可以制定地方性法规。设区的市、自治州的人民代表大会及其常务委员会根据本市的具体情况和实际需要，在不同宪法、法律、行政法规和本省、自治区的地方性法规相抵触的前提下，可以对城乡建设与管理、环境保护、历史文化保护等方面的事项制定地方性法规，报省、自治区的人民代表大会常务委员会批准后施行。由此可见，地方性法规制定的前提条件是所谓的"不抵触上位规则"原则，而国务院制定行政法规必须以上位规则为根据，即所谓"根据"原则。

2. 在规定事项方面，行政法规的规定事项主要体现为以下三个方面：

（1）执行法律规定事项，即为执行法律的条文规定，使其内容明确、具体、完整、可供操作。例如，《著作权法》第59条规定，计算机软件、信息网络传播权的保护办法由国务院另行规定。《计算机软件保护条例》第1条规定，为了保护计算机软件著作权人的权益，调整计算机软件在开发、传播和使用中发生的利益关系，鼓励计算机软件的开发与应用，促进软件产业和国民经济信息化的发展，根据《著作权法》，制定本条例。

（2）实施宪法规定职权事项，即《宪法》第89条规定的国务院行政管理职权的事项。需要强调的是，首先必须属于行政管理事项，行政法规不得规定其权限范围以外的事项。其次必须遵循法律保留原则，不得将专属于全国人大及其常委会的立法事项纳入行政法规的规定事项。

（3）全国人民代表大会及其常务委员会授权事项。专属于全国人民代表大会及其常务委员会的立法事项尚未制定法律的，全国人民代表大会及其常务委员会有权作出决定，授权国务院根据实际需要，对其中的部分事项先制定行政法规，但是有关犯罪和刑罚、对公民政治权利的剥夺和限制人身自由的强制措施和处罚、司法制度等事项除外。授权决定应当明确授权的目的和范围。

基于授权决定，国务院制定行政法规必须严格按照授权目的和范围行使被授予的权力，不得将该权力转授给其他机关。例如，不得将这一授权再转授给国务院部门制定规章。根据授权制定的行政法规应当报授权决定规定的机关备案。授权立法事项，经过实践检验，制定法律的条件成熟时，国务院应当及时提请全国人民代表大会及其常务委员会制定法律。授权事项制定法律后，相应授权即行终止。

（二）行政规章的立法权限

1. 部门规章的立法权限。根据《立法法》第80条的规定，部门规章规定的事项，应当属于执行法律或者国务院的行政法规、决定、命令的事项。换言之，部门规章的立法权限，原则上以法律或者国务院的行政法规、决定、命令中对具体事项的既有规定作为根据。也就是说，部门规章一般是执行性或者补充性的行政法律规范，而不是自主性的行政法律规范。没有法律或者国务院的行政法规、决定、命令的依据，部门规章不得设定减损公民、法人和其他组织权利或者增加其义务的规范，不得增加本部门的权力或者减少本部门的法定职责。

对涉及两个以上国务院部门职权范围的事项，首先，提请国务院制定行政法规。一般适用于以下情形：需要制定的事项涉及两个以上国务院部门的职权，但是对它们的职权范围尚待国务院作出明确划分的；规章中规定的措施只能由国务院规定或者采取的；法律规定应当由国务院作出规定的；国务院认为应当由国务院制定行政法规的。其次，由国务院有关部门联合制定规章。一般适用于以下情形：需要规定的事项涉及两个以上部门职权，国务院已经对它们的职权划分作出了明确规定的；涉及国务院两个以上部门职权的事项，法律规定由国务院有关部门作出规定的；涉及国务院两个以上部门职权范围的事项，制定行政法规条件尚不成熟，需要制定规章的，国务院有关部门应当联合制定规章，国务院有关部门单独制定的规章无效。例如，根据教育法律法规和国务院的有关规定，教育部、公安部、司法部、建设部（已撤销）、交通部（已撤销）、文化部（已撤销）、卫生部（已撤销）、工商总局（已撤销）、质检总局、新闻出版总署联合制定了《中小学幼儿园安全管理办法》，于 2006 年 6 月 30 日发布，自 2006 年 9 月 1 日起施行。

2. 地方政府规章的立法权限。确定地方政府规章立法权限，要从两方面着手：一是制定根据；二是规定事项。制定根据包括法律、行政法规和省、自治区、直辖市地方性法规。规定事项有两项：其一，为执行法律、行政法规、地方性法规的规定需要制定规章的事项。这种基于执行需要制定的规章，既可以是法律、法规明确要求制定的地方政府规章，也可以是地方政府自己认为有这种需要而制定的规章，但是它们应当都是执行性的规章。其二，属于本行政区域的具体行政管理事项。其中，设区的市、自治州的人民政府制定地方政府规章，仅限于城乡建设与管理、环境保护、历史文化保护等方面的事项。

本节引例中，《青海省冬虫夏草采集管理暂行办法》创设了虫草采集证制度。从内容上看，虫草采集证制度是属于对有限自然资源的开发利用，需要赋予特定权利事项的行政许可，对此类尚未制定法律、行政法规和地方性法规，而行政管理确需立即实施行政许可的，根据《行政许可法》的规定，青海省人民政府的规章可以设定临时性的行政许可。临时性的行政许可实施满 1 年需要继续实施的，应当提请本级人民代表大会及其常务委员会制定地方性法规。

三、行政立法在法律体系中的效力位阶

在我国现行法律体系内，行政立法的效力位阶及法律适用规则可以概括为以下三个方面：

（一）宪法、法律、法规、规章的效力位阶

宪法具有最高的法律效力，一切法律、行政法规、地方性法规、自治条例和单行条例、规章都不得同宪法相抵触。法律的效力高于行政法规、地方性法规、规章。行政法规的效力高于地方性法规、规章。地方性法规的效力高于本级和下级地方政府规章。省、自治区的人民政府制定的规章的效力高于本行政区域内的设区的市、自治州的人民政府制定的规章。

（二）自治条例和单行条例、经济特区法规、规章的效力位阶

自治条例和单行条例依法对法律、行政法规、地方性法规作变通规定的，在本自治地方适用自治条例和单行条例的规定。经济特区法规根据授权对法律、行政法规、地方性法规作变通规定的，在本经济特区适用经济特区法规的规定。部门规章之间、部门规章与地方政府规章之间具有同等效力，在各自的权限范围内施行。

（三）法律规范适用规则

在同一位阶或位阶不明确的法律规范发生冲突时，法律规范的适用遵循下述规则：

1. 同一机关制定的法律、行政法规、地方性法规、自治条例和单行条例、规章，特别规定与一般规定不一致的，适用特别规定；新的规定与旧的规定不一致的，适用新的规定。

2. 法律之间对同一事项的新的一般规定与旧的特别规定不一致，不能确定如何适用时，由全国人民代表大会常务委员会裁决；行政法规之间对同一事项的新的一般规定与旧的特别规定不一致，不能确定如何适用时，由国务院裁决。

3. 地方性法规、规章之间不一致时，其处理规则是：①同一机关制定的新的一般规则与旧的特别规定不一致时，由制定机关裁决；②地方性法规与部门规章之间对同一事项的规定不一致，不能确定如何适用时，由国务院提出意见，国务院认为应当适用地方性法规的，应当决定在该地方适用地方性法规的规定；认为应当适用部门规章的，应当提请全国人民代表大会常务委员会裁决；③部门规章之间，部门规章与地方政府规章之间对同一事项的规定不一致时，由国务院裁决。

4. 根据授权制定的法规与法律规定不一致，不能确定如何适用时，由全国

人民代表大会常务委员会裁决。

第四节　行政立法的程序和监督

理论知识

行政立法的程序，是指行政立法主体依据法定权限制定行政法规和行政规章应当遵循的步骤、方式和流程。行政立法程序的制度设计，旨在通过规范化的程序制度保障行政立法正当性，避免"恶法"的形成。如果说行政立法的程序是保障行政立法的正当性的"事前监督措施"；那么，在行政立法颁布实施后，对行政立法的监督则属于保障行政立法正当性的"事后补救措施"。

一、行政立法的程序

（一）行政法规的制定程序

为保证行政法规的质量，行政法规的制定需要遵循规范化的立法体例和严格的程序要求。根据《行政法规制定程序条例》的规定，在立法体例上，行政法规的名称一般称"条例"，也可以称"规定""办法"等。国务院根据全国人民代表大会及其常务委员会的授权决定制定的行政法规，称"暂行条例"或者"暂行规定"。国务院各部门和地方人民政府制定的规章不得称"条例"。行政法规制定程序的具体内容包括立项、起草、审查、决定与公布、备案、解释六个环节。

1. 立项。立项是决定将特定事项纳入行政法规制定工作中的规划与安排，解决的是国务院是否应当就特定行政管理事务制定行政法规的问题，是行政法规制定程序的第一个环节。行政事务复杂多变，哪些事项需要制定行政法规，什么时间适宜制定行政法规，需要对其必要性、可行性和及时性作出正确判断，这就是立项要解决的问题。

国务院于每年年初编制本年度的立法工作计划。国务院有关部门认为需要制定行政法规的，应当于每年年初编制国务院年度立法工作计划前，向国务院报请立项。国务院有关部门报送的行政法规立项申请，应当说明立法项目所要解决的主要问题、依据的方针政策和拟确立的主要制度。

列入国务院年度立法工作计划的行政法规项目应当符合下列要求：①适应改革、发展、稳定的需要；②有关的改革实践经验基本成熟；③所要解决的问题是属于国务院职权范围并需要国务院制定行政法规的事项。

2. 起草。行政法规由国务院组织起草。国务院年度立法工作计划确定行政法规由国务院的一个部门或者几个部门具体负责起草工作，也可以确定由国务院法制机构起草或者组织起草。起草行政法规，应当深入调查研究，总结实践经验，广泛听取有关机关、组织和公民的意见。听取意见可以采取召开座谈会、论证会、听证会等多种形式。

3. 审查。报送国务院的行政法规送审稿，由国务院法制机构负责审查。国务院法制机构主要从以下方面对行政法规送审稿进行审查：①是否符合宪法、法律的规定和国家的方针政策；②是否符合《行政法规制定程序条例》第 12 条的规定；③是否与有关行政法规协调、衔接；④是否正确处理有关机关、组织和公民对送审稿主要问题的意见；⑤其他需要审查的内容。

行政法规送审稿有下列情形之一的，国务院法制机构可以缓办或者退回起草部门：①制定行政法规的基本条件尚不成熟的；②有关部门对送审稿规定的主要制度存在较大争议，起草部门未与有关部门协商的；③未按规定公开征求意见的；④上报送审稿不符合《行政法规制定程序条例》相关规定的。

4. 决定与公布。国务院制定的行政法规，要经过国务院全体会议或者常务会议审议通过。国务院常务会议审议通过行政法规，是制定行政法规的通常方式。国务院常务会议审议行政法规草案时，由国务院法制机构或者起草部门作出说明。国务院法制机构应当根据国务院对行政法规草案的审议意见，对行政法规草案进行修改，形成草案修改稿，报请总理签署国务院令公布施行。

行政法规签署公布后，应当及时在国务院公报和在全国范围内发行的报纸上刊登。在国务院公报上刊登的行政法规文本为标准文本。行政法规应当自公布之日起 30 日后施行；但是，涉及国家安全、外汇汇率、货币政策的确定以及公布后不立即施行将有碍行政法规施行的，可以自公布之日起施行。

5. 备案。备案是指将已经发布的行政法规上报法定的机关，使其知悉，并在必要时备查的程序。备案本身只是立法程序的一个后续阶段，而不是立法本身。根据《立法法》的规定，行政法规在公布后的 30 日内由国务院办公厅报全国人民代表大会常务委员会备案。

6. 行政法规解释。行政法规的规定需要进一步明确具体含义的或者行政法规制定后出现新的情况，需要明确适用行政法规依据的，由国务院解释。行政法规的解释与行政法规具有同等效力。

（二）行政规章的制定程序

按照《立法法》《规章制定程序条例》的规定，行政规章的制定也需要经历立项、起草、审查、决定、公布、解释等环节。与行政法规类似的环节不再重复说明，仅就行政规章制定过程中需要注意的问题作简要说明。

1. 部门规章应当由部门的部务会议或者委员会会议决定。公布部门规章的命令，应当载明该规章的制定机关、序号、规章名称、通过日期、施行日期、部门首长的署名以及公布日期。部门联合规章由联合制定的部门首长共同署名公布，使用主办机关的命令序号。部门规章签署公布后，及时在国务院公报或者部门公报和在全国范围内发行的报纸上刊登。在部门公报或者国务院公报上刊登的规章文本为标准文本。原则上，规章应当在公布之日起30日后施行，除非涉及国家安全、外汇汇率、货币政策的确定以及公布后不立即施行将有碍规章施行的，可以自公布之日起施行。

2. 地方政府规章应当经过政府常务会议或者全体会议决定，经由省长、自治区主席、市长签署命令予以公布。地方政府规章签署公布后，本级人民政府公报和中国政府法制信息网以及本行政区域范围内发行的报纸应当及时刊登，地方人民政府公报刊登的规章文本为标准文本。

二、对行政立法的监督

由于行政立法对公民、法人或其他组织具有普遍适用的法律效力，所以行政立法一旦出现违法或者不当的问题，就会广泛而严重地损害公民、法人或其他组织的合法权益。因此，对行政立法的监督非常重要，只有在法律制度上建立完善的监督制约机制，才能充分有效地保障公民、法人或其他组织的合法权益。根据我国法律的规定，对行政立法的监督主要有以下几种途径：

（一）权力机关的监督

权力机关对行政立法的监督形式多样，主要表现为权力机关有权审查行政立法行为，撤销与宪法、法律相抵触的行政法规或规章。依据《立法法》和有关法律的规定，全国人民代表大会常务委员会有权撤销同宪法和法律相抵触的行政法规；地方人民代表大会常务委员会有权撤销本级人民政府制定的不适当的规章。

（二）行政机关的监督

根据《地方各级人民代表大会和地方各级人民政府组织法》的规定，地方各级人民政府对本级人民代表大会和上一级国家行政机关负责并报告工作。上级行政机关有权领导、监督下级行政机关，对下级行政机关的行政立法进行监督。上级行政机关对下级行政机关的行政立法不仅有撤销权，而且还有改变权。例如，国务院有权改变或者撤销不适当的部门规章和地方政府规章；省、自治区的人民政府有权改变或者撤销下一级人民政府制定的不适当的规章。

（三）司法机关的监督

在我国，人民法院在审理行政案件时参照规章，如果人民法院认为地方政府规章与部门规章不一致，以及部门规章之间不一致，由最高人民法院送请国务院作出解释或裁决。参照规章既不是无条件地适用，也不是一律拒绝适用。人民法院可以对规章的合法性予以判断，认为合法的规章就予以适用，认为违法的就不予适用。人民法院在行政诉讼中虽然没有直接撤销行政规章、确认行政规章违法的权力，但是有权对违法的行政规章不予适用，这体现了人民法院对行政立法的监督。

思考题

1. 简述职权立法和授权立法的区别。
2. 行政立法的主体有哪些？
3. 如何理解行政法规的立法权限？
4. 试分析，部门规章与地方政府规章之间发生冲突时该如何解决？

实务训练

南京江宁区美亭化工厂厂长杨某庭于 2003 年 3 月接到通知，该化工厂即将拆迁，在随后的谈判磋商过程中，因补偿数额问题与拆迁单位产生严重分歧。原因在于双方所依据的法律根据不同，拆迁单位主张根据江宁县政府 1996 年发布的《江宁县城镇房屋拆迁管理办法》，应补偿 130 万，而杨某庭主张根据现行的《南京市城市房屋拆迁管理办法》，应得到的补偿是 400 多万。经调查，1996年发布的《江宁县城镇房屋拆迁管理办法》是依据 1996 年 3 月《南京市城市房屋拆迁管理办法》制定的，然而该办法已于 2000 年 3 月废止。杨某庭提到的《南京市房屋拆迁管理办法》则是 2003 年根据国务院的行政法规制定的。杨某庭于 2003 年 4 月 23 日向南京市中级人民法院提出政府行政立法不作为之诉，状告南京市江宁区政府不及时修改房屋拆迁管理办法，致使自己损失惨重。南京市中院依据有关规定将此案移交江宁区法院审理。2003 年 5 月 26 日江宁区人民法院向原告发出《受理通知书》，并于 2003 年 6 月 12 日作出裁定，驳回起诉。理由是，1996 年《江宁县城镇房屋拆迁管理办法》属于抽象行政行为，被我国《行政诉讼法》排除在司法审查之外，同时向江宁区政府提出司法建议。

问题：本案中涉及的行政机关都有立法权吗？原告的损失能否通过行政诉讼得到救济？

第六章

行政处罚

学习目标

【知识目标】

1. 掌握行政处罚的概念、种类。

2. 理解行政处罚的基本原则。

3. 明确行政处罚的主体。

4. 了解行政处罚的设定。

5. 清楚行政处罚的程序。

【技能目标】

熟练运用行政处罚法处理实际问题。

第一节　行政处罚概述

本节引例

舒江荣不服交通警察大队行政处罚案[1]

2010 年 7 月 20 日上午，海盐县武原街道勤俭路与秦山路交叉口的交通技术监控记录显示，在黄灯亮时舒江荣驾驶小型轿车在未越过停车线的情况下越线继续行驶。次日，海盐县公安局交通警察大队以闯黄灯为由，对舒江荣作出罚

---

[1]　案件来源：中国法院网，http://www.chinacourt.org/article/detail/2012/04/id/477574.shtml，全国首例"闯黄灯"行政诉讼案，有删改。

款 150 元的处罚决定。2011 年 7 月 11 日，舒江荣到交警大队接受处罚，签字并交纳罚款。但舒江荣认为，法律并无明文规定，"黄灯亮时，未越过停车线的车辆禁止继续通行"，因此交警部门的处罚决定并无法律依据。

问题：海盐县公安局交通警察大队因舒江荣闯黄灯，对其作出罚款 150 元的处罚决定是否正确？

理论知识

一、行政处罚的概念

行政处罚是指行政主体为了维护公共利益和社会秩序，保护公民、法人或其他组织的合法权益，依照法定的权限和程序对违反行政法律规范但尚未构成犯罪的行政相对人实施制裁的具体行政行为。这一定义包含以下内容：

1. 行政处罚的主体是依法享有处罚权的行政主体。行政处罚是一种对行政相对人产生不利影响的行政行为，因而，对于处罚权的行使必须有严格的限制。这一限制首先体现在处罚权的享有者上，只有法律、法规明确授予某一行政主体特定的处罚权时，这一主体才可行使该项权力。

2. 行政处罚的对象是实施了违法行为，但尚未构成犯罪的行政相对人。行政处罚是对违反行政管理秩序行为的制裁，受到行政处罚的行政相对人必须实施了行政违法行为，且这种违法行为尚未构成犯罪。

3. 行政处罚的目的既是惩罚违法者，并通过惩罚防止其再次违法，又是为了有效地实施行政管理，维护公共利益和社会秩序，保护公民、法人或其他组织的合法权益。

二、行政处罚与相关概念的辨析

（一）行政处罚与行政处分

行政处分是行政机关对其内部违反法律、法规、规章以及行政机关的决定和命令，应当承担纪律责任的公务员实施的一种惩戒措施。行政处分与行政处罚都是行政机关实施的具有惩戒性的行为，但二者之间存在较大的差别：

1. 实施主体不同。行政处罚是由享有行政处罚权的行政主体作出的；行政处分是由公务员所在机关或上级机关、监察机关等作出的。

2. 适用的管理领域不同。行政处罚适用于行政机关对外部实施行政管理活动的领域；行政处分适用于行政机关系统内部的管理。

3. 实施对象不同。行政处罚的对象是违反行政法规范的外部管理相对人；行政处分的对象是行政系统内部违法失职的公务员。同时，行政处罚既适用于个人，也适用于组织；而行政处分则仅适用于作为个人的公务员。

4. 制裁的方式不同。行政处罚的方式有警告、罚款、没收违法所得、没收非法财物、责令停产停业、暂扣或者吊销许可证、暂扣或者吊销执照、行政拘留等；行政处分则有警告、记过、记大过、降级、撤职和开除六种方式。

5. 行为的性质不同。行政处罚行为属于外部行政行为，其存在的基础是行政管辖关系；行政处分行为属于内部行政行为，其存在的基础是行政隶属关系。

6. 救济途径不同。行政处罚的救济途径是行政复议、行政诉讼及行政赔偿；行政处分的救济途径是向上级行政机关或行政监察机关申诉。

（二）行政处罚与刑罚

刑罚是司法机关对违反刑事法律规范、严重危害社会的犯罪分子给予的法律制裁，是法律制裁中最严厉的一种。行政处罚与刑罚都属于国家机关对违法者实施的惩戒。其主要区别是：

1. 主体和依据不同。行政处罚由行政主体依据行政法律规范实施；而刑罚由司法机关依据刑事法律规范实施。

2. 行为的性质不同。行政处罚是行政主体运用行政职权作出的行为，其行为性质是行政行为；刑罚是由司法机关运用司法职权作出的，属于司法行为。

3. 对象不同。行政处罚的对象是违反行政法律规范的公民、法人或其他组织；刑罚的对象是违反刑事法律规范、严重危害社会的犯罪分子。

4. 种类不同。行政处罚的种类很多，既有《行政处罚法》的统一规定，又有各单行法律、法规的分散规定。而刑罚的种类则由《刑法》统一规定。刑罚所采取的制裁方式比行政处罚要严厉，这是由违法行为的性质所决定的。行政处罚多针对违法行为人的财产；而刑罚则主要针对违法行为人的人身自由。

三、行政处罚的基本原则

行政处罚直接关系行政相对人的合法权益，因而必须遵循一定的原则。行政处罚的原则是指对行政处罚的设定和实施所必须遵循的法定的基本准则，它贯穿于行政处罚的全过程。《行政处罚法》在总则部分对行政处罚的原则作出了明确规定。

（一）处罚法定原则

依法行政是行政法最主要和最基本的原则，处罚法定是依法行政对行政处罚的基本要求。处罚法定原则要求行政处罚必须严格依据法律规定进行。《行政处罚法》第3条规定："公民、法人或者其他组织违反行政管理秩序的行为，应当给予行政处罚的，依照本法由法律、法规或者规章规定，并由行政机关依照本法规定的程序实施。没有法定依据或者不遵守法定程序的，行政处罚无效。"这里包括以下几层含义：

1. 行政处罚的设定权法定。只有法律、法规或者规章有设定权。

2. 实施行政处罚的主体及职权是法定的。行政处罚必须由具有法定处罚权的行政机关和法律、法规授权的组织或者是由行政机关依法委托的组织实施。其他任何个人或组织均不得作出行政处罚行为。享有处罚权的机关或组织只能在法律、法规所规定的权限范围内实施处罚，不得超越权限，否则处罚行为无效。

3. 处罚依据法定。没有法律规范的明确规定，不能追究行政相对人的任何法律责任。实施处罚的主体在确定行政相对人是否构成违反行政法规范的行为，决定是否给予处罚，给予何种处罚时，必须要有法定的依据。

4. 行政处罚的种类法定。《行政处罚法》用明确的列举式和授权式两种方式规定了行政处罚种类。明确列举的行政处罚一共有六种，分别是：警告，罚款，没收违法所得和非法财物，责令停产停业，暂扣或者吊销许可证、暂扣或者吊销执照，行政拘留。除此之外，《行政处罚法》又授权法律和行政法规可以创设其他种类的行政处罚。

5. 行政处罚的程序法定。作出处罚行为必须遵循法定程序，这既是为了防止行政主体在实施处罚过程中滥用权力，也是为了保障行政相对人在处罚过程中所享有的权益。

本节引例中，处罚法定原则要求行政处罚必须严格依据法律规定进行。闯黄灯行为是否违法，涉及对《道路交通安全管理条例》（注：案发时有效的法律依据）的条文"黄灯亮时，已越过停止线的车辆可以继续通行"的理解。法院认为，出于安全驾驶目的，对该条文的理解应当基于"谨慎规范"之理念，即黄灯亮时，只有已经越过停止线的车辆可以继续通行，除此之外，车辆不得继续通行。该项规定实际上意味着，黄灯亮时驾驶人的通行权受到限制，限制的目的在于维护道路交通的安全。立法的价值取向在此非常明显，即为了保障公共安全，必须在合理范围内限制个人的通行权利。因此，在现有道路交通安全法体系下，闯黄灯系违法行为。鉴于此，嘉兴市中级人民法院作出终审行政判决，认定上诉人舒江荣闯黄灯属违法行为，依法应当受到行政处罚。

（二）公正、公开原则

这是行政合法原则和合理原则在行政处罚领域的具体体现。《行政处罚法》第4条规定："行政处罚遵循公正、公开的原则。设定和实施行政处罚必须以事实为依据，与违法行为的事实、性质、情节以及社会危害程度相当。对违法行为给予行政处罚的规定必须公布；未经公布的，不得作为行政处罚的依据。"

1. 公正原则。公正原则是指行政处罚的设定与实施要公平正直，没有偏私。

要保证处罚公正必须做到：①实体上公正。即行政处罚无论是设定还是实施都要处罚相当，行政处罚以事实为依据，以法律为准绳，法律面前人人平等。②程序上公正。即在实施行政处罚的过程中，处罚主体要给予被处罚人公正的待遇，充分尊重当事人程序上所拥有的独立人格与尊严。

2. 公开原则。公开原则是指行政机关对于有关行政处罚的法律规范、执法人员身份、主要事实根据等与行政处罚有关的情况，除可能危害公共利益或者损害其他公民或者组织的合法权益并有法律、法规特别规定的以外，都应向当事人公开。行政处罚公开要求：①处罚的依据要公开，未经公开的不得作为行政处罚的依据。②处罚的程序要公开，《行政处罚法》规定了一系列保证处罚公开的制度，如表明身份制度、告知制度、听取意见制度、听证制度等。③行政处罚的结果要公开。这主要包括使相对一方当事人及其他相关利害关系人得知违法主体、违法事实、行政处罚措施、权利救济方式等行政处罚的决定内容。

（三）处罚与教育相结合原则

处罚与教育相结合原则是指行政主体在实施行政处罚时，要注意说服教育，纠正违法，实现制裁与教育的双重功能。《行政处罚法》第 5 条规定："实施行政处罚，纠正违法行为，应当坚持处罚与教育相结合，教育公民、法人或其他组织自觉守法。"设定行政处罚，不仅是为了惩罚违法者，并通过惩罚防止其再次违法，而且是寓教育于惩罚之中，使违法者通过处罚受到教育，自觉遵守法律秩序，同时也教育他人维护法律，提高法治观念。当然，处罚与教育相结合，并不是要以教育代替处罚而放纵违法行为，毕竟教育与处罚具有不同的功能，对违法行为只教育不处罚将完全失去处罚应有的惩戒作用。因此，在实施处罚时，应将处罚与教育结合起来。

（四）处罚救济原则

为了保障当事人的合法权益，法律规定了被行政处罚者的各项权利，包括行政处罚实施之时和行政处罚之后。根据《行政处罚法》第 6 条的规定，被行政处罚者的权利主要有：

1. 陈述权、申辩权。为了从行政执法程序上保障当事人的权益，法律规定公民、法人或其他组织在行政主体给予行政处罚时，有权就自己的行为和行政主体拟对自己的处罚进行陈述和申辩，证明自己没有违法事实。行政主体要严格遵守法律的规定，保证当事人陈述权和申辩权的行使。不仅如此，行政主体在作出行政处罚之前要明确告知当事人违法的事实、给予处罚的理由和依据，使当事人有条件和可能为自己的行为进行陈述和申辩。

2. 申请行政复议或者提起行政诉讼的权利。这是当事人在受到行政处罚之后所依法享有的一项权利。行政复议是行政机关内部自上而下的一种法制监督，具有强制性和权威性。对于提出复议的案件，复议机关要对该具体行政行为是否合法和适当进行审查，对于明显不当的具体行政行为，可以变更。法律给予当事人以选择权，当事人可以选择司法监督程序，即不服行政机关的处罚，直接向人民法院提起行政诉讼，或者经行政复议后，对复议决定不服的，再向人民法院提起诉讼。

3. 请求行政赔偿的权利。当事人行使这项权利是基于行政机关违法给予行政处罚致其合法权益受到损害的事实。是否给予当事人赔偿，要通过法定程序，由上级行政机关或人民法院在查明事实的基础上作出裁定。

以上这些权利对于实施处罚的行政主体是一种义务，行政处罚的主体在实施处罚的过程中，不仅要为行政相对人提供陈述、申辩的机会，而且还必须告知行政相对人享有申请复议、提起行政诉讼的权利，以确保行政相对人通过这些救济途径切实保护自己的合法权益。

第二节　行政处罚的种类与设定

理论知识

一、行政处罚的种类

（一）学理上的分类

在理论上，根据不同的标准，行政处罚可以分为不同的种类。根据行政处罚的性质不同，行政处罚可分为限制或剥夺权利的行政处罚、科以义务的行政处罚、影响声誉的行政处罚；根据行政管理的领域不同，行政处罚可以分为公安行政处罚、工商行政处罚、税务行政处罚等；根据行政处罚的内容不同，行政处罚可分为人身罚、行为罚、财产罚和声誉罚，这是行政法学上通常采取的分类。[1]

1. 人身罚。亦称自由罚，是指在一定期限内对违法行为人的人身自由进行限制或剥夺的行政处罚。人身权是宪法规定的公民各种权利得以存在的基础，因此《行政处罚法》第9条规定，限制人身自由的行政处罚，只能由法律设定。第16条规定，限制人身自由的行政处罚权只能由公安机关行使。其目的是防止

---

〔1〕罗豪才主编：《行政法学》，北京大学出版社1996年版，第210~216页；姜明安主编：《行政法与行政诉讼法》，北京大学出版社、高等教育出版社1999年版，第221~224页。

人身罚的滥用而影响公民最基本的权利。人身罚的主要形式是行政拘留。

2. 财产罚。财产罚是指行政主体强迫违法行为人交纳一定数额的金钱和物品，以使其财产上的权益受到损害的行政处罚。财产罚一般适用于以营利为目的或者给公共利益造成损害等种类的行政违法活动。财产罚具体包括罚款、没收违法所得、没收非法财产等。

3. 行为罚。行为罚是指限制或者剥夺违法行为人某种行为能力，使其不能从事某种活动的行政处罚，它对违法者的行为能力加以剥夺或限制，也可称之为能力罚。如责令停产停业、暂扣或吊销许可证或者执照等。

4. 声誉罚。又称申诫罚或精神罚，是指行政主体对违法行为人予以谴责和告诫，使其荣誉、信誉或其他精神上的利益受到一定损害的行政处罚。声誉罚属于较轻微的行政处罚，一般适用于情节轻微或者实际危害程度不高的违法行为。警告是声誉罚的主要形式。

（二）《行政处罚法》的规定

根据《行政处罚法》第8条的规定，行政处罚的种类有：

1. 警告。即指行政主体对有违法行为的公民、法人或其他组织进行谴责和告诫，通过对违法行为人的声誉加以影响，以达到防止其继续或重新违法的处罚目的。警告一般适用于那些违反行政管理法规较轻微、对社会危害程度不大的行为。警告一般可当场作出，是最轻微的一种行政处罚。

2. 罚款。即指行政主体依法强制违反行政法律规范的行为人在一定期限内缴纳一定数量金钱的处罚形式。罚款是一种适用范围比较广泛、存在问题较多的行政处罚形式。为了避免罚款的随意性，《行政处罚法》对罚款作了一些限定性的规定，如法律、行政法规规定的行政处罚种类中没有罚款的，地方性法规和规章不能增加罚款的处罚。为了避免罚款执行人营私舞弊，法律规定作出罚款决定的机关与收缴罚款的机构分离，罚款必须全部上缴国库，任何行政机关或者个人不得以任何形式截留、私分。

3. 没收违法所得，没收非法财物。即指行政主体将行为人的违法所得或非法财物强制无偿收归国有的一项行政处罚措施。没收违法所得和非法财物针对违法行为人的财产进行，而且必须是违法行为人的非法财产。没收的非法财产必须依法上缴国库或依法定的方式处理。

4. 责令停产停业。即指行政主体对违反行政法律规范的行为人，依法在一定期限内剥夺其从事某项生产或经营活动权利的行政处罚。责令停产停业不是直接限制或者剥夺违法者的财产权，而是责令违法者暂时停止其所从事的生产经营活动。如果受罚者在规定期限内纠正了违法行为，按期履行了法定义务，可恢复生产、经营，无须重新领取有关许可证和执照。由于责令停产停业的处罚将直接影响企业的生产与经营利益，为了保护行政相对人的合法权益，《行政处罚法》对责令停产停业规定了听证程序。

5. 暂扣或者吊销许可证，暂扣或者吊销执照。即指行政主体对违反行政法律规范的公民、法人或其他组织，依法实行暂时扣留其许可证或执照，剥夺其从事某项生产或经营活动权利的行政处罚。这是一种比责令停产停业更为严厉的行为罚。其中暂扣许可证、执照的特点在于暂时中止行政相对人从事某种活动的权利和资格，待其改正违法行为后或者经过一定期限，返还证件，恢复其权利和资格。吊销许可证、执照的特点在于终止行政相对人从事某种活动的权利和资格。从保护行政相对人合法权益的角度考虑，《行政处罚法》对实施吊销许可证、执照的行政处罚规定了听证程序。

6. 行政拘留。指公安机关对于违反行政法律规范的公民，在短期内限制其人身自由的一种处罚措施。根据《治安管理处罚法》的规定，行政拘留的期限一般为15日以下。行政拘留是行政处罚中最严厉的处罚之一，也是治安管理处罚措施中最严厉的一种。由于其严厉性，《行政处罚法》对于此种处罚的限制规定也是最严格的，只有法律能够规定涉及公民人身自由的行政拘留罚，行政法规、地方性法规、规章等都不能设定此种处罚。行政拘留一般适用于严重违反治安管理规范的行为人，并且只有在使用警告、罚款处罚不足以惩戒违法者时才适用。

7. 法律、行政法规规定的其他行政处罚。这一规定是为了防止现有法律和行政法规规定的处罚遗漏和今后立法中可能出现新的处罚措施而设定。

二、行政处罚的设定

行政处罚的设定是指有关国家机关创设行政处罚的活动，其实质就是某种处罚由哪一个机关通过何种形式来规定。《行政处罚法》规定的设定权包括创设权与规定权两个方面，创设权是指在没有上位阶法律规范对处罚加以规定的情况下自行规定处罚的权力；规定权是指在上位阶法律规范已对处罚作出规定的前提下作出进一步具体规定的权力。规定权受到已有法律规范的限制，不能超出已有规范所确定的处罚行为、种类和幅度等。《行政处罚法》对行政处罚的设定权在法律、法规和行政规章之间进行了分配，具体可以分为以下层次：

（一）法律的设定权

《行政处罚法》第9条规定："法律可以设定各种行政处罚。限制人身自由的行政处罚，只能由法律设定。"根据此规定，法律可以设定任何种类和形式的行政处罚，并且法律是我国设定人身自由罚的唯一规范性文件。

（二）行政法规的设定权

由国务院制定的行政法规在设定行政处罚上包括两个方面：①创设权。行政法规可以设定除限制人身自由以外的行政处罚。即行政法规不能设定限制人身自由的行政处罚，这是一项硬性的原则性规定。②规定权。法律对违法行为已经作出行政处罚规定，行政法规需要作出具体规定的，必须在法律规定的给予行政处罚的行为、种类和幅度的范围内规定。例如，法律对某些违法行为没有作出吊销许可证处罚而仅作出罚款处罚的，行政法规不能另行增加处罚种类；法律已经规定了行政处罚幅度的，行政法规只能在其处罚幅度内规定具体的数额。

（三）地方性法规的设定权

地方性法规的设定权也包括两个方面：①创设权。地方性法规可以设定除限制人身自由、吊销企业营业执照以外的行政处罚。②规定权。法律、行政法规对违法行为已经作出行政处罚规定，地方性法规需要作出具体规定的，必须在法律、行政法规规定的给予行政处罚的行为、种类和幅度的范围内规定。

（四）国务院各部、委的规章的设定权

尚未制定法律、行政法规的，国务院各部、委员会制定的规章对违反行政管理秩序的行为，可以设定警告或者一定数量罚款的行政处罚。罚款的限额由国务院规定。国务院各部、委员会制定的规章可以在法律、行政法规规定的给予行政处罚的行为、种类和幅度的范围内作出具体规定。

（五）地方政府规章的设定权

尚未制定法律、法规的，省、自治区、直辖市人民政府和省、自治区人民政府所在地的市人民政府以及经国务院批准的较大的市人民政府制定的规章对违反行政管理秩序的行为，可以设定警告或者一定数量罚款的行政处罚。罚款的限额由省、自治区、直辖市人民代表大会常务委员会规定。省、自治区、直辖市人民政府和省、自治区人民政府所在地的市人民政府以及经国务院批准的较大的市人民政府制定的规章可以在法律、法规规定的给予行政处罚的行为、种类和幅度的范围内作出具体规定。

除上述法律、法规、规章以外的其他规范性文件都不得对行政处罚加以创设。

第三节　行政处罚的实施

本节引例

案例一： **大润发超市"处罚"偷窃者案**

45 岁的低保户老孙在大润发超市购物时，将选购的物品装入夹克里面缝的两个空袋，准备绕过收银台直接走出去。老孙的偷窃行为早已被超市监控，保安随后拦住老孙并将其扭送到超市的防损部。超市工作人员告诉老孙："你的这种行为如果报了警，就得拘留，至少得 5 天。如果不想报警，按照超市的规定，偷一赔十，你掏 1500 元，咱们这事就算了。"老孙自知理亏，选择了 10 倍罚款，并在超市提供的一张调解单上签字画押。

问题：超市能对小偷进行罚款处罚吗？

案例二： **陈德龙诉成都市成华区环境保护局环保行政处罚案**[1]

陈德龙系个体工商户龙泉驿区大面街道办德龙加工厂业主，自 2011 年 3 月开始加工生产钢化玻璃。该加工厂曾因实施"未办理环评手续、环保设施未验收即投入生产"的违法行为受到过行政处罚。2012 年 11 月 2 日，成华区环保局在德龙加工厂位于成都市成华区保和街道办事处天鹅社区一组 B-10 号的厂房检查时，发现该厂涉嫌私自设置暗管偷排污水。成华区环保局经立案调查后，依照相关法定程序，于 2012 年 12 月 11 日作出成华环保罚字（2012）第 1130-01 号《行政处罚决定书》，认定陈德龙的行为违反了《水污染防治法》的规定，作出责令立即拆除暗管，并处罚款 10 万元的处罚决定。陈德龙不服，遂诉至法院，请求撤销该处罚决定。

问题：①成华区环保局是否具有作出被诉处罚决定的行政职权？②该处罚是否违反一事不再罚原则？

---

〔1〕　案件来源：中国法院网。本案系典型的逃避监管和查处的环境违法案件。主要表现在以下三个方面：一是工商注册地与违法行为发生地不一致，导致监管缺失；二是违法行为实施主体隐藏，导致处罚对象认定困难；三是违法行为和违法后果隐蔽，导致发现和查处困难。本案的处理有利于揭开该类逃避监管和查处的环境违法行为的面纱，为环保执法部门的行政执法提供有价值的参考，具有较好的示范意义。

案例三： **李子梅诉巢湖市城北派出所行政处罚案**[1]

2016年6月20日晚上7点左右，原告李子梅与邻居李子凤因琐事发生争吵辱骂，两人互有撕扯行为。当日，被告城北派出所接报警并立案。2016年8月12日，被告城北派出所作出巢公（北）行罚决字（2016）第11084号《行政处罚决定书》，对原告作出了罚款400元的行政处罚。原告不服，向巢湖市公安局申请复议，巢湖市公安局作出复议决定，撤销被告巢湖市公安局城北派出所作出的行政处罚决定。被告城北派出所经重新调查，认定原告有主动报案、如实陈述的减轻处罚情节，同时也查证李子凤为残疾人的事实，于2016年12月19日作出巢公（北）行罚决字（2016）第11859号《行政处罚决定书》，对原告作出罚款400元的行政处罚。原告不服，依法向巢湖市政府提起了行政复议，巢湖市政府作出巢政复决字（2017）第06号《行政复议决定书》，维持了该行政处罚。原告不服，提出上诉。

问题：①原告是否可以减轻处罚？②被告城北派出所作出的处罚决定是否合法、恰当？

理论知识

行政处罚的实施是指有权机关依法对违反行政法律规范的行为人给予相应行政处罚的活动。这涉及行政处罚的实施机关、行政处罚的管辖、行政处罚的适用等具体问题。

一、行政处罚的实施机关

行政处罚的实施机关，是指依法具体实施行政处罚活动的机关与组织。根据《行政处罚法》的规定，行政处罚的实施机关共有三类：

（一）行政机关

行政机关是主要的行政处罚实施主体。行政处罚权作为行政管理的重要手段，在一般情况下，只有行政机关才能实施，但并不是任何行政机关都可以行使行政处罚权，只有法律、法规和规章明确授权的，即依法取得特定行政处罚权的行政机关才能行使。除了由单一的行政机关实施处罚外，《行政处罚法》还规定了有关综合执法机关实施处罚的问题，即在一定条件下，一个行政机关可以行使其他行政机关的行政处罚权。根据《行政处罚法》第16条的规定，一个行政机关可以行使其他行政机关的行政处罚权的条件是：①要由国务院或者经

---

[1] 案件来源：安徽省巢湖市人民法院（2017）皖0181行初字第58号行政判决书。

国务院授权的省、自治区、直辖市人民政府决定；②限制人身自由的行政处罚只能由公安机关行使。

本节引例案例一中，老孙进超市购物便与超市之间建立了民事法律关系。因老孙偷窃超市物品，造成超市财产损失，依据民事法律规范的规定，超市有权自力救济，可以通过所谓的"罚款"来弥补自己的损失，但不得超出必要的限度，本案中"10 倍罚款"显失公平。不过，此"罚款"属于私力救济，不同于公力救济性质的彼"罚款"——行政处罚类的罚款。本案中，如果老孙偷盗物品数额较大触犯《治安管理处罚法》，应当交由公安机关处理。罚款也只能由公安机关来行使。

（二）法律、法规授权的组织

《行政处罚法》第 17 条规定："法律、法规授权的具有管理公共事务职能的组织可以在法定授权范围内实施行政处罚。"根据此规定，非行政机关的组织成为行政处罚的实施机关必须要符合下列条件：①该组织必须经过法律、法规授权，规章不能授权；②该组织具有管理公共事务的职能；③该组织必须在法定职权范围内实施行政处罚。法律、法规授权的组织以自己的名义实施行政处罚，并独立承担相应的法律责任。

（三）行政机关委托的组织

基于公共管理的需要，行政机关可以依法将自己拥有的行政处罚权委托给非行政组织行使，但是为了防止乱处罚的情况出现，必须要对行政处罚的委托加以限制。根据《行政处罚法》第 18 条、第 19 条的规定，行政机关委托的组织实施行政处罚，必须具备的条件是：

1. 行政机关只能将行政处罚权委托给符合以下条件的组织：①依法成立的管理公共事务的事业组织；②具有熟悉有关法律、法规、规章和业务的工作人员；③对违法行为需要进行技术检查或者技术鉴定的，应当有条件组织进行相应的技术检查或者技术鉴定。对不符合以上条件的组织或者个人，行政机关不能委托其实施行政处罚。

2. 行政机关只能依法在其法定权限内进行委托。行政机关进行委托必须有法律、法规或规章的明文规定。

3. 受委托实施行政处罚的组织在委托范围内，以委托行政机关的名义实施行政处罚，委托行政机关对受委托的组织实施行政处罚的行为应当负责监督，并对该行为的后果承担法律责任。

4. 受委托的组织不得再委托其他任何组织或者个人实施行政处罚。

二、行政处罚的管辖

行政处罚的管辖，是指行政处罚的实施机关之间对某个行政违法行为在处罚上的权限分工。根据《行政处罚法》的规定，行政处罚的管辖包括级别管辖、地域管辖、指定管辖和移送管辖。

（一）级别管辖

级别管辖是指不同级别行政机关之间在实施行政处罚上的权限分工。根据《行政处罚法》的规定，行政处罚由县级以上地方人民政府具有行政处罚权的行政机关管辖，但是法律、行政法规另有规定的除外。

（二）地域管辖

地域管辖，也称区域管辖或属地管辖，是指不同地区的行政主体之间在实施行政处罚上的权限分工。根据《行政处罚法》的规定，行政处罚由违法行为发生地的行政机关管辖。如果法律、行政法规有特别规定的，按特别规定管辖。

本节引例案例二中，德龙加工厂工商登记注册地虽然在成都市龙泉驿区，但其生产加工形成环境违法事实的具体地点在成都市成华区，根据《行政处罚法》第20条、《环境行政处罚办法》第17条的规定，成华区环保局具有作出被诉处罚决定的行政职权。

（三）指定管辖

指定管辖是指上级行政机关以决定的方式指定下一级行政机关对某一行政处罚行使管辖权。指定管辖实际上是赋予行政机关在处罚管辖上一定的自由裁量权，以适应各种错综复杂的处罚情况。在实践中，可能出现两个以上的行政机关在实施某一处罚上发生互相推诿或者互相争夺管辖权，经各方协商达不成一致的情况，对此，《行政处罚法》规定，应当报请他们共同的上一级行政机关，由上一级行政机关指定一个行政机关管辖。

（四）移送管辖

移送管辖是指无管辖权的行政机关将案件移送到有管辖权的司法机关处理。违法行为如果构成犯罪，根据刑事优先原则，应首先追究行为人的刑事责任，行政机关必须将案件移送司法机关，依法追究刑事责任，不能以罚代刑。

三、行政处罚的适用

行政处罚的适用是指处罚实施主体根据行政处罚规范对违法案件具体运用行政处罚，决定是否给予行政处罚、如何处罚的活动。

（一）行政处罚的适用原则

根据《行政处罚法》的规定，行政处罚的适用应遵循下列原则：

1. 处罚与责令改正相结合的原则。行政处罚是一种手段，是为了预防破坏社会秩序和公共利益的行为再次发生。行政机关实施行政处罚时，应当责令当事人改正或者限期改正违法行为。

2. 一事不再罚原则。对违法当事人的同一个违法行为，不得以同一事实和同一理由给予两次以上罚款的行政处罚。同一事实和同一理由是一事不再罚原则的共同要件，二者缺一不可。《行政处罚法》确立这一原则的目的是限制和杜绝乱罚款、滥罚款的现象，做到公正处罚，使违法行为与行政处罚相适应，保护当事人的合法权益。

本节引例案例二中，德龙加工厂曾因实施"未办理环评手续、环保设施未验收即投入生产"的违法行为受到过行政处罚。2012年12月11日，成华区环保局作出成华环保罚字（2012）第1130-01号行政处罚决定，是因为德龙加工厂私设暗管排放的仍旧属于污水，该行为违反了《水污染防治法》的规定。根据《行政处罚法》第24条的规定，对当事人的同一个违法行为，不得给予两次以上罚款的行政处罚。本案违法行为系二次违法行为，对该行为进行处罚不违反一事不再罚原则。据此，成都市成华区人民法院一审认为，环保局对德龙加工厂作出罚款10万元的行政处罚并无不妥。成都市中级人民法院二审判决驳回上诉，维持原判。

3. 行政处罚与刑罚合并适用原则。适用这一原则的前提是违法行为构成了犯罪，即同一违法行为不仅违反行政法律规范，而且同时触犯了刑事法律规范的规定而构成了犯罪。根据《行政处罚法》的规定，行政机关受理某一案件时，如果无法判断违法行为是否构成犯罪，可以先行适用行政处罚。当发现违法行为构成犯罪时，应及时追究当事人的刑事责任，将案件移送到司法机关。当人民法院判处拘役或者有期徒刑时，行政机关已经给予当事人行政拘留的，应当依法折抵相应刑期；人民法院判处罚金时，行政机关已经给予当事人罚款的，应当折抵相应罚金。

（二）行政处罚的适用条件

行政处罚的适用条件是指受罚行为应具备的条件，这是在实施行政处罚时必须加以确认的。

1. 前提条件。行政处罚适用的前提是行为人已经实施了违法行为，违法事实客观存在，不能将行为人的主观想象或者计划设想当作违法行为。

2. 主体条件。行政处罚必须由享有行政处罚权的适格主体实施。

3. 对象条件。行政处罚的对象是违反行政法律规范且依法应当受到处罚的公民、法人或其他组织。

4. 时效条件。行政处罚的实施主体对行为人实施处罚，必须是行为人的违法行为没有超过追责时效。违法行为已经超过追责时效期限的，不再追究行政法律责任。《行政处罚法》第 29 条规定，违法行为在 2 年内未被发现的，不再给予行政处罚。法律另有规定的除外。

（三）行政处罚的适用情形

1. 不予行政处罚。不予行政处罚是指相对人虽然违反了行政法律规范，但由于某种法定原因，而不给予其行政处罚的情形。根据《行政处罚法》的规定，不给予行政处罚的情形包括：①不满 14 周岁的人有违法行为的；②精神病人在不能辨认或者不能控制自己行为时有违法行为的；③违法行为轻微并及时纠正，没有造成危害后果的；④违法行为已经超过追责时效期限的。

2. 从轻或者减轻行政处罚。从轻或者减轻行政处罚是指相对人虽然违反了行政法律规范，但由于某种法定原因，对当事人适用较轻的处罚。根据《行政处罚法》的规定，从轻或者减轻行政处罚的情形包括：①已满 14 周岁不满 18 周岁的人有违法行为的；②主动消除或者减轻违法行为危害后果的；③受他人胁迫有违法行为的；④配合行政机关查处违法行为有立功表现的；⑤其他依法从轻或者减轻行政处罚的。

3. 从重行政处罚。从重行政处罚是指相对人违反了行政法律规范，对当事人适用较严厉的处罚方式或就高、就重予以处罚。《行政处罚法》中对从重处罚没有明确规定，但有关行政处罚的法律规范对此有规定。例如，《治安管理处罚法》中第 20 条规定，违反治安管理有下列情形之一的，从重处罚：①有较严重后果的；②教唆、胁迫、诱骗他人违反治安管理的；③对报案人、控告人、举报人、证人打击报复的；④6 个月内曾受过治安管理处罚的。

本节引例案例三中，原告于 2016 年 6 月 20 日晚上 7 点左右与其邻居李子凤因琐事发生争吵辱骂，互为撕扯。事后，原告主动报案、如实陈述，根据《行政处罚法》第 27 条的规定，"当事人有下列情形之一的，应当依法从轻或者减轻行政处罚：……③配合行政机关查处违法行为有立功表现的……"《治安管理处罚法》第 19 条第 4 项规定，"违反治安管理有下列情形之一的，减轻处罚或者不予处罚：……④主动投案，向公安机关如实陈述自己的违法行为的……"据此，可以对原告减轻处罚。

根据《治安管理处罚法》第 43 条第 1 款的规定，殴打他人的，或者故意伤害他人身体的，处 5 日以上 10 日以下拘留，并处 200 元以上 500 元以下罚款；情节较轻的，处 5 日以下拘留或者 500 元以下罚款。第 43 条第 2 款第 2 项规定，有下列情形之一的，处 10 日以上 15 日以下拘留，并处 500 元以上 1000 元以下罚款：……②殴打、伤害残疾人、孕妇、不满 14 周岁的人或者 60 周岁以上的人的……经查证，李子凤为残疾人。故被告城北派出所决定对原告给予罚款 400 元的行政处罚有事实和法律依据，且被告城北派出所在对李子梅案件调查、处罚时均履行了法定程序，其程序合法。因城北派出所作出行政处罚所依据的证据确实充分、认定事实清楚、适用法律正确、程序合法，《行政处罚决定书》并无不当。法院判决如下：驳回原告李子梅的诉讼请求，案件受理费 50 元，由原告李子梅负担。

第四节　行政处罚的程序

本节引例

海南桑德水务有限公司诉海南省儋州市生态环境保护局
环保行政处罚纠纷案[1]

2013 年 6 月 5 日，海南省环境监测中心站出具了琼环监字［2013］第 153 号《监测报告》（简称 153 号《监测报告》）。儋州环保局根据该《监测报告》，认为桑德水务公司涉嫌违法排放水污染物，于 2014 年 4 月 16 日拟对桑德水务公司作出行政处罚。桑德水务公司在法定期限内未提出陈述、申辩和听证的申请。同年 6 月 16 日，儋州环保局作出被诉儋土环资罚决字（2014）第 47 号《行政处罚决定书》（以下简称 47 号处罚决定），对桑德水务公司处以 2013 年 5 月应缴纳排污费 2 倍的罚款 177 719 元。儋州市人民政府经复议后对 47 号处罚决定予以维持。桑德水务公司不服，遂诉至法院，请求撤销 47 号处罚决定。

问题：儋州环保局根据海南省环境监测中心站出具的 153 号《监测报告》认定桑德水务公司超标排放废水，并作出 47 号处罚决定的程序是否合法？

理论知识

行政处罚程序是指处罚主体在实施处罚过程中所要遵循的步骤、方式、顺序和时限。《行政处罚法》规定的行政处罚的程序包括行政处罚决定程序和行政处罚执行程序。

---

〔1〕　案件来源：中国法院网。本案系环保行政处罚纠纷，涉及对环保行政处罚行为所依据证据的审查认定，具有典型性和指导意义。本案的判决体现了人民法院对环保行政执法行为的监督，对于推动环境保护行政主管部门规范行使行政处罚职权、促进依法行政具有积极作用。

一、行政处罚决定程序

行政处罚的决定程序是整个行政处罚程序的关键环节，是正确实施行政处罚的保证。行政处罚的决定程序分为简易程序和一般程序，听证只是一般程序中的特殊程序，不是独立程序。

（一）简易程序

简易程序是指有权实施行政处罚的主体当场作出行政处罚决定的程序，又称当场处罚程序。

1. 适用简易程序的条件。《行政处罚法》第33条规定："违法事实确凿并有法定依据，对公民处以50元以下、对法人或者其他组织处以1000元以下罚款或者警告的行政处罚的，可以当场作出行政处罚决定。"适用简易程序必须符合以下三个条件：①违法事实确凿。即当场能够有充分的证据确认违法事实，无须进一步调查取证。②有法定依据。对于该违法行为，法律、法规或者规章明确规定了有关处罚的内容，实施处罚的人员当场可以指出具体的法律、法规或者规章的依据，如果没有法定的依据。即使违法事实确凿，也不能当场处罚。③符合《行政处罚法》所规定的处罚种类和幅度。即只有对个人处以50元以下、对组织处以1000元以下罚款或者警告的处罚可以当场进行，其他处罚不能适用简易程序。

2. 简易程序的步骤。按照法律规定，简易程序的步骤可以分为以下几个方面：①表明身份。实施处罚的人员应当向当事人出示自己执行公务的身份证件，以证明自己有权对当事人作出处罚。②说明理由和告知权利。实施处罚的人员要当场指出违法行为的事实，说明要给予行政处罚的理由及有关依据，并告知当事人有进行陈述和申辩的权利，同时还要听取当事人的陈述与申辩。③制作处罚决定书。处罚决定书应由有关机关统一制作预定格式，并编有号码，由当场作出处罚的人员进行填写。行政处罚决定书应当载明当事人的违法行为、行政处罚的依据、处罚的决定、处罚时间、处罚地点，并由作出处罚决定的机关、作出处罚的人员签名或盖章。④交付处罚决定书。行政处罚决定书填写完后，应当场交付给当事人。⑤备案。执法人员当场作出的行政处罚决定，必须报所属行政机关备案，以便所属机关进行监督检查。

如果当事人对当场作出的行政处罚决定不服，其有权依法申请行政复议或者提起行政诉讼。

（二）一般程序

一般程序又称普通程序，是指除法律特别规定应当适用简易程序的情形以外，行政处罚通常适用的程序。一般程序规定的步骤是：

1. 立案。行政处罚实施主体通过各种渠道发现行政相对人的违法行为，对所发现的违法行为，认为需要给予处罚的，应将其登记并确立为应受调查处理的案件。立案是行政处罚的启动程序。一般应填写立案报告表，在经本机关主管负责人审查批准后，即完成了法律上的立案程序。同时，应落实办案人员。

2. 调查取证。立案后，行政机关应当对案件进行全面细致地调查取证。行政处罚实施机关在调查取证时应做到：①必须对案件全面、客观、公正地调查，收集有关证据；必要时，依照法律、法规的规定，可以进行检查。②在调查或者进行检查时，执法人员不得少于 2 人，并应当向当事人或者有关人员出示证件。③执法人员与当事人有直接利害关系的，应当回避。

3. 说明理由、当事人陈述与申辩。经过调查取证阶段后，行政处罚实施主体在作出行政处罚决定之前，应当告知当事人作出行政处罚决定的事实、理由及依据，并告知当事人依法享有的权利。当事人有权进行陈述和申辩。行政机关必须充分听取当事人的意见，对当事人提出的事实、理由和证据，应当进行复核；当事人提出的事实、理由或者证据成立的，处罚实施主体应当采纳。不得因当事人申辩而加重处罚。

根据《行政处罚法》第 41 条的规定，行政机关及其执法人员在作出行政处罚决定之前，没有向当事人告知给予行政处罚的事实、理由和依据，或者拒绝听取当事人的陈述、申辩的，行政处罚决定不能成立；当事人放弃陈述或者申辩权利的除外。

4. 审查决定。调查终结，行政机关负责人应当对调查结果进行审查，根据不同情况，分别作出如下决定：①确有应受行政处罚的违法行为的，根据情节轻重及具体情况，作出行政处罚决定；②违法行为轻微，依法可以不予行政处罚的，不予行政处罚；③违法事实不能成立的，不得给予行政处罚；④违法行为已构成犯罪的，移送司法机关。对情节复杂或者重大违法行为给予较重的行政处罚的，行政机关的负责人应当集体讨论决定。

5. 制作行政处罚决定书。行政处罚的实施主体应当制作行政处罚决定书，决定书载明下列事项：当事人的姓名或者名称、地址；违反法律、法规或者规章的事实和证据；行政处罚的种类和依据；行政处罚的履行方式和期限；不服行政处罚决定，申请行政复议或者提起行政诉讼的途径和期限；作出行政处罚决定的行政机关名称和作出决定的日期。行政处罚决定书必须盖有作出行政处罚决定的行政机关的印章。

6. 送达行政处罚决定书。根据《行政处罚法》的规定，行政处罚决定书应当在宣告后当场交付当事人；当事人不在场的，行政机关应当在 7 日内依照

《民事诉讼法》的有关规定，将行政处罚决定书送达当事人。《民事诉讼法》规定的送达的方式主要有：直接送达、留置送达、委托送达、邮寄送达、转交送达、公告送达。

本节引例中，儋州环保局作为儋州市环境保护工作的行政主管部门，具有对本辖区内违法排放水污染物的行为作出行政处罚的法定职权。根据《环境行政处罚办法》第37条的规定，采样是本案监测的必经程序。但儋州环保局未能提供采样记录或采样过程等相关证据，无法证明其采样程序合法，进而无法证明送检样品的真实性，直接影响了监测结果的真实性。因此，儋州环保局在没有收集确凿证据证实样品来源真实可靠的情况下，仅以海南省环境监测中心站出具的153号《监测报告》认定桑德水务公司超标排放废水，主要证据不足。儋州环保局于2014年6月16日同时分别对桑德水务公司2013年1月14日和5月22日的超标排放行为给予二次处罚，程序违法。被诉47号处罚决定只给予桑德水务公司罚款，未责令桑德水务公司限期改正，行政处罚行为明显不当。鉴于此，一审法院判决撤销47号处罚决定，由儋州环保局承担诉讼费用。海南省第二中级人民法院二审认为，153号《监测报告》的合法性是审查本案被诉环保行政处罚事实认定是否清楚的基础。由于153号《监测报告》的取样程序违法，不能作为认定桑德水务公司存在环境违法行为事实的主要证据。而除153号《监测报告》外，儋州环保局没有进行相关调查，并且违反查处分离的规定，程序违法。47号处罚决定认定事实的主要证据不足，适用法律错误。二审法院判决驳回上诉，维持原判。

（三）听证程序

听证是指行政机关在作出行政处罚决定之前举行的，由调查人员和行政相对人参加的，听取相对人陈述和申辩，并允许就有关问题相互进行质问、辩论和反驳，旨在查明事实的活动。在听证程序中，相对人有权充分表达自己的意见和主张，提出有利于自己的证据；有权为自己辩解，反驳不利证据；有权与执法人员进行对质和辩论。

1. 听证程序的适用条件。听证程序是一般程序中的特殊程序，只适用于需要听证的案件。《行政处罚法》第42条规定，行政机关作出责令停产停业、吊销许可证或者执照、较大数额罚款等处罚决定之前，应当告知当事人有要求举行听证的权利；当事人要求听证的，行政机关应当组织听证。这一规定确定了适用听证程序的两个条件：①实质条件：听证程序只适用于行政机关作出责令停产停业、吊销许可证或者执照、较大数额罚款等行政处罚案件。②形式条件：行政相对人提出申请。听证是相对人的权利，只有相对人要求听证的，行政机关才能进行听证。组织听证是行政机关的法定义务。当事人要求听证的，行政机关应当组织听证。

2. 听证程序包括以下步骤：

（1）准备阶段。①告知听证权。如果属于听证适用范围，应当通过正式方式告知当事人有权要求听证。当事人要求听证的，应当在行政机关告知后 3 日内提出。②通知听证。行政机关应当在举行听证的 7 日前，书面通知当事人举行听证的时间、地点，以便当事人为听证作充分的准备。③决定是否公开举行听证会。除涉及国家秘密、商业秘密或者个人隐私外，听证一律公开举行，接受社会的监督。④指定听证主持人。听证由行政机关指定该行政机关内熟悉相关业务的、非本案调查人员的工作人员主持。相对人对主持人有异议的，有权申请该主持人回避。行政机关认为相对人的异议成立的，应当另行指定听证程序的主持人。

（2）举行阶段。听证会由本案调查人员以外的其他人员主持，由调查人员提出相对人的违法事实、证据和行政处罚建议，再由相对人进行质证与申辩。在调查人员与相对人辩论后，相对人可以作最后的陈述。听证会的全部过程要制作听证笔录，笔录应交相对人审核，无误后由相对人签字、盖章。听证笔录是处罚决定的依据。行政相对人不承担行政机关组织听证的费用。听证程序完毕以后，行政机关依照《行政处罚法》第 38 条关于一般程序的规定作出行政处罚决定。

二、行政处罚执行程序

行政处罚执行程序，是指为了确保行政处罚决定所确定的当事人的义务得以履行的程序，是有关国家机关对违法者执行行政处罚决定的程序，是行政处罚决定的实现阶段。行政处罚决定一旦作出，就具有法律效力，处罚决定中所确定的义务必须得到履行。没有行政处罚的执行，行政处罚的决定就没有意义。

（一）行政处罚执行的原则

1. 自觉履行原则。《行政处罚法》第 44 条规定："行政处罚决定依法作出后，当事人应当在行政处罚决定的期限内，予以履行。"即行政处罚决定一经依法作出，即发生法律效力，当事人应当自觉履行行政处罚决定。一般情况下，当事人应当在规定的履行期限内及时履行行政处罚决定，这是行政管理的效率原则所要求的。当事人如果按期履行罚款决定确有困难的，可以向作出罚款决定的行政机关申请延期或者分期履行，经行政机关同意后，当事人可以延期或者分期履行。当事人在法定期限内既不履行行政处罚决定，也未提出延期或分期履行的申请或者提出的申请未被批准的，行政机关可以依法采取执行措施。

2. 罚缴分离原则。为了更好地保护相对人的合法权益,《行政处罚法》规定,作出罚款决定的机关应当与收缴罚款的机构分离,除依法当场收缴的罚款外,作出行政处罚决定的行政机关及其执法人员不得自行收缴罚款。当事人应当自收到行政处罚决定书之日起15日内,到指定的银行缴纳罚款。银行应当收受罚款,并将罚款直接上缴国库。

3. 不因行政复议和行政诉讼而停止执行原则。当事人对行政处罚决定不服,申请行政复议或者提起行政诉讼的,行政处罚不停止执行,法律另有规定的除外。

（二）罚款的收缴

1. 专门机构收缴罚款。遵循作出罚款决定的机关应当与收缴罚款的机构分离的原则,行政处罚的罚款一般由专门机构收缴。关于专门机构收缴罚款的具体程序,《行政处罚法》没有作出明确规定,结合实践的情况,专门机构收缴罚款一般应遵循如下程序：①通知送达。行政机关应当在行政处罚决定书中注明缴纳罚款的银行,当事人应当自收到行政处罚决定书之日起15日内,到指定的银行缴纳罚款。②催交。专门机关根据行政处罚决定书限定当事人自动缴纳罚款的时间,在期限届满之前,可以向当事人发出催交通知书,以提醒和督促当事人按期主动履行缴纳罚款义务。③收缴罚款。当事人向专门机关缴纳罚款的,专门机关应当向缴纳人开具统一的罚款收据。④上缴国库。银行收到罚款后,应当将罚款直接上缴国库。

2. 当场收缴罚款。根据《行政处罚法》第47条、第48条的规定,执法人员当场作出行政处罚决定后,遇有下列情形之一,执法人员可以当场收缴罚款：①罚款数额是20元以下的。②不当场收缴罚款事后将难以执行的。③在边远、水上、交通不便地区,行政机关及其执法人员作出罚款决定后,当事人向指定的银行缴纳罚款确有困难,经当事人提出,行政机关及其执法人员可以当场收缴罚款。行政机关及其执法人员当场收缴罚款的,必须向当事人出具省、自治区、直辖市财政部门统一制发的罚款收据;不出具财政部门统一制发的罚款收据的,当事人有权拒绝缴纳罚款。执法人员当场收缴的罚款,应当自收缴罚款之日起2日内,交至行政机关;在水上当场收缴的罚款,应当自抵岸之日起2日内交至行政机关;行政机关应当在2日内将罚款缴付指定的银行。

3. 执行的保障措施。根据《行政处罚法》的规定,当事人逾期不履行行政处罚决定的,作出行政处罚决定的行政机关可以采取下列措施：①当事人逾期不缴纳罚款,又未提出延期或分期缴纳的申请,或者虽然提出了申请但未获批准的,行政机关可以对当事人每日加处原罚款数额3%的罚款;②当事人逾期不履行罚款决定，而又无任何正当理由的，行政机关可以依法将查封、扣押的财物拍卖，将拍卖款抵缴罚款，或者依法将冻结的存款划拨抵缴罚款；③行政机关可以申请人民法院依法强制执行。

思考题

1. 行政处罚与行政处分有何区别？
2. 试述行政处罚的原则。
3. 简述行政处罚的听证程序及其意义。
4. 试述行政处罚的适用。
5. 相对集中行政处罚权的法律意义是什么？

实务训练

2016年3月9日下午，李某等四人在某大酒店一房间内利用自动麻将桌进行赌博，被某县公安局当场抓获。3月14日，李某等四人分别被处以行政拘留5日、罚款500元。李某等人不服，于5月8日向市公安局申请复议。市公安局以违反法定程序，先执行罚款后作出裁决为由，撤销了县公安局的处罚决定，并责令被告在法定期限内重新作出具体行政行为。6月1日，县公安局在退还了李某等人3000元罚款后，告知李某等人处罚的理由和依据，并听取了李某等人的陈述和申辩，于当日作出行政拘留5日、罚款500元的处罚决定。该处罚已执行完毕。李某等人仍不服，又向市公安局申请复议，市公安局经审查，作出了维持某县公安局行政处罚决定的复议决定。李某等人不服复议决定，向人民法院提起行政诉讼。

问题：①县公安局能否实施行政拘留、罚款等行政处罚？②县公安局的行为是否违反"一事不再罚"原则？③县公安局作出与原处罚决定内容完全相同的处罚，是否构成违法？

第七章

行政许可

学习目标

【知识目标】

1. 掌握行政许可的概念。

2. 明确行政许可的设定规则。

3. 了解行政许可的实施要求和实施程序。

4. 知悉行政许可监督。

【技能目标】

能运用行政许可法解决行政管理过程中出现的许可问题。

第一节 行政许可概述

本节引例

丹阳市珥陵镇鸿润超市诉丹阳市市场监督管理局行政登记案[1]

2015 年 2 月，江苏省丹阳市珥陵镇鸿润超市（以下简称鸿润超市）向该市市场监督管理局（以下简称市市场监管局）提交个体工商户变更登记申请书，申请在原营业执照核准的经营范围内增加蔬菜零售项目。2015 年 2 月，该局向鸿润超市出具个体工商户变更登记受理通知书，随后审查材料，赴实地调查核实，认定鸿润超市经营场所距丹阳市珥陵农贸市场不足 200 米，其申请不符合

---

〔1〕 案件来源：中国法院网，https://www.chinacourt.org/article/detail/2015/10/id/1730826.shtml，有删改。本案是行政机关违反市场平等准入、公平待遇原则的典型案例。

丹阳市人民政府丹政办发（2012）29号《关于转发市商务局〈丹阳市菜市场建设规范〉的通知》（以下简称29号文）中"菜市场周边200米范围内不得设置与菜市场经营类同的农副产品经销网点"的规定，遂作出了驳回通知书，决定对其变更申请不予登记。鸿润超市不服诉至法院，请求撤销该驳回通知书，判令对其申请事项进行变更登记。

问题：该市市场监督管理局的行为是否符合行政许可法的要求？

理论知识

一、行政许可的概念和特征

《行政许可法》第2条规定："本法所称行政许可，是指行政机关根据公民、法人或其他组织的申请，经依法审查，准予其从事特定活动的行为。"根据此规定分析，行政许可具有以下特征：

（一）行政许可是依申请的行政行为

行政许可以公民、法人或其他组织的申请为起始。没有申请，行政机关不能主动实施行政许可。但是，公民、法人或其他组织提交了申请，并不意味着必定得到行政机关的许可，行政许可是行政机关基于行政权而作出的单方行政行为，是否准许，行政机关必须依法作出。

（二）行政许可是一种授益性行政行为

行政许可是赋予行政相对人某种权利和资格的行政行为。

（三）行政许可是一种要式行政行为

行政许可必须具备特定的许可形式，如许可证、执照或者批准文书等。因此，行政许可必须按照法定程序和形式予以批准、认可和证明。

（四）行政许可是一种外部行政行为

《行政许可法》第3条第2款规定："有关行政机关对其他机关或者对其直接管理的事业单位的人事、财务、外事等事项的审批，不适用本法。"根据此规定，行政许可是行政机关针对行政相对方的一种管理行为，是行政机关依法管理社会事务的一种外部行政行为。行政机关对其内部事务的审批，如对公务员出差、请假、职务任免等，或者按照隶属关系由上级行政机关对下级行政机关有关事项的审批，则属于内部行政行为，不属于行政许可。

（五）行政许可是准予从事特定活动的行为

行政许可作为行政机关依法管理社会政治、经济、文化等各方面事务的一种事前控制手段，其基本特点是容许某人做某事。除了国家作为所有权人实施的许可外，行政许可的本质主要表现为对行政相对人是否符合法律、法规规定的权利资格和取得权利的条件进行审查核实，符合法定资格或者条件的，就准予从事某种特定活动。行政许可对行政机关来说不是一种可以随意处置的权利，而是一种责任。行政机关有责任为许可申请人实现其权利提供相关服务。对"特定活动"的范围，《行政许可法》第12条作了明确规定，对"特定活动"以外的事项，立法机关和行政机关不得随意设禁。

二、行政许可的原则

（一）许可法定原则

许可法定原则是指设定和实施行政许可，应当依照法定的权限、范围、条件和程序。该原则主要有两方面的要求：

1. 依法设定行政许可。具体体现为：①应当严格按照法定的权限设定；②应当严格按照法定的范围设定；③应当按照法定条件设定；④应当按照法定程序设定。设定主体违反法定程序许可的，将被有权机关依据法律、法规撤销。

2. 依法实施行政许可。具体体现为：①法定主体依法定权限实施。行政许可由具有行政许可权的主体在其法定职权范围内实施。在我国，哪些机关或组织可以作为行政许可的主体，各个主体的权限范围有多大，一般都有单行法律、法规规定。因此，实施行政许可应当严格依照这些法律、法规规定的权限范围进行，不得越权、不得滥用权力。②依法定条件实施。行政许可的本质是对公民、法人或其他组织是否符合法定权利资格或具备取得权利的条件进行审查核实。③依法定程序实施。从行政许可的申请、受理、审查、决定，到行政许可的期限、变更、延续，《行政许可法》都作出了较详细的规定，其他法律、法规、规章针对某一特定领域的行政许可也有程序规定，所有这些程序性规定，都是实施行政许可必须遵循的法律规范。行政许可还应当依照法律、法规或规章规定的方式实施。

（二）公开、公平、公正、非歧视原则

1. 设定行政许可遵循公开原则的基本要求：①设定行政许可的过程应当是开放的，从行政许可设定的必要性、可行性，到可能产生的效果的评估，都要广泛听取意见；②凡是行政许可的规定都必须公布，未经公布的，不得作为实施行政许可的依据。

2. 实施行政许可遵循公开原则的基本要求：①行政许可实施的主体要公开；②行政许可实施的条件应该是规范的、明确的、公开的；③行政许可实施的程序，包括申请、受理、审查、听证等程序都应当是具体、明确和公开的；④行政许可的实施期限是公开的；⑤行政机关作出的行政许可的决定，除涉及国家秘密、商业秘密或者个人隐私的外，应当公开，公众有权查阅。

3. 设定和实施行政许可都应当公平、公正。依据公平、公正原则要求，行政机关在履行职责、行使权力时，不仅在实体和程序上都要合法，而且还要合乎常理。设定和实施行政许可时应平等地对待所有个人和组织，禁止搞身份上的不平等。具体表现为：①在设定行政许可时，不能对不同个人和组织规定不同的条件。②在实施行政许可时，不能对符合法定条件或者标准的个人和组织实行不同待遇，要真正做到人人平等。

4. 设定和实施行政许可遵循非歧视原则。根据非歧视原则的要求，行政机关在设定和实施行政许可时，应平等地对待所有个人和组织，具体表现为：①设定实施行政许可，应一视同仁对待不同个人和组织。②在实施行政许可时，只要符合法定条件、标准的，申请人有依法取得行政许可的平等权利，行政机关不得歧视任何人。

本节引例中，《行政许可法》第 5 条第 1 款规定："设定和实施行政许可，应当遵循公开、公平、公正、非歧视的原则"；第 3 款规定："符合法定条件、标准的，申请人有依法取得行政许可的平等权利，行政机关不得歧视任何人"；《个体工商户条例》第 4 条规定："国家对个体工商户实行市场平等准入、公平待遇的原则。申请办理个体工商户登记，申请登记的经营范围不属于法律、行政法规禁止进入的行业的，登记机关应当依法予以登记"。原告鸿润超市申请变更登记增加的经营项目为蔬菜零售，并非法律、行政法规禁止进入的行业。被告市市场监管局适用 29 号文中"菜市场周边 200 米范围内不得设置与菜市场经营类同的农副产品经销网点"的规定，对原告的申请不予登记，但该规定与商务部《标准化菜市场设置与管理规范》不一致，与《商务部等 13 部门关于进一步加强农产品市场体系建设的指导意见》第 7 项"积极发展菜市场、便民菜店、平价商店、社区电商直通车等多种零售业态"不相符，也违反上述平等准入、公平待遇的原则。据此，一审法院遂判决撤销涉案驳回通知书、被告于判决生效后 15 个工作日内对原告的申请重新作出登记。一审宣判后，双方当事人均未上诉，被告已为原告重新办理了变更核准登记。

（三）便民、高效率原则

《行政许可法》第 6 条规定，实施行政许可，应当遵循便民的原则，提高办事效率，提供优质服务。根据便民原则，行政机关实施行政许可，应当做到：

1. 尽量为公民、法人或其他组织申请行政许可提供方便。如可以为申请人提供符合法定要求的申请书格式文本；除依法应当由申请人到办公场所提出申请的行政许可外，应当允许并鼓励申请人员通过信函、传真、电子数据交换等方式提出申请。

2. 应当将行政许可的事项、依据、条件、数量、程序、期限及需要提交的全部材料的目录等在办公场所公示，应当创造条件在网站上公布行政许可事项。

3. 行政许可需要行政机关内设的多个机构办理的，该行政机关应当确定一个机构统一受理行政许可申请，统一送达行政许可决定。行政许可依法由地方人民政府两个以上部门分别实施的，本级人民政府可以确定一个部门受理行政许可申请并转告有关部门分别提出意见后统一办理，或者组织有关部门联合办理、集中办理。

4. 对符合法定形式、材料齐全的申请，应当尽量当场受理，不得拖延。

5. 应当严格在法定期限内作出行政许可决定或者办完有关事项。

（四）权益保障原则

《行政许可法》第7条规定："公民、法人或者其他组织对行政机关实施行政许可，享有陈述权、申辩权；有权依法申请行政复议或者提起行政诉讼；其合法权益因行政机关违法实施行政许可受到损害的，有权依法要求赔偿。"根据该规定，实施行政许可应当做到：

1. 在实施行政许可的各个环节，公民、法人或其他组织都享有陈述权、申辩权。

2. 对依法需要听证的事项，行政许可的实施主体必须依法告知申请人和其他利害关系人享有听证的权利，并依法举行听证。听证必须允许申请人和其他利害关系人申辩和质证。

3. 公民、法人或其他组织对行政许可不服，有权申请行政复议或者提起行政诉讼，行政机关应当积极参加行政复议或者行政诉讼。

4. 因行政许可实施主体违法实施行政许可而造成公民、法人或其他组织损害的，其应当依法承担赔偿责任。

（五）信赖保护原则

信赖保护原则的基础是公众对自己国家及国家权力的信任，如果这种信任没有得到很好的保护，甚至受到损害，公众个人权利、公共利益乃至整个经济和社会发展都将处于不稳定、不连续的状态之中。

信赖保护原则的基本内涵是：原则上，公民、法人或其他组织依法取得的行政许可受法律保护，行政机关不得擅自改变已经生效的行政许可，除非行政许可所依据的法律、法规、规章被修改或者废止，或者准予行政许可所依据的客观情况发生重大变化，为了公共利益的需要，确需依法变更或者撤回已经生效的行政许可。但是，由此给公民、法人或其他组织造成财产损失的，行政机关应当依法给予补偿。

（六）监督检查原则

监督检查原则是指有权机关应当依法加强对行政机关实施行政许可的监督检查和对公民、法人或其他组织从事行政许可事项的活动实施有效监督。根据《行政许可法》的规定，行政许可的监督包括以下两个方面：

1. 行政机关内部的监督，主要表现为一种层级监督权。行政许可作为一项重要的行政权，县级以上人民政府应当建立健全对行政机关实施行政许可的监督制度，加强对行政机关实施行政许可的监督检查。

2. 行政机关对相对人的监督。即实施行政许可的机关对公民、法人或其他组织从事行政许可事项的活动进行有效监督，是行政许可权的重要组成部分。行政许可法确定了"谁许可、谁监督"的原则，设专章规定了行政机关对公民、法人或其他组织从事行政许可事项的活动进行监督的制度。因监督不力导致危险发生的，实施行政许可的机关应当负法律责任。

三、行政许可的种类

（一）学理上的分类

1. 行为许可和资格许可。以行政许可的目的和形式为标准，行政许可可以分为行为许可和资格许可。行为许可是指符合条件的申请人从事某项活动的许可，如经营某种商品许可。资格许可是指行政机关对申请人的申请，经过一定的考核程序，发给证明文书，使其享有某种资格或者承认其具有某种能力的许可。

2. 一般许可和特别许可。以行政许可的范围为标准，行政许可可以分为一般许可和特别许可。一般许可是指只要符合法律、法规规定的一般条件，就可以向主管部门提出申请，对申请人并无特殊限制的许可。特别许可是指法律、法规对申请人或者申请事项予以特别限制的许可。

3. 权利性许可和附义务的许可。以行政许可是否附加义务为标准，行政许可可以分为权利性的许可和附义务的许可。权利性的许可是指被许可人不承担作为的义务，可以自由放弃被许可的权利。附义务的许可是指被许可人获得许可的同时，要承担作为的义务，被许可人必须在一定时期内从事该项活动的许可。

4. 排他性许可和非排他性许可。以行政许可享有的程度为标准，行政许可可以分为排他性许可和非排他性许可。排他性许可是指某一被许可人获得该项许可后，其他个人或者组织都不能再申请获得该许可。非排他性许可是指任何个人或者组织只要具备法定条件，都能申请并获得许可。

5. 独立证书许可和附文件许可。以行政许可能否单独使用为标准，行政许可可以分为独立证书许可和附文件许可。独立证书许可是指单独的行政许可证便足以表明持证人被许可的活动范围、方式、时间等，无须其他文件加以补充说明的行政许可。附文件许可是指受特殊条件的限制，必须附加文件予以说明被许可的活动范围、方式、时间等，否则无法使用的行政许可。[1]

（二）《行政许可法》的分类

1. 普通许可。这是指行政机关准予符合法定条件的公民、法人或其他组织从事特定活动的行为，是实践中运用最广泛的行政许可。

2. 特许。这是行政机关代表国家依法向行政相对人出让、转让某种特定权利，是赋权的行政许可，主要适用于自然资源的开发利用、有限公共资源的配置、直接关系公共利益的垄断性企业的市场准入等。

3. 认可。这是指由行政机关对申请人是否具备特定技能的认定，主要适用于为公众提供服务、直接关系公共利益并且要求具有特殊信用、特殊条件或者特殊技能的资格、资质的申请人。

4. 核准。这是指由行政机关对某些事项是否达到特定技术标准、技术规范的判断、审核、认定。

5. 登记。这是指行政机关确立企业或者其他组织特定主体资格、特定身份，使其获得合法从事涉及公众关系的经济、社会活动的能力的许可。

第二节　行政许可的设定

理论知识

《行政许可法》根据行政许可的原则，确立了一系列重要制度，从行政许可的设定和实施两个环节对行政许可进行了全面规范。

一、行政许可的设定范围

所谓行政许可的设定范围，就是根据设定行政许可应当遵循的价值取向，在立法上确定什么事项可以设定行政许可，什么事项不能设定行政许可。

（一）可以设定行政许可的事项范围

根据《行政许可法》第 12 条的规定，可以设定行政许可的事项主要包括：

1. 直接涉及国家安全、公共安全、经济宏观调控、生态环境保护以及直接关系人身健康、生命财产安全等特定活动，需要按照法定条件予以批准的事项。

---

[1] 方世荣、石佑启主编：《行政法与行政诉讼法》，北京大学出版社 2005 年版，第 214 页。

2. 有限自然资源开发利用、公共资源配置以及直接关系公共利益的特定行业的市场准入等，需要赋予特定权利的事项。

3. 提供公众服务并且直接关系公共利益的职业、行业，需要确定具备特殊信誉、特殊条件或者特殊技能等资格、资质的事项。

4. 直接关系公共安全、人身健康、生命财产安全的重要设备、设施、产品、物品，需要按照技术标准、技术规范，通过检验、检测、检疫等方式进行审定的事项。

5. 企业或者其他组织的设立等，需要确定主体资格的事项。如工商企业登记、社团登记等。

6. 法律、行政法规规定可以设定行政许可的其他事项。也就是说，法律、行政法规可以对上述五类事项以外的其他事项设定行政许可。

（二）可以不设定行政许可的事项范围

由于《行政许可法》第12条规定的可以设定行政许可的事项范围比较宽泛，也比较原则性，从这些事项的性质、特点来看都是属于可以设定行政许可的，但是就具体的领域来看，有的可以不设定行政许可，而通过采取其他方式解决，所以《行政许可法》第13条规定，本法第12条所列事项，通过下列方式能够予以规范的，可以不设行政许可：

1. 公民、法人或其他组织能够自主决定的事项。从法理上讲，凡是法律不禁止的，就是公民、法人或其他组织的权利。只要是作为社会成员的公民、法人或其他组织能够自主决定的事情，都应该留给他们自己去做主，不仅政府不要去干预，自治组织也不要去干预。这应当成为现代政治文明的一个标准。

2. 市场竞争机制能够有效调节的事项。市场是一切商品的交换场所，是商品交换关系或者供求关系的总和。在社会主义市场经济体制下，应当充分发挥市场在资源配置中的基础性作用，凡是市场竞争机制能够解决的问题，政府就不要用行政许可的方式去管理。

3. 行业组织或者中介机构能够自律管理的事项。行业组织或者中介机构是联系市场主体和政府的桥梁，它具有自律性、服务性、公正性、能充分反映市场主体的利益和要求等特点。因此，自律管理往往成本比较低、效率比较高。随着社会主义市场经济体制的完善，现行的许多资质资格的许可、产品质量的许可等，将退出行政许可的范围，由行业组织或者中介机构的自律管理来替代。

4. 行政机关采用事后监督等其他行政管理方式能够解决的事项。行政管理方式多种多样，除行政许可这种事前监督方式外，还有备案、制定标准、处罚等方式。相比而言，行政许可作为一种事前监督管理的方式，其主观性强，运作的成本高、风险也大。事后监督方式比行政许可方式的成本要低。因此，凡是能够采用事后监督方式解决的事项，尽量不设定行政许可。

二、行政许可的设定权

行政许可的设定权，是指哪一级国家机关有权设定行政许可、以何种形式设定行政许可、设定行政许可有哪些限制。它属于立法行为的范畴。《行政许可法》对此从三个方面作了规定：

（一）行政许可的设定主体

行政许可的设定主体，就是有权设定行政许可的国家机关。根据《行政许可法》的规定，全国人大及其常委会，国务院，省、自治区、直辖市人大及其常委会，省、自治区、直辖市人民政府，依照《行政许可法》规定的权限可以设定行政许可。其他国家机关，包括国务院部门，一律无权设定行政许可。

（二）行政许可的设定形式

行政许可的设定形式，就是什么样的规范性文件才能设定行政许可。根据《行政许可法》的规定，法律，行政法规，国务院的决定，地方性法规，省、自治区、直辖市人民政府规章，在法定权限范围内可以设定行政许可；其他规范性文件，包括国务院部门规章，一律不得设定行政许可。

（三）行政许可的设定权限

《行政许可法》对设定行政许可的权限作出以下的规定：

1. 法律的行政许可设定权。凡《行政许可法》规定可以设定行政许可的事项，法律都可以设定行政许可。

2. 行政法规的行政许可设定权。对可以设定行政许可的事项，尚未制定法律的，行政法规可以设定行政许可。但是，法律已经设定行政许可的，行政法规不得超越法律的规定，而只能作具体化的规定。

3. 国务院决定的行政许可设定权。国务院决定是指国务院制定的管理经济、文化、社会事务的行政法规以外的规范性文件。国务院发布决定的权力来源于《宪法》第89条的规定。《行政许可法》第14条第2款规定："必要时，国务院可以采用发布决定的方式设定行政许可。实施后，除临时性行政许可事项外，国务院应当及时提请全国人民代表大会及其常委会制定法律，或者自行制定行政法规。"

4. 地方性法规、省级政府规章的行政许可设定权。尚未制定法律、行政法规的，地方性法规可以设定行政许可；尚未制定法律、行政法规和地方性法规的，因行政管理的需要，确需立即实施行政许可的，省、自治区、直辖市人民政府规章可以设定临时性的行政许可。临时性的行政许可实施满一年需要继续实施的，应当提请本级人民代表大会及其常务委员会制定地方性法规。

为了维护市场经济秩序，促进全国统一市场的形成，维护市场的公平竞争，针对有些地方利用行政许可实施地方封锁、地方保护的现象，《行政许可法》还规定："地方性法规和省、自治区、直辖市人民政府规章，不得设定应当由国家统一确定的公民、法人或者其他组织的资格、资质的行政许可；不得设定企业或者其他组织的设立登记及其前置性行政许可。其设定的行政许可，不得限制其他地区的个人或者企业到本地区从事生产经营和提供服务，不得限制其他地区的商品进入本地区市场。"

三、设定行政许可应当遵循的规则

（一）设定行政许可，应当明确规定行政许可的实施机关、条件、程序、期限

按照依法行政和规范行政许可实施行为的要求，设定行政许可的法律规范都应当具体、明确，以便于遵守和执行，真正解决实际问题。

（二）设定行政许可应当听取意见、说明理由

为保证设定行政许可的合理性，防止有关行政许可立法的部门保护主义、地方保护主义倾向，提高行政许可的制度质量，确保行政许可法律制度真正做到便民、为民，除了要从立法权、立法事项上规范行政许可的设定行为，对设定行政许可的程序也应当提出要求。《行政许可法》第 19 条规定："起草法律草案、法规草案和省、自治区、直辖市人民政府规章草案，拟设定行政许可的，起草单位应当采取听证会、论证会等形式听取意见，并向制定机关说明设定该行政许可的必要性、对经济和社会可能产生的影响以及听取和采纳意见的情况。"

（三）设定行政许可评价制度

行政许可的设定机关应当定期对其设定的行政许可进行评价，对于随着形势的发展不再需要实施行政许可的，应当对设定该行政许可的规定及时予以修改或者废止。设定行政许可的必要性、范围大小、实施手段应当随着经济社会环境的变化而变更。行政许可事项存在的合理性不是静止的，对其认识、评价也应与时俱进，随着经济社会环境的变迁不断有所调整。

第三节 行政许可的实施

本节引例

夏春官等4人诉东台市环境保护局环评行政许可案[1]

夏春官等4人系江苏省东台市东台镇景范新村19幢的住户，其住宅与四季辉煌沐浴广场（原审第三人）上下相邻。四季辉煌沐浴广场为新建洗浴服务项目，在涉案地段承租了营业用房作为经营场地，项目投资250万元，其中环保投资25万元，先后于2013年2月25日就涉案建设项目报东台市东台镇人民政府审批，于2013年3月12日向东台市环境保护局（以下简称市环保局）提交了《建设项目环境影响申报（登记）表》，并根据该局有关须委托有资质的环评单位编制环境影响报告表的意见，委托东台市环境科学研究所编制相关报告表，其后送至该局进行审批。2013年4月1日，市环保局作出《关于对东台市东台镇四季辉煌沐浴广场洗浴服务项目环境影响报告表的审批意见》（以下简称《审批意见》），同意四季辉煌沐浴广场在景范新村17号楼及19号楼之间新建洗浴服务项目，并对该项目在运营过程中产生的废、污水的处理、场界噪声对邻近声环境质量的影响及各类固体废物处置等提出了具体要求。夏春官等4人认为市环保局在没有召开座谈会、论证会以及征询公众意见的情况下，即作出《审批意见》，侵犯了其合法权益，故提起行政诉讼，请求法院撤销该《审批意见》。

问题：环保机关作出的《审批意见》是否违反法定程序？

理论知识

行政许可的实施，是指国家行政机关和有关组织依法为公民、法人或其他组织具体办理行政许可的行为。这是重要的行政执法行为。《行政许可法》对实施行政许可的主体、程序以及费用等作了明确规定。

一、行政许可的实施主体

行政许可的实施主体是针对行政许可的设定主体而言的，其包括以下三种

---

〔1〕 案件来源：中国法院网，https://www.chinacourt.org/article/detail/2014/12/id/1519866.shtml，有删改。本案是一起典型的体现公众参与原则的环保行政许可案件，同时也是一起与群众利益息息相关的民生案件。人民法院通过严格审慎的审查，分析了《行政许可法》第47条有关是否存在"重大利益关系"以及听证程序的适用条件。

情况：①享有行政许可权的行政机关；②法律、法规授权的组织；③依照法律、法规或者规章的规定，接受其他行政机关的委托而实施行政许可的行政机关。

（一）法定的行政机关

行政许可作为一项重要的行政权力，原则上只能由行政机关实施。因此，《行政许可法》规定，行政许可由具有行政许可权的行政机关在其法定职权范围内实施。这既是对行政机关实施行政许可的基本要求，也是对行政许可实施主体的一般规定。

（二）被授权的具有管理公共事务职能的组织

《行政许可法》第 23 条规定，法律、法规授权的组织成为行政许可实施主体必须具备以下条件：

1. 从授权的方式上来看，授权必须以法律、法规的方式进行，这里的法规包括行政法规和地方性法规。这就意味着授权必须是公开的、规范的，以法律、行政法规或者地方性法规以外的方式授权其他组织行使行政许可权是无效的。

2. 被授权实施行政许可的主体应当是具有管理公共事务职能的组织。

3. 被授权的组织在授权范围内以自己的名义实施行政许可。

《行政许可法》第 28 条规定："对直接关系公共安全、人身健康、生命财产安全的设备、设施、产品、物品的检验、检测、检疫，除法律、行政法规规定由行政机关实施的外，应当逐步由符合法定条件的专业技术组织实施。专业技术组织及其有关人员对所实施的检验、检测、检疫结论承担法律责任。"

（三）被委托组织

行政许可权作为一种公权力，具有不可随意转让和处置性，确因实际工作需要而将部分行政许可实施权委托其他行政机关行使也要遵循严格的规则。《行政许可法》第 24 条规定，委托实施行政许可必须具备以下条件：

1. 委托主体只能在其法定职权范围内委托实施行政许可。

2. 委托实施行政许可的依据必须是法律、法规和规章，非依法律、法规、规章的规定，行政机关无权委托其他行政机关实施行政许可。

3. 委托行政机关必须对受委托行政机关实施行政许可的行为负责监督，并对该行为的后果承担法律责任。

4. 受委托行政机关必须在委托范围内，以委托行政机关名义实施行政许可，并且不得再委托其他组织或者个人实施行政许可。

5. 委托行政机关应当将受委托行政机关和受委托实施行政许可的内容予以公告。

（四）相对集中实施行政许可权

为了方便群众，提高行政效率，根据行政管理体制改革的精神，《行政许可法》对行政许可的实施体制还作了以下三个方面的规定：

1. 相对集中行政许可权。经国务院批准，省、自治区、直辖市人民政府根据精简、统一、效能的原则，可以决定一个行政机关行使有关行政机关的行政许可权。相对集中行政许可权的优点在于：一是原来由多个部门行使的许可权统一由一个部门行使，有助于从源头上彻底消除多头许可的弊端。二是由一个部门统一实施行政许可，可以避免多部门分别许可可能产生的各种矛盾，提高许可效率，降低许可成本。三是促进行政许可事项本身的整合、归并，加快市场准入。

2. "一个窗口"对外。行政许可需要行政机关内设的多个机构办理的，该行政机关应当确定一个机构统一受理行政许可申请，统一送达行政许可决定。

3. 统一办理、联合办理或者集中办理。行政许可依法由地方人民政府两个以上部门分别实施的，有三种可供选择的方案：一是本级人民政府可以确定一个部门受理行政许可申请，并转告有关部门分别提出意见后统一办理。二是本级人民政府可以组织有关部门联合办理。三是本级人民政府可以组织有关部门集中办理。

二、行政许可的实施程序

行政许可的实施程序指行政许可的实施机关从受理行政许可申请到作出各种行政许可决定的步骤、方式和时限的总称。行政许可的实施程序是规范行政许可行为、防止滥用权力、保证正确行使权力的重要环节。《行政许可法》设专章对行政许可的实施程序予以规范。针对不同行政许可事项的不同特点，《行政许可法》既规定了实施行政许可时从申请、受理到作出行政许可决定的一般程序，又针对若干种行政许可规定了特别的程序。

（一）一般程序

1. 申请与受理。申请与受理是行政许可实施程序的启动阶段。申请人表达其拟从事需要取得行政许可事项的活动，可以有多种方式。申请人可以委托代理人提出行政许可申请，但是，依法应当由申请人到行政机关办公场所提出行政许可申请的除外。行政许可申请还可以通过信函、电报、电传、传真、电子数据交换和电子邮件等方式提出。从便民的原则出发，如果申请行政许可需要采用格式文本的，行政机关应当向申请人提供申请书格式文本。行政机关制定的申请书格式文本，其内容应当简单明了，通俗易懂。还应当指导申请人填写申请书格式文本，行政机关可以示范如何填写有关申请书，也可以公开填写好的行政许可申请书示范文本。为了便于申请人提出行政许可申请，提高行政机关工作效率，同时，也为了解决因有关行政许可规定不够公开、透明而带来的行政机关实施许可"暗箱操作"的问题，《行政许可法》明确要求行政机关公示有关实施行政许可的规定，并向申请人提供准确、可靠的答复。申请人申请行政许可，应当如实向行政机关提交有关材料和反映真实情况，并对其申请材料实质内容的真实性负责。

上下级行政机关对同一事项实施行政许可的，申请人只需要将申请材料递交给下级行政机关，由下级行政机关在法定期限内将初步审查意见和全部申请材料直接报送上级行政机关。多层级行政机关实施行政许可的，上级行政机关不得重复要求申请人报送有关材料。如果上级行政机关要求申请人报送的材料与下级行政机关审查的材料并不重复的，上级行政机关可以要求申请人提供，但前提是，该材料应当是与申请行政许可事项有关的并且是依法必须由申请人提供的。

行政机关收到行政相对人的行政许可申请后，要确定是否予以受理，应当根据下列情况分别作出处理：①申请事项依法不需要取得行政许可的，应当即时告知申请人不受理，并出具加盖本行政机关专用印章和注明日期的书面凭证。②申请事项依法不属于本行政机关职权范围的，应当即时作出不予受理的决定，并出具加盖本行政机关专用印章和注明日期的书面凭证。③申请材料存在可以当场更正的错误的，如文字错误、计算错误等，应当允许申请人当场更正。④申请材料不齐全或者不符合法定形式的，应当当场或者在 5 日内一次性告知申请人需要补正的全部内容，逾期不告知的，自收到申请材料之日起即为受理。⑤申请事项属于本行政机关职权范围，申请材料齐全、符合法定形式，或者申请人按照本行政机关的要求提交全部补正申请材料的，应当受理行政许可申请，并出具加盖本行政机关专用印章和注明日期的书面凭证。

2. 审查与决定。行政机关受理行政许可申请后，应当对申请人提交的申请材料进行审查。审查的方式主要有：①书面审查。行政机关审查行政许可申请材料最主要的方式是书面审查，即只审查申请人申请材料反映的内容。②实地核查。根据法定条件和程序，需要对申请材料的实质内容进行核实的，行政机关应当指派 2 名以上工作人员进行核查。核实申请材料反映的内容是否与实际一致。③听取申请人、利害关系人的意见。行政机关在对行政许可申请进行审查后，发现行政许可事项直接关系申请人以外第三人的重大利益，如可能关系相邻权人的采光权的，以及关系重大公共利益的，如有关规划许可、建筑许可等，行政机关在作出准予行政许可的决定前，应当告知利害关系人并听取其意见。在有数量限制的行政许可中，多人同时提出行政许可申请的，行政机关拟对其中一部分申请人作出准予行政许可的决定前，应当告知其他申请人，并听取其意见。

行政机关对行政许可申请进行审查后，除当场作出行政许可决定的外，应当在法定期限内按照规定程序作出行政许可决定。申请人的申请符合法定条件、标准的，行政机关应当依法作出准予行政许可的书面决定。行政机关依法作出不予行政许可的书面决定的，应当说明理由，并告知申请人享有依法申请行政复议或者提起行政诉讼的权利。

行政机关作出准予行政许可的决定，需要颁发行政许可证件的，应当向申请人颁发加盖本行政机关印章的行政许可证件。

行政机关作出的准予行政许可决定，应当予以公开，公众有权查阅。

法律、行政法规设定的行政许可，其适用范围没有地域限制的，申请人取得的行政许可在全国范围内有效。

（二）行政许可的听证程序

在行政许可实施程序中设立听证程序，有助于提高行政许可决定的公正性、公开性和可接受性。

1. 适用听证程序的行政许可事项。

（1）行政机关应当主动举行听证的事项。根据《行政许可法》第46条的规定，行政机关应当主动举行听证的事项限于两类：①法律、法规、规章规定实施行政许可应当听证的事项；②行政机关认为需要听证的事项。法律、法规、规章没有规定实施行政许可应当听证的，行政机关就没有主动听证的义务。行政机关主动听证的事项，一般是涉及公共利益的重大事项，目的是便于行政机关掌握有关信息，维护社会公共利益。因此，参加听证的人员不仅应当包括申请人，还应当包括与行政许可事项有关的其他社会公众。为便于社会公众参加听证，行政机关对听证事项应当予以公告。

（2）行政机关应申请举行听证的行政许可事项。《行政许可法》第47条规定，行政许可直接涉及申请人与他人之间重大利益关系的，行政机关在作出行政许可决定前，应当告知申请人、利害关系人享有要求听证的权利；申请人、利害关系人在被告知听证权利之日起5日内提出听证申请的，行政机关应当在20日内组织听证。

2. 听证的程序。听证按照下列程序进行：①行政机关应当于举行听证的7日前将举行听证的时间、地点通知申请人、利害关系人，必要时予以公告。②除涉及国家秘密、商业秘密或者个人隐私外，听证应当公开举行，听证过程对社会公众开放，允许公众和新闻界参加旁听。③由行政机关指定审查该行政许可申请的工作人员以外的人员为听证主持人，申请人、利害关系人认为主持人与该行政许可事项有直接利害关系的，有权申请回避。④举行听证时，审查该行政许可申请的工作人员应当提供审查意见的证据、理由，申请人、利害关系人可以提出证据，并进行申辩和质证。⑤制作笔录。听证笔录应当交听证参加人确认无误后签字或者盖章。《行政许可法》第48条第2款规定，行政机关应当根据听证笔录，作出行政许可决定。也就是说，对应当听证的行政许可，行政机关作出准予行政许可、拒绝行政许可的决定，都必须以听证中所展示并经过对质得以认证的、确有证明力的证据作为事实依据，而这些事实依据又都必须是听证记录中有所记载的。

本节引例中，被诉行政行为属于涉及建设项目环境影响评价的行政许可行为，应当按照行政许可法规定的程序进行审批。根据《行政许可法》第47条规定"行政许可直接涉及申请人与他人之间重大利益关系的，行政机关在作出行政许可决定前，应当告知申请人、利害关系人享有要求听证的权利……"对何谓"重大利益关系"，我国现行法律、法规、规章以及司法解释虽无具体规定，但涉及民生利益的问题，不应排除在"重大利益关系"之外。本案原告夏春官等4人的住宅与第三人四季辉煌沐浴广场相邻。第三人新建的洗浴项目投入运营后所产生的潮湿及热、噪声污染等，不能排除对原告的生活造成重大影响的可能，应当认定与审批项目存在重大利益关系。环保机关在审查和作出这类事关民生权益的行政许可时，应当告知夏春官等人享有陈述、申辩和听证的权利，并听取其意见，环保机关未告知即作出《审批意见》违反法定程序。据此，一审法院判决撤销该《审批意见》。二审法院认定市环保局未履行告知听证义务，一审法院判决违反法定程序并无不当，故判决驳回上诉，维持原判。

（三）行政许可实施程序的特别规定

"特别规定"是关于行政许可实施程序的"特别法"，是对行政许可实施一般程序的补充。行政机关实施行政许可时，如果有特别程序的，适用特别程序；没有特别程序的，适用一般程序。《行政许可法》第四章第六节对此作出了专门规定。行政许可实施程序的特别规定主要有：

1. 国务院实施行政许可的程序。由于国务院实施的行政许可通常都涉及重大、复杂的事项，不可能按照行政许可法的一般程序进行，对国务院实施行政许可的程序，法律、行政法规往往有特殊规定。《行政许可法》第52条规定："国务院实施行政许可的程序，适用有关法律、行政法规的规定。"此规定充分考虑了国务院实施行政许可的特殊性。应当注意的是，《行政许可法》第52条只是对国务院实施行政许可的程序作了特别规定。国务院设定行政许可的程序，仍然适用行政许可法的规定。

2. 特许程序。实施涉及有限自然资源开发利用、公共资源配置以及直接关系公共利益的特定行业的市场准入等需要赋予特定权利的事项的许可，应遵循特别程序。原则上，行政机关应当通过招标、拍卖等公平竞争的方式作出决定。但是，法律、行政法规另有规定的，依照其规定。行政机关通过招标、拍卖等方式作出行政许可决定的具体程序，依照有关法律、行政法规的规定。行政机关按照招标、拍卖程序确定中标人、买受人后，应当作出准予行政许可的决定，并依法向中标人、买受人颁发行政许可证件。对于特许事项，行政机关如果不采用招标、拍卖方式，或者违反招标、拍卖程序，损害申请人合法权益的，申请人可以依法申请行政复议或者提起行政诉讼。

3. 认可程序。实施涉及提供公众服务并且直接关系公共利益的职业、行业，需要确定具备特殊信誉、特殊条件或者特殊技能等资格、资质的事项的行政许可，应遵循特别程序。赋予公民特定资格、依法应当举行国家考试的，行政机关应当根据考试成绩和其他法定条件作出行政许可决定；赋予法人或者其他组织特定的资格、资质的，行政机关应当根据申请人的专业人员构成、技术条件、经营业绩和管理水平等的考核结果作出行政许可决定。但是，法律、行政法规另有规定的，依照其规定。

4. 核准程序。实施直接关系公共安全、人身健康、生命财产安全的重要设备、设施、产品、物品，需要按照技术标准、技术规范，通过检验、检测、检疫等方式进行审定的事项的行政许可，应当遵循特别程序。对此类许可，应当按照技术标准、技术规范依法进行检验、检测、检疫，行政机关应当根据检验、检测、检疫的结果作出行政许可决定。

5. 登记程序。实施对企业或者其他组织的设立等需要确定主体资格的事项，主要是企业注册和社团登记的许可，应当遵循特别程序。对此类许可，在通常情况下，行政机关只对申请人提供的材料进行形式审查，只要申请材料齐全、符合法定形式，行政机关就应当场予以登记，行政机关对是否予以行政许可没有自由裁量权。相对于其他行政许可，这类行政许可是行政管理色彩最弱的一类，行政机关对于行政许可承担的责任也最轻。

（四）实施行政许可的期限

1. 行政机关作出行政许可决定的一般期限。除可以当场作出行政许可决定的外，行政机关应当自受理行政许可申请之日起 20 日内作出行政许可决定。20日内不能作出决定的，经本行政机关负责人批准，可以延长 10 日，并应当将延长期限的理由告知申请人。但是，法律、法规另有规定的，依照其规定；行政许可采取统一办理或者联合办理、集中办理的，办理的时间不得超过 45 日；45日内不能办结的，经本级人民政府负责人批准，可以延长 15 日，并应当将延长期限的理由告知申请人。

2. 多层级行政机关实施行政许可时下级行政机关的审查期限。依法应当先经下级行政机关审查后报上级行政机关决定的行政许可，下级行政机关应当自其受理行政许可申请之日起 20 日内审查完毕。但是，法律、法规另有规定的，依照其规定。

3. 颁发、送达行政许可证件的期限。行政机关作出准予行政许可的决定，应当自作出决定之日起 10 日内向申请人颁发、送达行政许可证件，或者加贴标签，加盖检验、检测、检疫印章。

行政机关作出行政许可决定，依法需要听证、招标、拍卖、检验、检测、检疫、鉴定和专家评审的，所需时间不计算在规定的期限内。

（五）行政许可的费用

《行政许可法》规定，行政机关实施行政许可和对行政许可事项进行监督检查，不得收取任何费用，除非法律、行政法规另有规定。

第四节　行政许可的监督检查与法律责任

本节引例

卢红等 204 人诉杭州市萧山区环境保护局环保行政许可案[1]

杭州萧山城市建设投资集团有限公司（以下简称城投公司，原审第三人）因涉案风情大道改造及南伸项目建设需要，委托浙江省工业环保设计研究院有限公司（以下简称省环保设计院）对该项目进行环境影响评价。在涉案环评报告书编制过程中，城投公司分别在建设项目所涉区域对案涉项目的基本情况及其对周边环境可能造成的影响、预防或减轻不良环境影响的对策和措施、环境影响评价结论要点等内容进行了两次公示。省环保设计院通过发放个人调查表和团体调查表的方式进行了公众调查。2012 年 4 月 20 日，杭州市萧山区环境保护局（以下简称区环保局）与城投公司、省环保设计院和邀请的专家召开了涉案项目环境影响报告书技术评审会并形成评审意见。同年 4 月 23 日，区环保局

---

〔1〕　案件来源：中国法院网，https://www.chinacourt.org/article/detail/2014/12/id/1519518.shtml，有删改。本案属于法院典型案件。典型意义在于：环保机关受理环境影响报告书审批申请的基本前提是该报告书已正式形成，且环保机关受理后应依法履行公开该报告书并征求公众意见的程序后，才可予以审批。人民法院要严格审查行政行为是否履行了法定程序和正当程序，是否充分尊重了当事人的知情权、表达权，如果认为行政行为存在程序违法或明显不当的，有权确认违法或予以撤销。

在区办事服务中心大厅的公示栏内张贴案涉项目的《环保审批公示》……2012年5月29日，区环保局与城投公司、省环保设计院和邀请的专家召开案涉环评报告书（复审稿）技术复审评审会并形成复审意见。2012年6月，省环保设计院形成环评报告书的送审稿。同年6月28日，城投公司向区环保局报送该环评报告书及相关的申请材料，申请对该环评报告书予以批准。区环保局于同日作出《关于风情大道改造及南伸（金城路—湘湖路）工程环境影响报告书审查意见函》（以下简称《审查意见函》），同意该项目在萧山规划许可的区域内实施。

卢红等204人称，其均为萧山区风情大道湘湖段"苏黎世小镇"和"奥兰多小镇"两小区的居民。因不服萧山区发展和改革局审批的"风情大道改造及南伸（金城路—湘湖路）工程"可行性研究报告，向杭州市发展和改革委员会提起行政复议。在复议期间，萧山区发展和改革局提供了区环保局的《审查意见函》作为其审批依据。该204人认为涉案项目的建设将对两个小区造成不利影响，区环保局的行政许可行为侵害其合法权益，遂以该局为被告提起行政诉讼，请求法院撤销上述《审查意见函》。

问题：区环保局的行政许可行为是否合法？

理论知识

一、行政许可的监督检查

（一）行政许可监督检查的概念

行政许可制度的真正实施有赖于对行政许可实施机关和被许可人从事许可事项的有效监督。行政许可监督检查，泛指有权行政机关对依法实施的行政许可的事项进行了解、检查、监督及纠正的活动。[1] 行使监督检查权的机关，既可以是颁发行政许可证的行政主体，也可以是非颁发许可证但依法享有监督权的行政主体。行政许可的监督检查是行政许可权的自然延伸。

（二）行政许可监督检查的种类

根据《行政许可法》第60条和第61条的规定，行政许可的监督检查主要包括有权机关对行政许可机关的许可行为的监督检查和对被许可人实施行政许可行为的监督检查。

1. 有权机关对行政许可机关的许可行为监督检查，属于行政机关内部的层级监督。国务院及其部门、县级以上地方各级人民政府及其部门都要建立监督

---

〔1〕 王文革主编：《行政法与行政诉讼法案例教程》，法律出版社2005年版，第119页。

制度，加强对下级行政机关及其工作人员行使行政许可权的情况进行监督检查；要完善许可权的运行程序，强化监督，制定监督规范，形成跟踪、有效的监督机制，从制度上严格防止行政许可权的滥用和在行政许可方面的腐败。

2. 对被许可人实施行政许可行为的监督检查，主要是指行政机关依照法定职权，对被许可人从事行政许可事项的活动是否遵守法律、法规、规章以及行政命令等情况的了解、检查、监督以及纠正的活动。对被许可人实施行政许可行为的监督检查主体主要是行政许可机关。

（三）行政许可监督检查的具体方式

1. 书面审查。行政机关对被许可人的监督，原则上应当采取书面监督的方式，即通过核查反映被许可人从事行政许可事项活动情况的有关材料，履行监督责任。这样既可以保证监督的效果，又可以防止监督扰民、增加企业负担。行政机关应当将监督检查情况和处理结果的记录签字归档，供公众查阅。这对增强行政机关工作人员的责任心、促进被许可人诚实守信具有重要作用。同时，行政机关应当创造条件，实现与被许可人、其他有关行政机关的计算机档案系统互联，核查被许可人从事行政许可事项的活动情况。

2. 抽样检查、检验、检测和实地检查、定期检验。行政机关可以对被许可人生产经营的产品依法进行抽样检查、检验、检测，对其生产经营场所依法进行实地检查。检查时，行政机关可以依法查阅或者要求被许可人报送有关材料；被许可人应当如实提供有关情况和材料。

3. 社会公众监督。在实践中，行政机关受到人力、物力、财力等条件的制约，不可能采取"人盯人"的方式对所有的被许可事项实施普遍监督，也不可能随时监督。而与被许可人打交道的其他公民、法人或其他组织则能随时发现被许可事项违法活动的信息。只有通过发动全社会的力量，调动广大人民群众的积极性，才能对被许可事项实施更有效的监督，及时发现违法行为并作出相应的处理。同时，大多数许可都涉及不特定多数人的利益，个人和组织从维护自身合法权益出发，也有监督的内在动力。因此，个人和组织发现违法从事行政许可事项的活动，有权向行政机关举报，行政机关应当及时核实、处理。

（四）行政许可的撤销与注销

1. 行政许可的撤销。根据《行政许可法》第69条的规定，作出行政许可决定的行政机关或者其上级行政机关，根据利害关系人的请求或者依据职权，查明有下列情况之一的，可以撤销行政许可：①行政机关工作人员滥用职权、玩忽职守作出准予行政许可决定的；②超越法定职权作出准予行政许可决定的；③违反法定程序作出准予行政许可决定的；④对不具备申请资格或者不符合法定条件的申请人准予行政许可的；⑤依法可以撤销行政许可的其他情形。

出现上述情形之一而被撤销的行政许可，导致被许可人的合法权益受到损害的，行政机关应当依法给予赔偿，赔偿以被许可人因此受到的实际损害为限。

被许可人以欺骗、贿赂等不正当手段取得行政许可的，应当予以撤销。被许可人基于行政许可取得的利益不受保护。因撤销而致被许可人利益损害的，行政机关不予赔偿。

在某种情况下，虽然发生行政机关可以撤销许可的情形或者行政机关应当撤销许可的情形，但是，撤销该许可可能对公共利益造成重大损害的，行政机关应不予撤销。

本节引例中，根据《行政许可法》第69条规定，作出行政许可决定的行政机关或者其上级行政机关，根据利害关系人的请求或者依据职权，查明有下列情况之一的，可以撤销行政许可：……③违反法定程序作出准予行政许可决定的；根据《浙江省建设项目环境保护管理办法》（以下简称《办法》）第22条规定，环保行政机关受理环境影响报告书审批申请后，除了依法需要保密的建设项目，仍需通过便于公众知晓的方式公开受理信息和环境影响报告书的查询方式以及公众享有的权利等事项，并征求公众意见，征求公众意见的期限不得少于7日。本案中，被告区环保局称其2012年4月23日受理第三人城建公司就案涉环评报告书提出的审批申请，而第三人委托评价单位省环保设计院编制的、用于申请被告批准的涉案环评报告书（报批稿）形成于2013年6月。因此，即使被告确实是2012年4月23日受理了第三人的申请，由于需要审批的环评报告书（报批稿）此时尚未编制完成，被告主张的受理行为亦不合法。被告在《承诺受理通知书》中明确表示第三人向其申请环评审批的时间是2012年6月28日，而被告于同日即作出被诉《审查意见函》，对案涉环评报告书予以批准，其行为明显违反《办法》第22条关于环评审批行政机关在审批环节应进行公示和公众调查的相关规定，严重违反法定程序。据此，一审法院判决撤销被告作出《审查意见函》的具体行政行为。一审宣判后，各方当事人均未上诉。

2. 行政许可的注销。基于特定事实的出现，行政机关有权依据法定程序收回行政许可证件或者公告行政许可失去效力，注销行政许可。已经作出的行政许可决定自注销决定生效之日起失去效力，公民、法人或其他组织继续从事该项活动的行为构成违法。根据《行政许可法》第70条的规定，有下列情形之一的，行政机关应当依法办理有关行政许可的注销手续：①行政许可有效期届满未延续的；②赋予公民特定资格的行政许可，该公民死亡或者丧失行为能力的；③法人或者其他组织依法终止的；④行政许可依法被撤销、撤回，或者行政许可证依法被吊销的；⑤因不可抗力导致行政许可事项无法实施的；⑥法律、法规规定的应当注销行政许可的其他情形。

二、行政许可的法律责任

（一）行政机关及其工作人员的法律责任

1. 违法设定行政许可的法律责任。行政机关违法设定行政许可的，有关机关应当责令设定该行政许可的机关改正，或者依法予以撤销。

2. 违法实施行政许可的法律责任。对于行政机关违反法定程序实施行政许可；办理行政许可、实施监督检查，索取、收受他人财物或者谋取其他利益；违反法定条件实施行政许可，该许可的不许可，不该许可的乱许可；违反规定乱收费等违法行为，由其上级行政机关或者监察机关责令改正，对直接负责的主管人员和其他直接责任人员依法给予行政处分；构成犯罪的，依法追究刑事责任。同时，行政机关违法实施行政许可，给当事人的合法权益造成损失的，还应当依法承担赔偿责任。

3. 实施许可后不履行监督职责的法律责任。行政机关不依法履行监督职责或者监督不力，造成严重后果的，由其上级行政机关或者监察机关责令改正，对直接负责的主管人员和其他直接责任人员依法给予行政处分；构成犯罪的，依法追究刑事责任。

（二）行政相对人的法律责任

1. 行政许可申请人隐瞒有关情况或者提供虚假材料申请行政许可的，行政机关不予受理或者不予行政许可，并给予警告；行政许可申请属于直接关系公共安全、人身健康、生命财产安全事项的，申请人在一年内不得再次申请该行政许可。

2. 被许可人以欺骗、贿赂等不正当手段取得行政许可的，行政机关应当依法给予行政处罚；取得的行政许可属于直接关系公共安全、人身健康、生命财产安全事项的，申请人在 3 年内不得再次申请该行政许可；构成犯罪的，依法追究刑事责任。

被许可人有下列行为之一的，行政机关应当依法给予行政处罚；构成犯罪的，依法追究刑事责任：①涂改、倒卖、出租、出借行政许可证件，或者以其他形式非法转让行政许可的；②超越行政许可范围进行活动的；③向负责监督检查的行政机关隐瞒有关情况、提供虚假材料或者拒绝提供反映其活动情况的真实材料的；④法律、法规、规章规定的其他违法行为。

3. 公民、法人或其他组织未经行政许可，擅自从事依法应当取得行政许可的活动的，行政机关应当依法采取措施予以制止，并依法给予行政处罚；构成犯罪的，依法追究刑事责任。

思考题

1. 如何理解信赖保护原则？
2. 如何理解行政许可的设定事项？
3. 国务院部门规章是否有行政许可设定权？
4. 行政机关成为行政许可实施主体需要具备哪些条件？

实务训练

2004 年 8 月，市民张某凭一份"某公司拥有资金 100 万元"的虚假验资证明，向该市工商局申请设立装修公司，并获得营业执照。2005 年 1 月，市工商局接到群众举报，进行核实后，以其虚报注册资本为由，撤销了该公司的工商登记，并吊销了其营业执照。

问题：①在本案中，工商登记行为是否属于行政许可范畴？②张某应当承担什么责任？③市工商局发现申请材料不真实，撤销了该公司的工商登记，并吊销了其营业执照的做法是否正确？

第八章

行政强制

学习目标

【知识目标】

1. 理解行政强制的概念。
2. 了解行政强制的设定。
3. 掌握行政强制措施实施程序和行政强制执行程序。

【技能目标】

能熟练运用行政强制法解决实际问题。

第一节　行政强制概述

本节引例

征地补偿安置案[1]

为实施巫山县江东新区库岸综合治理工程项目建设，2012 年 5 月 17 日，重庆市人民政府以渝府地〔2012〕616 号批复，同意征收巫山县龙门街道龙水村 1、2、3 社，龙江村 3、4、5、6 社等计 60.1 公顷的集体土地。同月 23 日，巫山县人民政府（简称县政府）发布巫山府发〔2012〕20 号《关于征收龙门街道等部分村居集体土地的公告》并予以张贴。2015 年 6 月 24 日，巫山县国土资源和房屋管理局（简称县土房局）就上述建设项目征地拆迁的拟补偿安置方案以

---

[1]　参见重庆市第二中级人民法院行政判决书（2018）渝 02 行终 76 号，引自中国裁判文书网。

巫山国土房管征补公告〔2015〕10号予以公告并张贴。同月26日，县政府批准同意该拟补偿安置方案。杨某亮家位于巫山县龙门街道龙江村6社，其家房屋在上述征地范围内。

2015年8月18日，县土房局对杨某亮户作出《关于确认土地及地面附属（着）物的通知》《关于确认土地、青苗及地面附属（着）物补偿费的通知》。杨某亮拒收该通知书，但未提出异议也未领取该补偿费。县土房局将上述补偿费存入中国银行杨某亮个人账户，并向其送达领取该补偿费的通知。2016年8月4日，县土房局对杨某亮户作出《关于确认房屋面积及附属设施的通知》，杨某亮拒收该通知书。同月31日，县土房局发出《关于早阳（江东）旅游新城龙江大道等建设项目房屋拆迁的公告》并予以张贴。县土房局还就征收拆迁杨某亮等19户房屋的资金测算予以公示。同年9月6日，县土房局对杨某亮户作出《关于早阳（江东）旅游新城房屋拆迁补偿安置的通知书》，载明对该户暂按货币安置住房方式进行安置补偿，若另有选择，可3日内提出异议。杨某亮拒收该通知书。同月12日，县土房局对杨某亮户作出《关于限期签订房屋拆迁补偿安置协议书的通知》，称若不同意按货币安置方式进行安置，还可在统建住房安置、规划区外自建住房安置中选择一种安置方式，且要求该户在3日内明确选择安置方式，逾期将暂按货币安置方式进行补偿，并将补偿款提存。杨某亮拒收该通知书。同月19日，县土房局对杨某亮户作出《关于领取房屋拆迁补偿费的通知》。杨某亮拒收该通知书。同月20日，县土房局发布《关于清除地上青苗林木房屋及附属物并交出土地的通告》并予以张贴。同月26日，县土房局对杨某亮户作出巫山国土房管发〔2016〕269号《限期交出土地告知书》，限其自收到该告知书之日起5个工作日内清除完毕，交出已被国家依法征收土地。杨某亮户拒收该告知书。后县土房局就杨某亮户未按期主动交出土地的事实进行了调查。同年11月25日，县土房局就要求杨某亮户交出被征收的0.393亩土地作出行政处理告知书、听证告知书。杨某亮拒收该两告知书。同年12月1日，县土房局作出巫山国土房管〔2016〕处字第31号《土地行政处理决定书》，查明该户房屋在征收范围内，而该户未在规定时间办理补偿登记，拒不交出土地，违反《土地管理法》《土地管理法实施条例》的规定，属阻挠国家建设征用土地的行为，决定责令杨某亮户在该决定书送达之日起15日内自行拆除位于龙门街道龙江村6社被征收土地上的房屋和其他建（构）筑物，并交出255.39㎡房屋占地及0.393亩土地。且告知复议权、诉权。该决定书同日向杨某亮送达时被拒收，有在场人见证。杨某亮不服，于2017年5月5日起诉至法院，请求撤销县土房局作出的巫山国土房管〔2016〕处字第31号《土地行政处理决定书》。

理论知识

一、行政强制的概念和特征

（一）行政强制的概念

行政强制是指为了确保行政的实效性，维护和实现公共利益，对在行政过程中出现的违反义务或者义务不履行等情况，由行政主体或者由行政主体申请人民法院，对相关公民、法人或其他组织的财产以及人身自由等采取措施的行为。[1]

（二）行政强制的特征

1. 行政强制的主体是行政主体和人民法院。作为行政行为的一种，行政强制的主体具有特殊性，除了行政主体[2]，还有人民法院。在大多数情况下，行政强制的主体是行政主体，也有一些特殊的行政强制（某些行政强制执行）由人民法院来承担。

2. 行政强制的前提是行政过程中有违反义务或者义务不履行的情况。行政强制是对违法行为的制止，在证据可能被损毁、危害可能发生或者危险可能扩大的情况下，采取临时性的措施予以限制或控制；在法定义务不履行的情况下，为保证义务得以履行，实施强制执行行为。

3. 行政强制的目的在于确保行政的有效实施，维护和实现公共利益。保障行政活动的展开及公共利益的实现是行政强制之宗旨。

4. 行政强制的对象是行政相对人的财产和人身自由。

5. 行政强制是侵益性行政行为。行政强制是对公民、法人或其他组织的财产、人身和人身自由等实施的强制，因而是一种侵益性行为。依据"依法行政"原则的要求，一般要求有明确而具体的法律授权。

二、行政强制的种类

行政强制包括行政强制措施和行政强制执行。

行政强制措施是指行政主体在行政管理过程中，为制止违法行为、防止证据损毁、避免危险扩大等情形，依法对公民的人身自由实施暂时性限制，或者对公民、法人或其他组织的财物实施暂时性控制的行为。

行政强制执行是指行政主体或者行政主体向人民法院申请，对不履行行政

---

〔1〕　参见姜明安主编：《行政法与行政诉讼法》，北京大学出版社、高等教育出版社 2011 年版，第 287~288 页。

〔2〕　依据《行政强制法》第 2 条、第 70 条的规定，行政强制的主体包括行政机关和法律、行政法规授权的具有管理公共事务职能的组织。在本章除特别说明外，行政主体与行政机关不作区分。

决定的公民、法人或其他组织，依法强制其履行义务的行为。

作为行政强制的不同种类，两者的区别是：

1. 前提不同。行政强制措施不以行政相对人存在法定义务为前提；而行政强制执行的前提是行政相对人不履行行政行为所确定的义务（行政决定），构成义务的不履行。

2. 目的不同。行政强制措施的目的在于制止危害行为、预防危害行为的发生、危害事态的发展、防止证据损毁等；而行政强制执行的目的是通过国家强制迫使义务人履行其应当履行的义务，或者达到与义务人履行义务相同的状态。

3. 实施的主体不同。采取行政强制措施的主体仅是行政主体；而行政强制执行包括由行政主体自行强制执行以及由行政主体申请人民法院强制执行两种情形。

4. 实施的程序不同。行政强制措施在紧急情况下可以即时进行，一般情况下的行政强制措施也遵循不同于行政强制执行的程序展开；而行政强制执行通常要经过催告（包括督促、告诫）、当事人陈述、行政机关复核、作出行政强制执行决定、送达行政强制执行决定以及实施行政强制执行等程序化的步骤。

另外，依据《行政强制法》第3条的规定，行政强制还可以分为：适用特别法规范的行政强制和不适用特别法规范的行政强制，所谓适用特别法规范的行政强制，包括两种情形：①发生或者即将发生自然灾害、事故灾难、公共卫生事件或者社会安全事件等突发事件，行政机关采取应急措施或者临时措施，依照有关法律、行政法规的规定执行。②行政机关采取金融业审慎监管措施、进出境货物强制性技术监控措施，依照有关法律、行政法规的规定执行。

三、行政强制基本原则

（一）行政强制法定的原则

这一原则要求：一是行政强制设定法定，即依据法定的权限、范围、条件和程序设定。二是行政强制的实施法定，即行政强制的实施必须严格依照法律规范的规定进行。

（二）行政强制适当的原则

这一原则要求，行政强制的设定和实施必须符合理性，应对手段和目的进行衡量。在确保达到行政管理目的的基础上，尽量做到选择非强制手段，选择较轻的强制手段。所选择的行政强制手段与所要达到行政管理目的的需求程度相当。

（三）说服教育与强制相结合原则

这一原则要求，行政机关应教育行政相对人自觉守法，自觉履行法定义务，为行政目的的实现提供便利。能够以教育的方法达到目的，尽量不以强制的方法达到目的。

（四）行政强制不得滥用的原则

这一原则要求，行政强制的目的和价值取向必须正当，行政主体及其工作人员不得利用行政强制权为本单位或者个人谋取利益，在行使行政强制权时违反法律规定的，应当承担相应的法律责任。

（五）保护当事人合法权益的原则

这一原则内容主要有：一是行政主体在作出强制执行决定前，应当事先催告当事人履行义务。二是公民、法人或其他组织对行政机关实施行政强制，享有陈述权、申辩权；有权依法申请行政复议或者提起行政诉讼；有权请求国家赔偿。

本节引例中，重庆市人民政府 2012 年 5 月作出征收集体土地批复后，县政府同月即发布征收土地公告并予以张贴。县土房局 2015 年 6 月就该次征收土地的拟补偿安置方案予以公布并张贴。经县政府批准同意补偿安置方案后，县土房局依据《土地管理法实施条例》的规定，实施了征收土地的具体补偿安置工作。杨某亮家房屋位于此次征收土地范围内，县土房局通知该户确认土地、地面附着物等，以及领取补偿款，后在该户拒绝确认、领款情况下，将该款打入该户银行账户。因规定期限内，县土房局与杨某亮户就征地范围内房屋补偿问题未能达成协议，县土房局对该户作出可供选择的具体补偿安置方式，并要求该户明确选择安置方式，在规定期限内签订补偿安置协议，且搬迁完毕交出被征收的土地。但杨某亮户规定期限内未交出土地，县土房局对此调查后，对该户作出限期交出土地告知书。而杨某亮户仍未在规定时间办理补偿登记，拒不交出土地，违反《土地管理法》《土地管理法实施条例》的规定。县土房局对该户作出责令限期交出土地的决定，符合规定。

第二节　行政强制措施

本节引例

樊某诉上海市交通委员会行政强制措施案[1]

樊某于 2015 年 12 月 29 日驾驶牌号为沪 GZXX＊＊的小型轿车，通过打车

---

〔1〕　参见上海市浦东新区人民法院行政判决书（2016）沪 0115 行初 162 号，引自中国裁判文书网。

软件从事出租汽车营运活动，所驾车辆无从事出租汽车营运证件。上海市交通委员会认为其行为涉嫌违反了《上海市出租汽车管理条例》（以下简称《管理条例》）第49条第2款规定，决定对樊某从事营运车辆（沪GZXX＊＊的小型轿车）予以扣押，扣押期限为30日。樊某不服被告的行政强制措施而向法院提起行政诉讼。

理论知识

一、行政强制措施的概念

行政强制措施，是指行政主体在行政管理过程中，为制止违法行为、防止证据损毁、避免危害发生、控制危险扩大等情形，依法对公民的人身自由实施暂时性限制，或者对公民、法人或其他组织的财物实施暂时性控制的行为。

二、行政强制措施的种类和设定

（一）行政强制措施的种类

以行政强制措施的作用对象为标准，可以将行政强制措施分为对公民人身自由的行政强制措施和对公民、法人或其他组织的财产的行政强制措施。

依据《行政强制法》，可以将行政强制措施分为五种类型：限制公民人身自由；查封场所、设施或者财物；扣押财物；冻结存款、汇款；其他行政强制措施。《行政强制法》将未能列举的"其他行政强制措施"规定由法律、行政法规和地方性法规加以设定。例如，依据《传染病防治法》第39条第2款，医疗机构发现甲类传染病时，对拒绝隔离治疗或者隔离期未满擅自脱离隔离治疗的，可以由公安机关协助医疗机构采取强制隔离治疗措施。强制隔离治疗措施是对人身的强制。

（二）行政强制措施的设定

1. 可以设定行政强制措施的法律规范。法律可以设定行政强制措施；尚未制定法律，且属于国务院行政管理职权事项的，行政法规可以设定除限制公民人身自由、冻结存款、汇款及应当由法律规定的行政强制措施以外的其他行政强制措施；尚未制定法律、行政法规，且属于地方性事务的，地方性法规可以设定查封场所、设施或者财物和扣押财产的行政强制措施。

除法律、行政法规、地方性法规以外的其他规范性文件不得设定行政强制措施。

2. 行政强制措施的对象、条件、种类设定的限制。法律对行政强制措施的对象、条件、种类作了规定的，行政法规、地方性法规不得作出扩大规定。法律中未设定行政强制措施的，行政法规、地方性法规不得设定行政强制措施。

但是，法律规定的特定事项由行政法规规定具体管理措施的，行政法规可以设定除限制公民人身自由、冻结存款、汇款及应当由法律规定的行政强制措施以外的其他行政强制措施。

三、行政强制措施的实施程序

（一）一般规定

1. 行政强制措施的实施条件。具备以下条件的，行政主体可以实施行政强制措施：①发生在行政管理过程中；②目的是为制止违法行为、防止证据损毁、避免危害发生、控制危险扩大等；③存在或可能存在危害法律保护的社会关系和社会秩序的行为或事件；④有法律、法规规定的行政强制措施种类可供选择。

2. 行政强制措施的实施主体。根据《行政强制法》的规定，成为行政强制措施实施主体的行政机关，须是由法律、法规规定享有行政强制权的行政机关；行政机关在法定职权范围内实施行政强制措施，行政强制措施权不得委托。

依据《行政处罚法》的规定行使相对集中行政处罚权的行政机关，可以实施法律、法规规定的与行政处罚权有关的行政强制措施。

行政强制措施应当由行政机关内具备资格的行政执法人员实施，其他人员不得实施。

（二）行政强制措施的一般程序

行政强制措施的一般程序是指除法律有特别规定外，在通常情况下实施行政强制措施所必须遵循的方式、步骤、顺序等。一般程序包括：

1. 实施前的报告和批准。在实施行政强制措施前必须向行政机关负责人报告并获得批准，才可实施行政强制措施。

2. 表明身份。实施行政强制措施的执法人员必须通知当事人到场，并向当事人出示执法证或者工作证以表明自己的身份。

3. 告知。实施行政强制措施的执法人员应告知当事人采取强制措施的理由、依据以及当事人依法享有的权利、救济途径。

4. 听取陈述和申辩。当事人在行政强制措施实施过程中享有陈述权和申辩权。

5. 制作现场笔录并签章。执法人员在制作完现场笔录后，应当由当事人和执法人员共同签字或者盖章，当事人拒绝签字或者盖章的，执法人员应当在笔录中予以注明。如果当事人拒不到场或者无法到场的，执法人员应当邀请证人到场，由执法人员和证人在笔录上共同签字或者盖章。

行政机关实施行政强制措施必须由两名以上执法人员进行。

（三）行政强制措施的特别程序

《行政强制法》规定的行政强制措施的特别程序，可分为两种：一种是针对情况紧急，需当场采取措施所遵循的程序。另一种是对人身自由采取行政强制措施须遵守的程序。这两种特别程序侧重点有所不同，前者强调情况紧急，后者突出在程序上对当事人人身自由的特别保护。

1. 当场采取行政强制措施程序。在行政管理过程中，情况紧急，需要当场实施行政强制措施的，行政执法人员应当在 24 小时内向行政机关负责人报告，并补办批准手续。行政机关负责人认为不应当采取行政强制措施的，应当立即解除。例如，行政机关在检查中发现当事人携带违禁物品，可以依法当场采取行政强制措施。

2. 限制人身自由的行政强制措施程序。实施限制公民人身自由的行政强制措施，除应当履行一般程序外，还应遵守以下特别程序：①当场告知或者实施行政强制措施后，立即通知当事人家属实施行政强制措施的行政机关、地点和期限。②在紧急情况下当场实施行政强制措施的，在返回行政机关后，立即向行政机关负责人报告并补办批准手续。③法律规定的其他程序。实施限制人身自由的行政强制措施不得超过法定期限。实施行政强制措施的目的已经达到或者条件消失，应当立即解除。

（四）查封、扣押的实施程序

1. 查封、扣押的对象和范围。实施查封、扣押的有权行政主体须认真确定涉案的场所、设施或者财物，查封、扣押仅限于涉案的场所、设施或者财物，且不得查封、扣押公民个人及其家属的生活必需品，不得重复查封已被其他国家机关依法查封的当事人的场所、设施或者财物。

2. 查封、扣押决定书和清单的制作与交付。行政主体实施查封、扣押的，应当履行行政强制措施实施的一般程序，须制作并当场交付查封、扣押决定书和清单。查封、扣押决定书应当载明下列事项：当事人姓名或者名称、地址；查封、扣押的理由、依据和期限；查封、扣押场所、设施或者财物的名称、数量等；申请行政复议或者提起行政诉讼的途径和期限；行政机关的名称、印章和日期。查封、扣押清单一式二份，由当事人和行政主体分别保存。

3. 遵守法定时限，履行延期批准和告知义务。查封、扣押的期限不得超过法定期限（不得超过 30 日）；情况复杂的，经行政主体负责人批准，可以延长（不得超过 30 日）。但是，法律、行政法规另有规定的除外。延长查封、扣押的决定应当告知当事人，并说明理由。对物品需要进行检测、检验、检疫或者技术鉴定的，查封、扣押的期间不包括检测、检验、检疫或者技术鉴定的期间。

检验、检测、检疫或者技术鉴定的费用由行政主体承担。

4. 履行妥善保管义务，承担损毁赔偿责任。对查封、扣押的场所、设施或者财物，行政主体应当妥善保管，不得使用或者损毁；造成损失的，应当承担赔偿责任。对查封的场所、设施或者财物，行政机关可以委托第三人保管，受委托的第三人负有妥善保管义务，造成损失的，行政主体先行赔付后，有权向第三人追偿。因查封、扣押发生的保管费用由行政主体承担。

5. 依法作出处理决定。行政机关采取查封、扣押措施后，应当及时查清事实，在法定期限内依法作出处理决定。对违法事实清楚，依法应当没收的非法财物予以没收；法律、行政法规规定应当销毁的，依法销毁。对于当事人没有违法行为；查封、扣押的场所、设施或者财物与违法行为无关；行政机关对违法行为已经作出处理决定；不再需要查封、扣押；查封、扣押期限已经届满，以及其他不再需要采取查封、扣押措施的情形，行政机关应当及时作出解除查封、扣押决定。解除查封、扣押应当立即退还财物；已将鲜活物品或者其他不易保管的财物拍卖或者变卖的，退还拍卖或者变卖所得款项。变卖价格明显低于市场价格，给当事人造成损失的，应当给予补偿。

（五）冻结的实施程序

1. 冻结的主体和范围。冻结存款、汇款应当由法律规定的行政机关实施，不得委托给其他行政机关或者组织；其他任何行政机关或者组织不得冻结存款、汇款；冻结存款、汇款的数额应当与违法行为涉及的金额相当；已被其他国家机关依法冻结的，不得重复冻结。

2. 履行报告和批准程序。法律规定行政机关实施冻结存款、汇款前须向行政机关负责人报告并经批准。

3. 表明身份，制作现场笔录。法律规定的行政机关实施冻结存款、汇款，须由两名以上行政执法人员实施，并出示执法身份证件，制作现场笔录。

4. 向金融机构交付冻结通知书。行政机关依照法律规定实施冻结存款、汇款的，应当向金融机构交付冻结通知书。金融机构接到行政机关依法作出的冻结通知书后，应当立即予以冻结，不得拖延，不得在冻结前向当事人泄露信息。法律规定以外的行政机关或者组织要求冻结当事人存款、汇款的，金融机构应当拒绝。

5. 冻结决定书的交付。依照法律规定冻结存款、汇款的，作出决定的行政机关应当在 3 日内向当事人交付冻结决定书。冻结决定书应当载明下列事项：当事人的姓名或者名称、地址；冻结的理由、依据和期限；冻结的账号和数额；申请行政复议或者提起行政诉讼的途径和期限；行政机关的名称、印章和日期。

6. 在法定期限内作出处理决定。行政机关应当自冻结存款、汇款之日起 30 日内作出处理决定或者作出解除冻结决定；情况复杂的，经行政机关负责人批准，可以延长，但延长期限不得超过 30 日，法律另有规定的除外。延长冻结的决定应当及时书面告知当事人，并说明理由。

7. 冻结的解除。有下列情形之一的，行政机关应当及时作出解除冻结的决定：①当事人没有违法行为；②冻结的存款、汇款与违法行为无关；③行政机关对违法行为已经作出处理决定，不再需要冻结；④冻结期限已经届满；⑤其他不再需要采取冻结措施的情形。行政机关作出解除冻结决定的，应当及时通知金融机构和当事人。金融机构接到通知后，应当立即解除冻结。行政机关逾期未作出处理决定或者解除冻结决定的，金融机构应当自冻结期满之日起解除冻结。

本节引例中，上海市交通委员会为《管理条例》第 4 条第 1 款规定的上海市出租汽车行业的行政主管部门中负责《管理条例》的实施机关。《管理条例》第 49 条规定："擅自从事出租汽车经营的，由市交通执法总队、区、县交通执法机构没收其非法所得，并处 2000 元以上 5 万元以下罚款。有前款规定的违法行为的，市、区县交通行政管理部门可以将车辆扣押，并且出具扣押证明。扣押后按期履行行政处罚决定的，市、区县交通行政管理部门应当立即解除扣押，并归还扣押的车辆；逾期不履行行政处罚决定的，市、区县交通行政管理部门可以将扣押的车辆按照有关规定拍卖。"据此，上海市交通委员会有对违反《管理条例》第 49 条第 2 款规定从事营运车辆行使扣押职权。本案樊某被查获驾驶牌号为沪 GZXX＊＊的小型轿车从事营运，而所驾车辆不具备出租汽车营运证件和资格。因而，上海市交通委员会对原告从事营运车辆作出予以扣押 30 日决定，适用法律正确。

第三节 行政强制执行

本节引例

城市管理行政强制执行案[1]

2012 年 8 月 25 日，长沙市城市管理和行政执法局雨花区执法大队作出的长

---

〔1〕 参见湖南省长沙市中级人民法院行政判决书（2014）长中行终字第 00011 号，引自中国裁判文书网。

综处字雨黎（2012）第02号《行政处罚决定书》，认定李某在未取得建设工程规划许可证的情况下，于2004年7月至8月在雨花区黎托街道（原黎托乡）大桥村天明组建成两处一层砖木结构房屋，总建筑面积570平方米，属于违法建筑，且无法采取改正措施消除影响。责令李某收到《行政处罚决定书》3日内，自行拆除搭建的违法建筑物，逾期不拆除的，将依法实施强制拆除。同日，长沙市城市管理和行政执法局雨花区执法大队将该决定书送达给了李某。之后，李某未自行拆除。同年12月4日，长沙市城市管理和行政执法局雨花区执法大队向李某发出《履行行政决定催告书》，要求李某收到催告书之日起3日内自行履行《行政处罚决定书》确定的义务。并于次日将该催告书送达给了李某。同年12月10日，长沙市城市管理和行政执法局雨花区执法大队向李某发出《违法建设强制拆除公告》，督促李某于公告之日起3日内自行拆除违法建（构）筑物，逾期不拆除的，长沙市城市管理和行政执法局雨花区执法大队将报请雨花区人民政府责成有关部门依法强制拆除。但李某仍未自行拆除。2013年3月18日，长沙市城市管理和行政执法局雨花区执法大队作出长综雨强拆字（2013）第03号《强制拆除决定书》，决定自2013年3月20日起对违法建（构）筑物依法实施强制拆除。同月21日，长沙市城市管理和行政执法局雨花区执法大队组织人员对李某的违法建筑物予以强制拆除。之后，李某就长沙市城市管理和行政执法局雨花区执法大队作出的长综雨强拆字（2013）第03号《强制拆除决定书》，向长沙市城市管理和行政执法局申请行政复议。2013年7月21日，长沙市城市管理和行政执法局作出长城管执法复决字（2013）第07号行政复议决定书，维持了长沙市城市管理和行政执法局雨花区执法大队作出的《强制拆除决定书》。李某仍不服诉至法院。

理论知识

一、行政强制执行的概念

行政强制执行，是指在行政管理过程中，作为义务主体的行政相对人不履行其义务的，行政机关或者行政机关申请人民法院裁定，依法强制其履行义务或者达到与履行义务相同状态的活动。

二、行政强制执行的设定和种类

（一）行政强制执行的设定

《行政强制法》第13条规定："行政强制执行由法律设定。法律没有规定行政机关强制执行的，作出行政决定的行政机关应当申请人民法院强制执行。"行政强制执行只能由全国人大和全国人大常委会制定的法律设定，而不能由法律以外的其他规范性文件设定，包括行政法规、地方性法规、部门规章、地方规章以及其他规范性文件在内。如果法律没有规定行政机关强制执行的，作出行政决定的行政机关应当申请人民法院强制执行。

（二）行政强制执行的分类

1. 根据执行机关的不同，行政强制执行分为行政机关强制执行和行政机关申请人民法院强制执行两类。

2. 根据行政强制执行方式的不同，行政强制执行分为：执行罚，即加处罚款或者滞纳金；强制划拨，即划拨存款、汇款；拍卖、查封和扣押，即对场所、设施或者财物的拍卖或者依法处理查封、扣押；义务的代履行（代执行），包括排除妨碍、恢复原状等；其他强制执行方式。

3. 根据行政强制执行对象的不同，行政强制执行可分为对物（财产）的强制执行、对行为的强制执行和对人身及人身自由的强制执行。对物（财产）的行政强制执行，包括强制划拨、强制抵缴、强制扣缴、强制收兑、强制拆除等；对行为的行政强制执行，包括专利实施的强制许可、强制登记、强制检定等；对人身及人身自由的行政强制执行，包括强制传唤、强制履行兵役、遣送出境、强制隔离治疗、强制戒除毒瘾等。

4. 根据强制手段对被强制义务人作用形态的不同，行政强制执行可分为间接强制和直接强制两种。[1] 间接强制是指行政强制执行机关不直接通过自己的强力措施促使行政相对方履行义务，而是通过间接的手段迫使义务人履行其应当履行的义务或者达到与履行义务相同状态的行政强制执行行为。间接强制分为代履行（或称代执行）和执行罚。直接强制是指行政强制执行机关在适用间接强制执行没有达到目的，或者遇到紧急情况不容延缓，无法采用间接强制手段时，只能采取直接的强力手段，对拒不履行其应履行义务的行政相对人直接实施强制力，以达到与义务主体履行义务相同状态的行政强制执行。

三、行政机关强制执行程序

（一）行政机关强制执行的一般规定

1. 行政强制执行的条件。实施行政强制执行需要具备两个条件：①前提条件。行政强制执行的前提条件是行政机关作出行政决定后，当事人在行政机关决定的期限内不履行义务。②主体条件。实施行政强制执行的主体是作出行政决定的、享有行政强制执行权的行政机关。

2. 行政强制执行的一般程序：①催告履行义务。行政机关作出行政强制执

---

〔1〕　杨建顺：《行政强制法18讲》，中国法制出版社2011年版，第95页。

行决定前，应当事先催告当事人履行义务。催告应当以书面形式作出，并载明履行义务的期限、履行义务的方式，涉及金钱给付的应当有明确的金额和给付方式、告知当事人依法享有的陈述权和申辩权。②听取当事人陈述和申辩。当事人收到催告书后有权进行陈述和申辩。行政机关应当充分听取当事人的意见，对当事人提出的事实、理由和证据，应当进行记录、复核。当事人提出的事实、理由或者证据成立的，行政机关应当采纳。③作出行政强制执行书。经催告，当事人逾期仍不履行行政决定，且无正当理由的，行政机关可以作出强制执行决定。强制执行决定书应当以书面形式作出，并载明下列事项：当事人的姓名或者名称、地址；强制执行的理由和依据；强制执行的方式和时间；申请行政复议或者提起行政诉讼的途径和期限；行政机关的名称、印章和日期。④行政强制执行书送达。行政强制执行书应当直接送达当事人。当事人拒绝或者无法直接送达当事人的，应当按照《民事诉讼法》的有关规定送达。

3. 行政强制执行的中止和终结。有下列情形之一的，中止执行：当事人履行行政决定确有困难或者暂无履行能力的；第三人对执行标的主张权利，确有理由的；执行可能造成难以弥补的损失，且中止执行不损害公共利益的；行政机关认为需要中止执行的其他情形。中止执行的情形消失后，行政机关应当恢复执行。对没有明显社会危害，当事人确无能力履行，中止执行满3年未恢复执行的，行政机关不再执行。有下列情形之一的，终结执行：公民死亡，无遗产可供执行，又无义务承受人的；法人或者其他组织终止，无财产可供执行，又无义务承受人的；执行标的灭失的；据以执行的行政决定被撤销的；行政机关认为需要终结执行的其他情形。

4. 行政强制执行的补救。行政机关在执行中或者执行完毕后，据以执行的行政决定被撤销、变更，或者执行错误的，应当恢复原状或者退还财物；不能恢复原状或者退还财物的，依法予以赔偿。

5. 行政强制执行的和解。行政机关实施行政强制执行，可以在不损害公共利益和他人合法权益的情况下，与当事人达成执行协议。执行协议可以约定分阶段履行；当事人采取补救措施的，可以减免加处的罚款或者滞纳金。但是当事人不履行执行协议的，行政机关应当恢复强制执行。

6. 行政强制执行的时间、方式等方面的限制。①时间限制。行政机关不得在夜间或者法定节假日实施行政强制执行。但是情况紧急的除外。②方式限制。行政机关不得对居民生活采取停止供水、供电、供热、供燃气等方式迫使当事人履行相关行政决定。③强制拆迁限制。对违法建筑物、构建物、设施等需要强制拆除的，应当由行政机关予以公告，限期当事人自行拆除。当事人在法定期限内不申请行政复议或者提起行政诉讼，又不拆除的，行政机关可以依法强制拆除。

（二）金钱给付义务的强制执行程序

1. 加处罚款或者滞纳金。学理上将加处罚金或者滞纳金称为执行罚。所谓执行罚，是指行政主体对拒不履行不作为义务或者不可为他人代履行的作为义务的义务主体，科以新的金钱给付义务，以迫使其履行的强制执行。

行政主体依法作出金钱给付义务的行政决定，当事人逾期不履行的，行政主体可以依法按日加处罚款或者滞纳金。加处罚款或者滞纳金的标准应当告知当事人。加处罚款或者滞纳金不得超出金钱给付义务的数额。

行政机关实施加处罚款或者滞纳金超过 30 日，经催告当事人仍不履行的，具有行政强制执行权的行政机关可以强制执行。行政机关实施行政强制前，需要采取查封、扣押、冻结措施的，按照相应程序办理。没有行政强制执行权的行政机关应当申请人民法院强制执行。但是，当事人在法定期限内不申请行政复议或者提起行政诉讼，经催告仍不履行的，在实施行政管理过程中已经采取查封、扣押措施的行政机关，可以将查封、扣押的财物依法拍卖，抵缴罚款。

2. 划拨存款、汇款。划拨存款、汇款应当由法律规定的行政机关决定，并书面通知金融机构。金融机构接到行政机关依法作出的划拨存款、汇款的决定后，应当立即划拨。法律规定以外的行政机关或者组织要求划拨当事人存款、汇款的，金融机构应当拒绝。

3. 拍卖财物。拍卖财物，由行政机关委托拍卖机构依照法律的规定办理。

划拨的存款、汇款以及拍卖和依法处理所得的款项应当上缴国库或者划入财政专户。任何行政机关或者个人不得以任何形式截留、私分或者变相私分。

（三）代履行

代履行是指义务人不履行行政机关依法作出的要求履行排除妨碍、恢复原状等义务的行政决定，行政机关或者其委托的没有利害关系的第三人代为履行行政法义务，而由义务人承担后果并支付履行费用的一种强制执行方式。

代履行应当遵循下列规定：①代履行前送达决定书，代履行决定书应当载明当事人姓名或者名称、地址，代履行的理由和依据、方式和时间、标的、费用预算以及代履行人。②代履行 3 日前，催告当事人履行，当事人履行的，停止代履行。③代履行时，作出决定的行政机关应当派员到场监督。④代履行完毕，行政机关到场监督人员、代履行人和当事人或者见证人应当在执行文书上签名或者盖章。代履行不得采用暴力、胁迫以及其他非法方式。

需要立即清除道路、河道、航道或者公共场所的遗洒物、障碍物或者污染物，当事人不能清除的，行政机关可以决定立即实施代履行；当事人不在场的，行政机关应当在事后立即通知当事人，并依法作出处理。

本节引例中，长沙市城市管理和行政执法局雨花区执法大队作为城市管理综合执法机构，依据《长沙市城市管理条例》第29条第1款、第2款第2项的规定，具有依法实施强制拆除本辖区内违法建筑的职权。因李某未在指定期限内对《行政处罚决定书》申请行政复议，也未提起行政诉讼，该《行政处罚决定书》已产生法律效力，长沙市城市管理和行政执法局雨花区执法大队根据《城乡规划法》和《行政强制法》的规定，向李某作出《强制拆除决定书》具有法律依据。

四、申请人民法院强制执行

申请人民法院强制执行是指当事人在法定期限内不申请行政复议或者提起行政诉讼，又不履行行政决定确定的义务，没有行政强制执行权的行政机关可申请人民法院强制执行。

（一）申请人民法院强制执行的要件

1. 申请人民法院强制执行的实体要件。当事人在法定期限内不申请行政复议或者提起行政诉讼，又不履行行政决定的，没有行政强制执行权的行政主体可以自期限届满之日起3个月内依法申请人民法院强制执行。

2. 申请人民法院强制执行的程序要件。行政机关申请人民法院强制执行前，应当催告当事人履行义务，催告书送达10日后当事人仍未履行义务的，行政主体可以向所在地有管辖权的人民法院申请强制执行；执行对象是不动产的，向不动产所在地有管辖权的人民法院申请强制执行。

（二）人民法院对强制执行申请的受理和审查

1. 申请和受理。行政机关向人民法院申请强制执行，应当提供下列材料：强制执行申请书；行政决定书及作出决定的事实、理由和依据；当事人的意见及行政机关催告情况；申请强制执行标的情况；法律、行政法规规定的其他材料。强制执行申请书应当由行政机关负责人签名，加盖行政机关的印章，并注明日期。

人民法院接到行政主体强制执行的申请，应当在5日内受理；行政机关对人民法院不予受理有异议的，可以在15日内向上一级人民法院申请复议，上一级人民法院应当自收到复议申请之日起15日内作出是否受理的裁定。

2. 审查。人民法院对行政机关强制执行的申请进行书面审查，对于符合申请材料要求且行政决定具备法定执行效力的，除法律规定的情形外，人民法院应当自受理之日起7日内作出执行裁定。

人民法院发现有下列情形之一的，在作出裁定前可以听取被执行人和行政机关的意见：①明显缺乏事实根据的。②明显缺乏法律、法规依据的。③其他明显违法并损害被执行人合法权益的。人民法院应当自受理之日起 30 日内作出是否执行的裁定。裁定不予执行的，应当说明理由，并在 5 日内将不予执行的裁定送达行政机关。

3. 对不予执行裁定的救济。行政机关对人民法院不予执行的裁定有异议的，可以依法向上一级人民法院申请复议，上级人民法院应当自收到复议申请之日起 15 日内作出是否受理的裁定。

（三）人民法院强制执行裁定的执行

《行政强制法》没有对强制执行裁定的执行制度作出明确规定，只是对执行费用等事项作出一般性的规定。行政机关申请人民法院强制执行，不缴纳申请费。强制执行的费用由被执行人承担。人民法院以划拨、拍卖方式强制执行的，可以在划拨、拍卖后将强制执行的费用扣除。依法拍卖财物，由人民法院委托拍卖机构依法办理。划拨的存款、汇款以及拍卖和依法处理所得的款项应当上缴国库或者划入财政专户，不得以任何形式截留、私分或者变相私分。

因情况紧急，为保障公共安全，行政机关可以申请人民法院立即执行。经人民法院院长批准，人民法院应当自作出执行裁定之日起 5 日内执行。

《最高人民法院关于办理申请人民法院强制执行国有土地上房屋征收补偿决定案件若干问题的规定》（法释〔2012〕4 号）第 9 条规定："人民法院裁定准予执行的，一般由作出征收补偿决定的市、县级人民政府组织实施，也可以由人民法院执行。"

《最高人民法院关于违法的建筑物、构筑物、设施等强制拆除问题的批复》（法释〔2013〕5 号）："北京市高级人民法院：根据行政强制法和城乡规划法有关规定精神，对涉及违反城乡规划法的违法建筑物、构筑物、设施等的强制拆除，法律已经授予行政机关强制执行权，人民法院不受理行政机关提出的非诉行政执行申请。"

延伸阅读

《最高人民法院关于办理申请人民法院强制执行国有土地上房屋征收补偿决定案件若干问题的规定》（法释〔2012〕4 号）第 6 条规定："征收补偿决定存在下列情形之一的，人民法院应当裁定不准予执行：①明显缺乏事实根据；②明显缺乏法律、法规依据；③明显不符合公平补偿原则，严重损害被执行人合法权益，或者使被执行人基本生活、生产经营条件没有保障；④明显违反行政目的，严重损害公共利益；⑤严重违反法定程序或者正当程序；⑥超越职权；⑦法律、法规、规章等规定的其他不宜强制执行的情形。人民法院裁定不准予执行的，应当说明理由，并在 5 日内将裁定送达申请机关。"

思考题

1. 行政强制的含义和特征是什么？
2. 行政强制的基本原则有哪些？
3. 如何设定行政强制措施？
4. 行政强制措施的分类有哪些？
5. 行政机关申请人民法院强制执行的要件有哪些？

实务训练

案例一[1]

霍某于 2002 年 2 月 4 日中午到招行东方广场支行处存款。银行工作人员李某在收取存款时发现其中一张 1999 年版、冠字号码为 gb09803019、票面金额为 100 元的人民币为假币，当即告知了霍某，并将该币交由在其邻侧工作的另一工作人员苏某复核确认。苏某经复核确认后，李某分别在该币正面水印窗和背面中间位置处加盖了"假币"印章，并向霍某出具了《假币收缴凭证》，同时告知霍某如对收缴假币有异议，可在 3 个工作日内向中国人民银行或中国人民银行授权的中国工商银行、中国农业银行、中国银行、中国建设银行申请鉴定。霍某在该凭证"持有人签字"处签名。2 月 6 日，霍某向招行东方广场支行提出鉴定申请；2 月 8 日，建行东四支行对由招行东方广场支行委托鉴定的冠字号码为 gb09803019 的人民币经鉴定为假币后，予以没收，并出具了有持币人为霍某、伪（变）造币字头号码为 gb09803019 等要素的中国建设银行《发现伪（变）造币没收证明单》。霍某不服，向法院提起诉讼。审理中，原告请求撤销被告的收缴行为及鉴定行为。而被告答辩称收缴行为本身对涉案的假钞并没有发生实质的效力，鉴定行为没有具体的当事人，被告的收缴程序符合法律规定，请法院驳回原告的诉讼请求。

问题：①招商银行北京分行东方广场支行是否有权对假币予以收缴？②收缴假币行为属于何种行政行为？③本案中的收缴行为是否合法？

---

[1]　引自北大法宝，[法宝引证码] CLI. C. 239880。

案例二[1]

2012 年 2 月 20 日，张某占用某市城区人行道搭建简易房屋，被某市城市管理局行政执法局（以下简称市城管局）城管执法人员巡查发现，并当场予以制止。当夜，张某突击施工，将房屋建成。2012 年 2 月 21 日，市城管局对张某的违法行为进行立案查处，执法人员进行了现场勘查，拍照取证，并向张某送达了《谈话通知书》，张某也承认未办理任何审批手续。2012 年 2 月 27 日，市城管局依据《安徽省城市市容和环境卫生管理条例》第 43 条的规定，作出了《强制拆除决定书》，并于 2012 年 2 月 28 日将张某的违法建设简易房屋予以拆除，2012 年 3 月 2 日，张某不服强拆行为，向某市政府提起行政复议。

问题：市城管局将张某的违法建设简易房屋予以拆除行为是否合法？

---

[1]　安徽省人民政府法制办公室编：《行政执法错案选编》，安徽人民出版社 2014 年版，第 60~61 页。

第九章

其他行政行为

学习目标

【知识目标】

1. 掌握行政征收、行政指导、行政协议的概念。

2. 了解行政征收、行政指导、行政协议的内容。

【技能目标】

能够识别行政管理实践中的行政征收、行政指导、行政协议等行为类型。

第一节 行政征收

本节引例

烟台金××汽车销售服务有限公司和

烟台辰×汽车销售服务有限公司虚开增值税专用发票案[1]

2017 年 11 月，烟台市莱山区国家税务局根据《山东省烟台市莱山区人民检察院起诉书》（烟莱检公刑诉〔2017〕238 号）和莱山区公安机关对涉案当事人的询问笔录，确认 2011 年 6 月至 2012 年 3 月期间烟台金××汽车销售服务有限公司在未发生实际业务的情况下，取得烟台辰×汽车销售服务有限公司开具的增值税专用发票共 21 张（金额合计 537 888.04 元，税额合计 91 440.96 元），其中 6 张为作废票，1 张未认证，14 张已认证抵扣（金额合计 509 220.41 元，税额合

---

〔1〕 参见烟台市莱山区国家税务局稽查局《税务行政处罚事项告知书》（莱山国税稽罚告〔2017〕128 号），引自 http://yantai.sd-n-tax.gov.cn/art/2018/4/4/art_ 38136_ 1145124.html.

计 86 567.47 元）。烟台金××汽车销售服务有限公司于 2011 年 6 月抵扣税款 40 396.07 元；2011 年 8 月抵扣税款 27 534.18 元；2011 年 9 月抵扣税款 1670.94 元；2011 年 10 月抵扣税款 2905.98 元；2011 年 11 月抵扣税款 3134.10 元；2012 年 1 月抵扣税款 192.96 元；2012 年 2 月抵扣税款 1056.32 元；2012 年 3 月抵扣税款 9676.92 元。2011 年 12 月烟台金××汽车销售服务有限公司出纳会计王某在未发生实际业务的情况下为烟台辰×汽车销售服务有限公司开具增值税专用发票 2 张（发票代码：3700104140，发票号码：01279943-01279944，发票金额合计 166 781.20 元，税额合计 28 352.80 元）。该 2 张发票被烟台辰×汽车销售服务有限公司用于抵扣税款。

问题：本案应如何处理？

理论知识

一、行政征收的概念和特征

（一）行政征收的概念

行政征收是指行政主体为了国家和社会公共利益的需要，依法以强制方式无偿取得行政相对人财产所有权的行政行为。

（二）行政征收的特征

1. 行政征收目的具有公益性。行政征收的目的是实现国家职能和公共利益的需要，而不是为满足某个集团的私利或者商业利益。行政征收的财物是国家保障社会可持续发展的物质条件，必须用于社会公用事业。例如，收税是为了保障国家财政的需要，而国家财政是国家机器存在和运转的基本条件。

2. 行政征收主体特定。行政征收是行政主体针对行政相对人实施的一种行政行为。并非所有的行政主体都具有行政征收的权力，只有法律、法规明确规定的具有行政征收职能的行政机关或者其他组织才有权作出征收行为。由于行政征收对行政相对人的财产直接产生影响，因此，必须对行政主体资格作出严格的法律限定。

3. 行政征收的内容是金钱、实物等财产的所有权。行政征收是国家无偿取得行政相对人财产权的一种方式。行政征收的法律后果是行政相对人的一部分财产转归国家所有，因此行政征收的内容具有明显的财产性。

4. 行政征收具有强制性。行政征收主体实施行政征收行为，实质上是履行国家赋予的行政征收权，这种权力具有强制他人服从的效力。因此，实施行政征收行为，不需征得行政相对人的同意，甚至可以在违背行政相对人意志的情况下进行。征收的对象、数额及具体行政征收的程序，完全由行政主体依法确定，无须与行政相对人协商一致。行政相对人必须服从，否则应承担相应的法律后果。

5. 行政征收具有无偿性。在行政征收关系中，行政主体与行政相对人之间的权利义务关系具有不对等性。行政主体获得行政相对人一定数额的金钱或物品是无偿的，无须向被征收主体支付任何报酬。行政征收的财产由被征收主体向国家单向流动，以维持国家机器的运转。

6. 行政征收具有法定性。行政征收直接指向的是行政相对人的经济利益，具有侵害性。现代行政，特别是侵益性行政行为必须遵循行政法治原则。行政主体必须依据法定的条件和程序进行行政征收，行政征收项目、行政征收金额、行政征收机关、行政征收相对人、行政征收程序都应有法律上的明确依据。

（三）行政征收与行政征用、行政征购、行政没收等的区别

为进一步理解行政征收的概念和特征，有必要将行政征收与行政征用、行政征购、行政没收等相区分。

1. 行政征收与行政征用。行政征用是指行政主体为了公共利益的需要，依照法定程序强制征用行政相对方财产或劳务的行政行为。行政征收与行政征用的区别主要在于：①从行为的标的看，行政征收的标的仅限于财产；而行政征用的标的除了财产外还包括劳务。②从法律后果看，行政征收的结果是财产所有权从行政相对方转归国家；而行政征用的后果则是行政主体暂时取得了被征用方财产的使用权，不发生财产所有权的转移。③从适用的情形看，行政征收对客观情势并无特别的要求；而行政征用则一般发生在紧急情况下。如《戒严法》《传染病防治法》等法律规定，在紧急情况下可以对房屋、场地、交通工具等进行征用。④从能否取得补偿来看，行政征收是无偿的；而行政征用一般应是有偿的，行政主体应当给予被征用方相应的经济补偿。

2. 行政征收与行政征购。行政征购是指行政主体以合同的方式取得行政相对人财产所有权的行政行为。行政征收与行政征购的主要区别是：①行为的性质不同。行政征收是单方行政行为，而行政征购属于行政协议行为，尽管在行政征购中行政相对方的意思表示受到一定程度的限制，但从法律角度而言，它仍是行政主体与行政相对方的合意。②权利义务关系不同。行政征收中，行政主体与相对方的权利义务是不对等的，行政主体依法享有行政征收权，行政相对人依法负有缴纳义务；而在行政征购中，行政征购合同成立后，行政主体与行政相对方的权利义务是基本对等的，行政主体在取得行政相对人的财产的同时必须依合同的约定承担相应的给付义务。③能否取得补偿不同。行政征购实

际上是一种特殊的买卖关系，是有偿的；而行政征收则是无偿的。

3. 行政征收与行政没收。行政征收与行政没收在表现形式上有相同之处，即行政主体实施的无偿取得行政相对方财产的所有权的行为。但两者也存在着差别，主要区别是：①两者发生的依据不同。行政征收以行政相对方负有行政法上的缴纳义务为前提条件，而行政没收只能以行政相对方违反行政法的有关规定为条件。②两者法律性质不同。行政征收属于一种独立类型的行政行为，而行政没收属于行政处罚的一种。③两者在行为的连续性上不同。对行政征收而言，只要据以征收的事实依据存在，行政征收行为就可以一直延续下去，其行为往往具有连续性；而对行政没收来讲，对某一违法行为只能给予一次性的行政没收处罚。

4. 行政征收与公益征收。公益征收是指国家为了公共利益的需要，强制取得个人和集体的财产（包括所有权和使用权），并给予相应补偿的行为。行政征收与公益征收都表现为为了公共利益而实施取得行政相对方财产权的行为。主要区别是：①从行为的标的看，行政征收的标的是金钱、实物等财产的所有权；公益征收的标的主要是土地的所有权和使用权。②从能否取得补偿来看，行政征收是无偿的；而公益征收是有偿的，行政主体应当给予被征收方相应的经济补偿。

本节引例中，烟台市莱山区国家税务局是国家设立的税务机关，具有《税收征收管理法》所确认的征税主体资格，有权依照法律、行政法规的规定确认纳税主体、征税对象、税目、税率、纳税期限等。烟台金××汽车销售服务有限公司与烟台辰×汽车销售服务有限公司汽车销售服务有限公司在未发生实际业务的情况下相互开具增值税专用发票，抵扣税款，违反了《税收征收管理法》《发票管理办法》等规定，烟台市莱山区国家税务局应对烟台金××汽车销售服务有限公司与烟台辰×汽车销售服务有限公司汽车销售服务有限公司予以行政处罚。

二、行政征收的内容和分类

（一）行政征收的内容

从我国现行法律、法规的规定来看，行政征收的主要内容有：

1. 税。税即税收，是指为实现国家职能，行政机关按照法律规定的标准，对社会组织和个人强制性地无偿取得其财产并纳入财政收入的一种活动。按照征税对象的不同，可分为流转税、资源税、所得税、财产税和行为税五种。按照税收支配权的不同，可分为中央税、地方税和中央地方共享税。国家通过对各种税的征管，达到调节资源分配和收入分配、各行业协调发展的目的。通过对中央税、地方税和中央地方共享税的合理分配，兼顾中央和地方的利益，有利于市场经济条件下宏观调控的实施。我国税收的主体是税务机关、财政机关和海关。税的征收是行政征收中最主要的内容，是国家财政收入的重要来源。

2. 费。费即行政收费，是指行政主体依法向特定的行政相对人提供了行政服务或行政管理，为满足特别的行政支出，面向行政相对人收取一定费用的活动。行政收费的原则、种类、额度等问题，应由法律作出原则性的规定，由行政法规、规章作出具体规定。我国行政收费主要有：资源费，如矿产资源费、水资源费等；建设资金费，如公路养护费、港口建设费、国家能源交通重点建设基金等；管理费，如市场管理费、工商管理费；使用费，如车辆通行费、土地使用费等；环保费，如排污费、卫生费等。

（二）行政征收的分类

以行政征收发生的原因或条件为标准，行政征收可以分为四类：

1. 因法律、法规规定的义务而发生的行政征收。这类行政征收的目的是增加国家财政收入，保障国家对社会公益事业和重点建设项目的投入，是以国家强制力无偿地参与公民、法人或其他组织的收入分配，取得国家财政收入的一种方式。如各种税、建设资金的行政征收等。

2. 因行政相对人对国有资源、资产的使用而产生的行政征收。这类行政征收是行政主体代表国家以行政征收的方式，取得国有资源、资产的收益。行政相对人只要使用、利用了国有资源、资产，就必须向国家缴纳法定数额的财产。如矿产资源费、水资源费等。

3. 因行政主体进行行政管理或提供服务所产生的征收。这类行政征收是行政主体在行使行政职权过程中，因提供服务或必要的管理而依法向行政相对人收取合理、适当的费用。

4. 因行政主体对行政相对人行政规制而产生的行政征收。这类行政征收是因为行政相对人实施的行为不符合公共利益或加重了公共负担，行政主体依法律规定而进行的征收。如排污费等。

三、行政征收的方式与程序

（一）行政征收的方式

行政征收的方式包括行政征收的行为方式与计算方式。

根据我国现行法律、法规的规定，行政征收的方式有：查账征收、查验征收、稽查征收、定额征收、定期定额征收，也可以依法委托其他组织和个人代征、代扣、代缴等。在实际征收中，行政主体应当根据法律、法规的规定并结合当时的具体情况，运用适当的方式进行征收，但无论采取何种方式，都必须采取书面的形式。

行政征收的计算方式，是行政征收额的尺度，它是行政征收的核心要素，反映了行政征收的深度，其计算方式直接关系到国家的财政收入和应征人的负担，关系到社会的发展与安定，所以其计算方式不仅应合理、科学，而且应当规范化、法律化，避免主观随意性，一般来说，行政征收大多为法律、法规所明确规定。例如，税收中所运用的税率有比例税率、累进税率、定额税率三种。

（二）行政征收的程序

行政征收的程序是指行政征收行为应采取何种方式、步骤、顺序、时限进行。从我国现行的法律规定来看，行政征收程序有征税程序和征费程序。

1. 征税程序。因征收方式的不同，税款征收的程序也有所不同。依据《税收征收管理法》的规定，缴纳过程主要有如下几个阶段：①税务登记。企业及其在外地设立的分支机构和从事生产、经营的场所、个体工商户和从事生产、经营的事业单位，自领取营业执照之日起 30 日内，应持有关证件，向税务机关申报办理税务登记。②纳税申报。纳税人应在法律、行政法规规定或税务机关依法确定的申报期限内办理纳税申报，并报送纳税申报表、财会报表以及税务机关根据实际需要要求纳税人申报的其他材料。扣缴义务人应在申报期限内报送代扣代缴、代收代缴税款报告表以及税务机关根据实际需要要求扣缴义务人报送的其他资料。③税款征收。纳税人、扣缴义务人根据法定期限或税务机关依法确定的期限缴纳或解缴税款。

2. 征费程序。我国法律对行政收费目前尚无统一的程序规定。行政收费基本的程序规则是：①通知收费。行政主体收取费用，应当首先告知行政相对方所缴费的内容和法律依据，并表明自己的身份。在当场收缴的情况下，必须出示相关证件或者明显的表示其身份的标志。②收取费用。即行政主体依法收取行政相对人的费用。③给付收据。这是行政主体行政收费活动完毕的必须环节，表明行政相对人已按规定缴纳费用。

第二节　行政指导

本节引例

平江县人力资源和社会保障局与彭某某劳动和社会保障行政管理争议案[1]

彭某于 1979 年 12 月被招录为平江县氮肥厂职工，招工登记表中填写的出生

---

[1]　参见湖南省岳阳市中级人民法院（2018）湘 06 行终 104 号，引自中国裁判文书网。

时间为 1957 年 9 月 13 日，招录前在原长田公社高坪大队务农，1988 年计划外用工纳入国家劳动计划审批表中填写的时间也为 1957 年 9 月，但 1981 年 3 月填写的职工履历表、1986 年知青工龄审批表等其他登记表中载明的彭某出生时间均为 1958 年 9 月。彭某先后在平江县氮肥厂和平江县文化馆工作，在平江县文化馆任美术专干。上述材料存于平江县人力资源和社会保障局保管的彭某本人档案中。由于彭某上述人事档案中最先记载彭某出生时间为 1957 年 9 月 13 日，平江县人力资源和社会保障局于 2017 年 12 月 9 日向彭某单位平江县文化馆下达通知，要求彭某办理退休手续。该馆将该通知内容告知彭某，同时配合平江县人力资源和社会保障局办理了彭某退休手续，彭某对该通知不服向法院提起行政诉讼。平江县人力资源和社会保障局辩称其通知平江县文化馆办理彭某退休手续是行政指导行为，不具有强制力，不产生彭浩明退休的法律效力，故本案不属于人民法院受案范围。另查明，平江县级企业职工退休审批以及对事业单位人事管理由平江县人力资源和社会保障局行使。关于退休年龄的确认，劳动和社会保障部"关于制止和纠正违反国家规定办理企业职工提前退休有关问题的通知"规定："对职工出生时间的认定，实行居民身份证与职工档案相结合的办法，当事人身份证与档案记载的出生时间不一致时，以本人档案最先记载的出生时间为准"。

问题：本案中平江县人力资源和社会保障局向彭某单位平江县文化馆下达的该通知的性质如何？

理论知识

一、行政指导的概念和特征

（一）行政指导的概念

行政指导是行政主体在其职责范围内，为实现一定的行政目的，充分发挥引导和服务的职能，通过建议、劝告、引导等非强制性的方法，指导行政相对人为或不为一定行为的一种非强制性的行为。

（二）行政指导的特征

1. 行政指导的行政性。行政指导具有行政性是指：①行政指导是基于行政职能作出的，行政指导的实施主体是行政主体。只有具有行政主体资格的行政机关和法律、法规授权的组织才能实施行政指导行为。其他主体作出的指导行为不能称为行政指导，如医学专家对人们如何防治疾病方面的建议等。②行政指导的目的是通过一种非行政命令行为，来适应现代市场经济多变的社会、经济生活对行政管理的需要。③行政指导是以调整行政关系为其内容的一种行为。

2. 行政指导的非强制性。这是行政指导不同于传统行政的最主要的方面。行政指导是不直接产生法律后果的行为，与具有强制力的行政命令行为不同，它主要以指导、劝告、建议等柔性的、非强制性的方式进行，并辅以利益诱导机制，向行政相对人施加作用和影响，促使其为或者不为一定的行为，以达到一定的行政目的。行政指导所针对的行政相对人有遵从行政指导与否的自由。即使行政相对人不按照行政指导的要求去执行，也不能依靠国家强制力保证行政指导内容的实现。

3. 行政指导的广泛性。行政指导一般适用于较大幅度的弹性的管理领域，其方法多种多样。适用于灵活性大、协调性强的经济管理部门、科技管理部门和某些社会管理部门等领域，容易取得效果。在这样的领域摈弃传统的行政命令式的管理模式，采用非强制手段，如指导、劝告、建议、告诫等多种方式，来实现一定的行政目的，既可避免行政相对人消极抵触情绪，又可避免在这些领域出现放任自流的状态，有利于维护行政管理秩序。

4. 行政指导的法定性。行政指导应符合法治原则的要求。行政主体作出行政指导必须适用法律优先的原则，必须尊重法律，只能在法律范围内活动，不能超越行政主体的职权范围，不能作出法律已明文禁止的行为。行政指导应是行政主体在法定权限范围内的自由裁量行为。

本节引例中，平江县人力资源和社会保障局向平江县文化馆发出的通知确认了彭某的出生日期，导致了彭某按该确认的出生日期退休的后果，平江县人力资源和社会保障局的行为系对特定人的出生日期予以确认，并由此对特定人产生了具体实际影响，平江县人力资源和社会保障局的该行为不属于行政指导，该通知是行政确认，彭某认为平江县人力资源和社会保障局的该通知侵犯了其合法权益而向人民法院提起行政诉讼，符合法律规定，属于人民法院受案范围。

二、行政指导的种类与作用

（一）行政指导的种类

1. 法定性行政指导和职能性行政指导。以行政指导有无具体的法律依据为标准，可分为法定性行政指导和职能性行政指导。法定性行政指导，也可称为有具体法律依据的行政指导，是指有法律、法规、规章明文规定的行政指导。职能性行政指导，也可称为无具体法律依据的行政指导，是指没有法律明文规定的行政指导。行政主体可以在其职权范围内，基于行政组织法的一般授权，按照法律精神或原则，实施行政指导。

2. 普遍的行政指导和具体的行政指导。以行政指导的对象是否具体为标准，可分为普遍的行政指导和具体的行政指导。普遍的行政指导是指行政主体针对不特定的行业、地区的行政相对方所进行的行政指导。普遍的行政指导具有全局性、长期性的特点。具体的行政指导是指行政主体针对特定的行业、地区的行政相对方所进行的行政指导。具体的行政指导则带有局部性、临时性的特点。具体的行政指导是普遍的行政指导的具体化。

3. 激励性行政指导和抑制性行政指导。以行政指导所体现的行政主体对行政相对人的期望为标准，可分为激励性的行政指导和抑制性的行政指导。激励性的行政指导是行政主体通过具体的指导措施，鼓励行政相对人积极实施某种行为的行政指导。如对失业人员提供的再就业指导等。抑制性行政指导是指行政主体通过具体的指导措施，劝导行政相对人不为一定行为的行政指导。例如，劳动部门劝导用工单位不要恶意拖欠职工的工资等。

另外，以行政指导所蕴含的行政意向的强弱为标准，将行政指导分为警示性行政指导和非警示性行政指导；以行政指导作用的领域为标准，将行政指导分为教育行政指导、卫生行政指导、公安行政指导、环境行政指导、金融行政指导等。

（二）行政指导的作用

1. 对法律的补充作用。由于立法程序和形式的局限，立法进程往往不能适应实际行政工作的需要，从而在现实行政领域出现了大量的行政"法律空白"地带。根据"无法律无行政"的原则，对于这样的空白地带，行政主体不能用强制性的行政手段进行控制，但又不能完全无视相应的行政需要。因此为弥补这样的法律真空，行政主体有必要及时、灵活地采取这种不具有强制性的行政指导来调整有关事项，从而有效地实现行政目标。

2. 辅导和促进作用。行政主体在知识、信息、政策等方面具有优越性，因而良好的行政指导能有效地引导行政相对人进行有关行为的正确选择，从而有利于促进社会经济与科技的健康发展。特别是在市场经济体制下，具有新型的协作精神的行政指导更能发挥其导向和促进作用，合理引导、影响行政相对人的行为选择，保障社会主义市场经济顺利发展。

3. 协调和疏导作用。社会生活的多元主体之间的利益矛盾和冲突是难免的。为避免这种矛盾和冲突对正常社会经济秩序的干扰和破坏，需要通过各种途径和手段对之进行协调，而行政指导正是一种灵活有效的协调手段。由于行政指导的非强制性和自主抉择性，使其在缓解和平衡各种利益主体间的矛盾与冲突中具有特别有效的作用。尤其是对于社会经济组织之间的冲突，更需要通过行政指导进行协调和斡旋。此外，对于某些一时发生隔阂、阻碍的社会关系，也需要采取行政指导及时地予以疏导和调节。

4. 预防和抑制作用。在现实生活中，某些社会组织和个人往往存在一种为增进自身利益而不顾社会利益的倾向。对此需要通过某种外在影响力加以适当抑制。在损害社会利益的行为尚处于萌芽状态时，最适宜采取行政指导这种非强制性的积极行政方式进行调整。实践证明，行政指导对于可能发生的妨害社会经济秩序和社会公益的行为，可以起到防患于未然的作用；对于刚萌芽的妨害行为，则可以起到防微杜渐的抑制作用。

三、行政指导的实施和完善

（一）行政指导的实施

行政指导虽不具有法律上的强制力，对行政相对方的权益不会造成直接的影响。但其以行政职权为后盾，对行政相对方是一种无形的压力，如果运用不当，同样会对行政相对人的合法权益造成损害。因此，正确实施行政指导行为必须符合以下条件：

1. 行政指导必须在法定权限范围内进行。行政主体实施行政指导的内容必须是自己管理权限范围内的行政事务，不得超越其法定职责权限，否则即构成行政越权。是否还需要法律、法规的具体条文规定，则应当根据行政指导的条件、内容等情况决定。

2. 行政指导的内容必须合法适当。行政指导的内容不得违反法律、法规的规定。任何诱导、劝告行政相对方背离法律规定或者背离法律的基本精神的行为都构成行政违法。为此，要求行政主体及其工作人员应当具有行政法治观念和相应的业务水平，并且在民主、公开的基础上实施行政指导行为。

3. 行政指导必须遵循并符合法定程序。行政指导的程序原则上应由法律、法规规定，尤其是某些带有规制、抑制、矫正性质的行政指导，更需要有法律、法规明确其程序。这些程序应当包括采用书面形式、指导的内容和过程要公开、说明指导的理由和依据、听取行政相对人的陈述等。对于带有授益、助成、诱导、预防性质之类的行政指导，诸如指导公民教育、就业、生活等，可参照规制类的行政指导程序，或者适当放宽某些程序。目前我国行政立法为行政主体实施行政指导提供的基本上是实体依据，行政主体如何实施行政指导的程序依据基本上还是空白。为此，应当加强行政指导在程序方面的立法。

（二）行政指导的完善

我国现阶段的行政指导在实际执行中不可避免地存在一定问题，主要表现在：行政指导行为的规范化、制度化的程度低。表现为：①行政指导往往出现空洞化倾向。无论是法律上对之规定，还是行政主体基于行政的实际需要作出的行政指导，都没有明确、严格、具有可操作性的程序规定或制度保证。②行政指导强制化的倾向。在行政管理中，行政主体以传统行政观念对待行政指导，将指导的内容看作行政相对人的一种必须履行的义务。当行政相对人没有按照指导的要求去执行时，行政主体就通过各种手段迫使行政相对人执行。这使行政指导变成了强制性的行政命令，行政指导也丧失了其应有的功能，而只是一种带有行政指导之名的强制性的行政手段。③法律上缺乏对行政指导的约束和纠错机制。行政指导作为一种行政活动方式，必然存在违法运用、不当运用或出现失误的可能，因而需要加以约束和设定补救方法。但目前我国法律在这方面的规定还几乎是空白，这使得行政指导的实施缺乏必要的制度保障。

　　针对行政指导在现实中出现的问题，必须采取相应的措施予以防范或纠正。主要有：①在立法中对行政指导的实施程序、具体形式等，根据具体情况作出相应的规定，使行政指导有章可循、有法可依。②要建立完善的行政指导信息的收集、整理与反馈制度，使行政主体的行政指导有足够的信息基础，尽量保证指导的科学性和合理性。③要建立适当的行政指导责任和救济制度，对行政主体的一些严重误导行为和强制行政相对人实施的所谓行政指导等行为，为行政相对人提供必要的救济途径。

第三节　行政协议

本节引例

石某、杨某与通道侗族自治县住房和城乡建设局征收补偿协议纠纷案[1]

　　2015 年 10 月 8 日，通道侗族自治县人民政府发布通政函（2015）109 号《关于实施城北××区城北片区国有土地上房屋征收的决定》及《通道侗城北××区城北片区房屋征收项目征收补偿安置方案》，并于同日公布。《城北××区城北片区国有土地上房屋征收的决定》及《通道侗城北××区城北片区房屋征收项目征收补偿安置方案》载明征城北××区城北片区，项目占地总面积 83.32 亩，建筑面积 6758.33 ㎡，涉及石某、唐某等 56 户拥有产权证书的个人房屋，征收用途为：五中配套生活用地、城市道路、防洪堤及沿河风光带建设用地。通道县住建局以"五中配套生活用地"项目名义与石某、杨某签订了房屋征收补偿协

---

〔1〕　参见湖南省通道侗族自治县人民法院行政判决书（2016）湘 1230 行初 13 号，引自中国裁判文书网。

议。通道县住建局与石某、杨某签订的房屋征收补偿协议约定的补偿标准符合《通道侗城北××区城北片区房屋征收项目征收补偿安置方案》的规定，石某、杨某亦依约领取了部分房屋补偿款，石某、杨某以"五中配套生活用地"项目不存在为由要求法院确认其与通道县住建局签订的征收补偿协议无效。

问题：石某、杨某的主张是否应得到法院支持？

理论知识

一、行政协议的概念与特征

（一）行政合同的概念

行政协议[1]，又称行政合同，是指行政主体为实现国家行政管理的某些目标，在法定职责范围，通过协商一致与行政相对人之间签订的具有行政法上权利义务关系的协议。行政协议既有行政的特点，又有合同的一般特点，行政特点和合同特点的结合，构成了行政协议的特征。

（二）行政协议的特征

1. 行政协议的双方当事人中，必有一方是行政主体。行政协议的行政性首先是由主体决定的，即在行政协议法律关系中必有一方主体是行政主体。行政协议实质上是行政主体通过与行政相对人协商的方式来行使其对国家和社会公共事务管理权的表现。

2. 签订行政协议的目的在于实施国家行政管理的目标，行政协议的内容涉及国家和社会的公共事务。因此，它受法律的特别保护，由不同于一般民法规则的特别规则调整。

3. 行政协议以双方当事人意思表示一致为成立的要件。虽然行政协议是行政主体行使其对国家和社会公共事务管理职权的一种方式，但其成立前提是协议双方意思表示一致。在这一点上行政协议区别于一般行政行为。

4. 行政协议的内容为可以约定的事项。行政协议的制定主体，在协商基础上对行政管理所涉及事项进行约定。此约定的事项为可以约定的事项，其特征为：①不能为创设公权力的事项。行政协议主体不能通过契约创设公权力。例如不得在行政契约中约定行政强制措施；再如不能通过契约对违反行为科处刑罚，因为创设公权力属于法律专管事项。②约定的事项为可以弹性管理的事项。例如，日本地方自治体的生态环境监管既包括公害防治条例的垂直监管，也包括以公害防治协定、环境保护协定为依据的水平监管，后者因具有针对各排污

---

〔1〕《行政诉讼法》在 2014 年 11 月修订时将行政协议案件正式纳入行政诉讼受案范围。

企业的不同特点进行管理的弹性而在实践中被广泛应用。公害防治协定包含了以下主要内容，即排污企业公害防治信息的公开、地方自治体对排污企业的现场检查、企业应当采取的公害防治措施、公害损害发生后的处理措施、企业开发行为对自然环境的考量、开发之后的自然环境修复等。公害防治协定所具有的灵活性、针对性及可诉性等特点使其成为地方自治体进行生态环境监管的重要模式。[1]

5. 行政协议贯彻行政优益权原则。由于行政协议是为了国家和社会公共利益，因此国家通过法律赋予行政主体许多职能上的优益权。在行政协议的缔结、履行或解除中，双方当事人并不处于完全平等的法律地位，行政主体可以选定协议的一方当事人，对合同的履行有监督权、指挥权，还可以根据国家行政管理的需要，单方面地行使协议变更权和解除权，而相对一方当事人则没有这些权利，处于相对被动、劣势的地位。当然，行政协议中行政优益权的行使是有条件的，要受公平、合理、合法原则的支配。行政主体非因相对一方当事人的过错而解除协议，导致相对人财产上损失的，其应承担赔偿或补偿的责任。

6. 行政协议纠纷通过行政法上的救济途径解决。在我国，民事合同纠纷由民事审判庭审理，经济合同纠纷由经济审判庭处理，而行政协议纠纷的处理途径尚未明确。根据行政协议的前述特征，其显著的公法目的性和浓厚的行政优越性，决定了行政协议既不同于民事合同又不同于经济合同，其纠纷解决不宜通过民事经济争议处理途径，而应遵循行政争议的解决途径，即通过行政复议、行政审判等方式处理。

二、行政协议的作用

在我国，行政协议的观念与方式的导入，与行政管理体制改革和市场经济责任制思想的出现相联系，特别是从计划经济向市场经济转轨而引发政府职能和管理手段变化、国家所有权和经营权分离，行政机关管理国家和社会公共事务的方式也相应地发生了重大变化，出现了行政机关之间、行政机关与公民、法人或其他组织之间以双方意思表示一致而确立行政法律关系的非权力性的行政合同。行政协议是一种富有灵活性和现代色彩的管理形式，具有刚柔相济的优点，可以较好地发挥行政主体和行政相对人双方的主动性和创造性，有利于国家行政目的的实现。作为行政命令、行政处罚、行政强制等传统管理手段的重要补充形式，行政协议的观念受到关注并在实际行政管理中广泛运用，在建

---

〔1〕 参见张建伟、赵向华："日本生态环境监管体制及其启示"，载《天津大学学报（社会科学版）》2018年第4期。

立和发展社会主义市场经济中发挥着越来越重要的作用。

（一）行政协议有利于更好地实现国家行政目标，有利于避免互相扯皮、推诿，杜绝不负责任的官僚主义作风

行政协议是行政主体为实现国家行政目标而采用的一种行为方式，因而行政协议的一方当事人行政主体，在行政协议的订立或履行过程中，始终起着主导作用。在行政协议的履行过程中，行政主体可以根据具体情况的变化而单方面地修改、中止甚至解除协议，以保障公共利益即行政目标的实现，而行政协议相对一方当事人的契约自由权就要受到相应的限制。虽然行政协议中存在着行政主体和相对一方当事人之间地位上的不平等，但是，订立行政协议可以使行政主体和相对人的权利义务相对确定和明晰，协议内容对当事人双方均是一种限制和制约。因而，行政主体虽然享有行政优益权，但其行为必须受协议规定的制约。给相对人带来损害或损失的，行政主体应该给相对人以相应的赔偿或补偿。

（二）行政协议有利于行政相对人更好地发挥积极性和创造性

在文化、科研、教育、资源开发以及环保、给付行政等领域，用简单、强硬的行政命令手段，往往难以达到理想的行政目标。采取行政协议的方式，既便于实现行政目的，又保留了制裁对方违约行为的权利，可以避免相对人不负责任、不认真履行协议的弊端，而其优惠待遇等一系列利益机制，可以激励相对人充分发挥其主观能动性和最大的创造性。正确运用行政协议，可以保证行政权的正确运用，充分发挥行政相对人的积极性和创造性。

（三）行政协议可以使协议争议投诉有门、解决有据

通过签订行政协议，使行政主体和行政相对人的地位明确，各自的权利义务得以明晰，如果在履行行政合同中发生争议，当事人可以据此向人民法院提起诉讼，寻求法律保护或救济。

三、行政协议的分类

（一）行政协议的理论分类

根据不同的标准，行政协议可以进行不同形式的理论划分。

1. 金钱给付协议和非金钱给付协议。根据合同是否具有给付内容，行政合同可分为有金钱给付内容的合同和无金钱给付内容的合同。

2. 各种专业管理行政协议。根据行政机关的职务范围不同，行政协议可分为各种专业管理协议，如环境保护管理行政协议、教育管理行政协议、自然资源管理行政协议等。

（二）行政协议的实践分类

目前，在我国行政实践中较为常见的行政协议类型主要有：

1. 政府特许经营协议。在某一特定公共领域，为了公共利益的需要，政府经过公开招标等法定程序，与公民、法人或其他组织协商一致，特别许可其对某项公共产品或者公共服务享有一定程度的排他性或垄断性经营权，政府与特许经营者以协议的形式约定各自的权利义务，此协议为政府特许经营协议。例如政府部门与特许经营企业之间签订《城市生活垃圾处理特许经营协议》，以解决城市生活垃圾处理。

2. 公益征收协议。行政主体为社会公共利益，在依法给予补偿的前提下，与相对方签订征收其财产的行政协议。公益征收协议也是行政协议的一种，其广泛运用于交通、运输、城市建设、土地管理等领域。例如，《土地管理法》《国有土地上房屋征收与补偿条例》等法律、法规对此类协议均有规定。政府有关部门应与被征收财产的所有人或使用人，就补偿、安置等问题签订书面协议。

3. 国有土地使用权出让协议。国有土地使用权出让协议是管理和特许使用国有土地使用权行为的方式，是政府机关履行国有土地行政职能，实现国有土地合理高效使用的有效途径，是依据行政管理法规，在协商的基础上订立的明确政府和使用者之间权利、义务关系的协议。[1] 在20世纪80年代以前，我国国有土地实行的是行政划拨供地制度。之后，政府供应土地方式由原来无偿划拨向有偿协议出让转变。政府机关代表国家签订的国有土地使用权出让协议是为了实现土地资源使用管理，高效配置有限土地资源，国土部门作为行政主体，承担着行政管理者的角色，享有行政优益权，可以单方变更协议，行使行政监督、检查等行政权。

4. 国有资产承包经营、出售、租赁协议。行政机关或者其委托的组织，为推行行政政策，提高行政效率和经济效益，与公民就国有资产的承包经营、出售或者出租事宜签订协议，如国有企业承包经营协议、小型国有企业租赁协议等，属于行政协议。

5. 教育行政协议。教育行政协议主要包括在教育领域，行政机关、学校与学生、教师等签订的协议。教育行政协议的目的在于实现国家对教育事务的管理，具有较强的行政性。在法国，教育本身属于执行公务的方式。学校和教师、研究人员、专业技术人员之间签订的协议属于行政协议。在我国，教育行政协

---

〔1〕 参见杨科雄："国有土地使用权出让合同属于行政协议"，载《人民法院报》2017年2月8日，第6版。

议一般是委托培养协议、毕业分配保证协议等。

6. 矿产资源使用权出让协议。《矿产资源法》第 3 条第 3 款规定，勘查、开采矿产资源，必须依法分别申请、经批准取得探矿权、采矿权，并办理登记。第 5 条规定，国家实行探矿权、采矿权有偿取得的制度。在行政执法实践中，有关主管部门探索采取行政协议的方式进行管理。

7. 公共工程协议。设立行政协议制度的德国、法国以及我国的台湾、澳门地区等，公共工程、公共设施建设、运营等协议均被认为属于典型的行政协议。这种协议主要适用于政府负有提供责任又适宜市场化运作的公共服务、基础设施类项目。实践中已经在高速公路、桥梁、大型能源、市场基础设施建设等领域广泛采用，是转变政府职能的重要改革举措和行政管理的一种新的方式。[1]

8. 治安处罚担保协议。《治安管理处罚法》规定了公安机关与被拘留处罚的人或者其近亲属之间达成的暂缓执行的协议，此类型的协议为治安处罚担保协议。被处罚人不服行政拘留处罚决定，申请行政复议、提起行政诉讼的，可以向公安机关提出暂缓执行行政拘留的申请。公安机关认为暂缓执行行政拘留不致发生社会危险的，由被处罚人或者其近亲属提出符合条件的担保人，或者按每日行政拘留 200 元的标准交纳保证金，行政拘留的处罚决定暂缓执行。担保人应当保证被担保人不逃避行政拘留处罚的执行。担保人不履行担保义务，致使被担保人逃避行政拘留处罚的执行的，由公安机关对其处 3000 元以下罚款。被决定给予行政拘留处罚的人交纳保证金，暂缓行政拘留后，逃避行政拘留处罚的执行的，保证金予以没收并上缴国库，已经作出的行政拘留决定仍应执行。行政拘留的处罚决定被撤销，或者行政拘留处罚开始执行的，公安机关收取的保证金应当及时退还交纳人。

9. 行政强制执行和解协议。《行政强制法》第 42 条规定，实施行政强制执行，行政机关可以在不损害公共利益和他人合法权益的情况下，与当事人达成执行协议。执行协议可以约定分阶段履行；当事人采取补救措施的，可以减免加处的罚款或者滞纳金。执行协议应当履行。当事人不履行执行协议的，行政机关应当恢复强制执行。这种协议属于行政强制行为的替代协议，属于行政协议。

除了以上行政协议之外，水土流失治理协议、节约资源削减污染物排放量协议、行政委托协议、环境保护责任状、治安管理责任状、劳动就业责任状、安全生产责任状等也属于行政协议。

---

〔1〕 参见梁凤云："行政协议案件的审理和判决规则"，载《国家检察官学院学报》2015 年第 4 期。

四、行政协议的缔结、履行、变更和消灭

（一）行政协议的缔结

1. 缔结行政协议的规则。行政主体与行政相对人缔结行政协议，一般应遵循以下规则：

（1）必须有法律根据或明确的法律授权。行政主体订立行政协议的行为与平等民事主体之间签订民事合同享有很大的自由和自主权不同，行政主体只能在法律明确规定或授权下，才可订立行政协议。

（2）行政协议必须出于行政需要。这种行政需要既要有法律、法规的明确规定，又要基于法律、法规的原则精神和行政管理的实际情况。

（3）行政主体缔结行政协议，不能超越行政权限。行政主体缔结行政协议，不能超越自己管辖的事务范围和权限范围，否则就属于无效协议。

（4）内容合法。行政主体不得就国家法律、政策明令禁止的事项与行政相对人缔结行政协议。协议的内容不得与法律相抵触。

（5）坚持公开竞争原则。缔结行政协议必须公正、公开、平等竞争，这样可以制约行政恣意，保证行政主体合理、公正地运用其在行政协议中的主导权，有利于通过行政协议圆满实现行政目的。

（6）采用书面形式。行政协议一般采用书面形式。

2. 行政协议的缔结方式。缔结行政协议的主要方式有：

（1）招标。即指行政主体通过一定方式，公布一定的条件，向公众发出以订立行政协议为目的的意思表示。行政主体作为招标人在发出招标公告前或公告后，需要制定标底，标底不能公开。行政相对人按照行政主体公布的资格和条件进行投标。行政主体经过评议后，与提出最优条件的投标人签订协议。招标是缔结行政协议较常见的方式。

（2）拍卖。这是行政主体作为拍卖人向公众发出的以订立行政协议为目的的意思表示，行政主体在同意拍买人的条件后，协议即告成立的一种方式。拍卖与招标相比，区别在于：相互竞争的拍买人彼此知道其他拍买人的条件，可以随时改变自己要约的内容，行政主体与条件最优的拍买人订立合同。这种方式通常适用于国有资产的出让。

（3）邀请发价。这是指行政主体出于政治、经济、技术等方面的原因，在招标时不一定与要价最优的行政相对人缔结合同，而是邀请选择其认为最恰当的行政相对人签订合同。这种方式一般也采取公开的招标，但在投标的基础上，行政主体可以在参加投标的行政相对人中选择协议的相对方。

（4）直接磋商。这是指行政主体在某些特殊情况下，直接与其他组织或公

民进行协商，签订协议。这一般只能适用于需要保密的协议、情况紧急的协议、某些特殊的高度专门技术的协议、研究实验协议和特别方式履行的协议等。

（二）行政协议的履行

依法成立的行政协议具有法律约束力，双方当事人必须全面、正确、及时地履行，以圆满地实现行政协议的目的。为了确保协议的履行，一般要求行政协议履行必须遵循以下规则：

1. 实际履行。缔结行政协议的目的在于实现行政管理目标，实现国家和社会的公共利益。因此，行政协议所确定的内容必须获得实现。无论缔约双方当事人之间存在何种矛盾或争议，只要公共利益需要，而当事人又有能力履行的，就必须实际地履行，不允许任意变更标的或用违约金和赔偿损失的方法代替协议的履行。

2. 自己履行。行政协议的性质决定了其非常重视当事人的个人因素，因此，协议缔结以后，只要没有取得行政主体的同意，当事人就不得自行更换，也不得委托给其他人代为履行。

3. 全面、适当、及时履行。行政协议的当事人应按照协议规定的内容，全面、适当、及时地履行，不得任意增加或减少协议规定的内容，严格按照协议条款的规定履行。在协议执行中，除法律规定的特别情况外，当事人不能对协议的标的、履行期限、履行方式、履行地点任意进行变更，也不能只履行部分条款或部分内容，不能采取不适当的方式造成协议履行困难，或增加履行的负担。

（三）行政合同的变更和消灭

1. 行政协议的变更。这是指已订立的行政协议在不改变其基本性质的前提下，行政主体基于特定的法律事实和行政优益权，对涉及协议主体、标的、内容等条款作相应的修改、补充或限制的活动。行政协议变更的主要情形是：行政主体为了国家和公共利益的需要，依法行使裁量特权，单方面变更协议；由于一定的法律事实的出现，如不可抗力等原因，从而需要变更行政协议。行政协议的变更部分不再履行，但原协议中的未变更部分应当履行。双方当事人应按照协议变更后确定的权利义务关系履行合同。

2. 行政协议的消灭。具体包括：

（1）行政协议解除。这是指协议当事人尚未履行或未全面履行合同时，当事人提前结束协议约定的权利义务关系，不再履行协议。行政协议的解除方式主要有：①单方面解除协议。这是行政主体单方意思表示所产生的解除协议。②双方协商解除协议。这是经双方当事人协商，意思表示一致所产生的解除协议。这种方式通常是由行政相对人提出解除协议的意思表示，在征得行政主体同意后提前终止行政协议效力。

（2）行政协议的终止。行政协议终止的情况主要有：协议履行完毕或协议期限届满；双方当事人同意解除协议；行政主体单方面解除协议；因不可抗力导致协议履行已不可能；因一方或双方过错，经有权机关决定或法院判决解除协议。

五、行政协议双方当事人的权利和义务

（一）行政主体的权利和义务

行政主体的权利主要有：①选择行政协议相对方的权利。订立行政协议时，行政主体可以根据实际情况和要求，选择适当的协议相对方。②对协议履行的监督权和指挥权。行政主体在行政协议中具有双重身份，既是协议的当事人，应受到协议的约束，同时又代表国家行使行政管理权，有权对协议的履行进行监督、控制和指挥。③有权单方面变更或解除行政协议。在协议履行中，行政主体根据国家法律或政策的修订或调整，以及公共利益的需要，有权单方面变更或解除行政协议。但是，这种权力的行使应当受到限制。具体要求是：这种权利只能在公共利益需要的限度内行使；不能变更或解除与公共利益无关的协议条款；因变更或解除协议而造成相对人损失的应予以补偿。④有权对不履行或不正确履行协议的相对人进行制裁。制裁权是行政机关保障协议履行的一种权力，如果相对人违反协议，行政机关可依法予以制裁。

行政主体的义务主要是：①依法履行协议的义务。行政主体作为协议的一方当事人应当依法履行协议规定的义务，不能因自己地位优越而不履行协议义务。②保证兑现其应给协议相对方当事人的优惠或照顾的义务。③给予相对人物质损害赔偿或补偿的义务。在协议履行过程中，凡是因行政主体的原因引起协议的变更、解除，从而使相对人受到物质损害的，行政主体负有赔偿或补偿的义务。④按照协议规定，行政主体有给付行政相对人价款的义务。

（二）行政相对人的权利和义务

行政相对人权利主要有：①取得报酬权。行政相对人应当获得的报酬除了由法律、法规直接规定外，通常是在协议中加以规定的。行政协议中的报酬是对行政相对人付出的劳务、服务，以及提供的物质产品的价金。行政协议中规定的报酬条款，行政主体不能单方面变更。②损害赔偿请求权。行政协议中的损害赔偿请求权，是类似民事合同的一项权利。相对人因行政主体的过错而受到损害时，可以申请要求过错行政主体赔偿或请求人民法院判决其赔偿。③损失补偿请求权。行政协议签订后，行政主体出于社会公益的需要，单方面变更

或终止协议的特权行为造成相对人的损失时，相对人可以提出要求行政主体予以补偿损失的权利。行政主体因特权行为造成行政相对人损失或增加行政相对人负担的，不论具体协议中有无规定，行政相对人都可以请求补偿。这种损失补偿请求权对于维护行政相对人合法权益非常必要，也是因为设定行政主体特权而必须为行政相对人设定的救济。否则，这种特权不能成立。④不可预见的困难情况的补偿权。行政协议在执行过程中，有时可能出现当事人订立协议时不能预见的困难情况，从而使协议的履行受到影响，会加重相对人的负担。对此，行政相对人有权请求行政主体共同承担损失，或请求行政主体予以补偿。

行政相对人的义务主要是：按照协议规定的要求和期限，认真履行协议规定的义务；接受行政机关的管理、监督和指挥的义务。

本节引例中，通道县住建局与石某、杨某签订的房屋征收补偿协议约定的补偿标准符合《通道侗城北××区城北片区房屋征收项目征收补偿安置方案》的规定，石某、杨某亦依约领取了部分房屋补偿款，房屋征收补偿协议并未损害石某、杨某的合法权益。石某、杨某以"五中配套生活用地"项目不存在为由要求确认其与通道县住建局签订的征收补偿协议无效，缺乏事实与法律依据，法院判决驳回石某、杨某的诉讼请求正确。

延伸阅读

其他行政行为，还包括行政规划、行政确认、行政奖励、行政裁决、行政给付、行政调解等。

行政规划，是指行政主体在实施公共事业及其他活动之前，首先综合地提示有关行政目标，事前制定出规划蓝图，作为具体的行政目标，并进一步制定为实现该综合性目标所必需的各项政策性大纲的活动。[1]例如，《安徽省"十五"汽车工业发展规划》是对安徽省汽车工业在"十五"期间的战略定位、方向和重点予以明确的行政规划。

行政确认，是指行政主体依法对行政相对人的法律地位、法律关系或有关法律事实进行甄别，给予确认、认定、证明并予以宣告的具体行政行为。例如，婚姻登记是婚姻登记机关对已存在的婚姻事实及婚姻关系的确认。经确认，婚姻生效，才能得到法律的保护。婚姻登记是一种行政确认行为。

行政奖励，是指行政主体为表彰先进、激励后进，充分调动和激发人们的积极性和创造性，依照法定条件和程序，对为国家、人民和社会作出突出贡献

---

〔1〕　姜明安主编：《行政法与行政诉讼法》，北京大学出版社、高等教育出版社 2007 年版，第 296 页。

或模范地遵纪守法的行政相对人，给予物质的或精神的奖励的具体行政行为。[1] 例如，国家科学技术进步奖是五项国家科学技术奖之一，是中国国家科学技术奖励委员会主办的在科学技术方面设立的国家级奖励。为奖励在科技进步活动中作出突出贡献的公民、组织，国务院设立了五项国家科学技术奖：国家最高科学技术奖、国家自然科学奖、国家技术发明奖、国家科学技术进步奖和中华人民共和国国际科学技术合作奖。

行政裁决，是指行政主体依照法律授权，对当事人之间发生的、与行政管理活动密切相关的民事纠纷进行审查，并作出裁决的具体行政行为。行政裁决是行政主体广泛运用的一种裁决方式，例如，《专利法》《商标法》《土地管理法》等法律，授权行政机关可以对当事人之间发生的、与行政管理活动密切相关的侵权赔偿争议和权属争议予以裁决。

行政给付，是指行政主体为保障人民生活达到一定水准而进行的给付活动，包括公共辅助、社会保险、公共卫生、公共医疗和社会福利。[2] 例如，公民在失业、低经济收入或者遭受天灾、人祸等特殊情况下，可以向行政主体申请帮助，行政主体依照有关法律、法规、规章或者政策的规定，赋予申请人一定的物质权益或者与物质有关的权益。

行政调解，是指由行政机关主持的，以法律、政策为依据，以自愿为原则，通过说服教育的方法，促使双方当事人友好协商，达成协议，从而解决争议的活动。行政调解属于诉讼外调解，所达成的协议均不具有法律上的强制执行的效力，但对当事人均应具有约束力。

思考题

1. 简述行政征收与行政征用、行政征购及公益征收的区别。
2. 试论述行政指导的种类与作用。
3. 试论述行政协议双方当事人的权利与义务。

实务训练

案例一：新郑市郭店镇宏达建材厂不服新郑市郭店镇人民政府行政收费案

在新郑市郭店镇宏达建材厂建厂经营期间，新郑市郭店镇人民政府下属部

---

[1] 张正钊主编：《行政法与行政诉讼法》，中国人民大学出版社 2004 年版，第 153 页。

[2] [日] 南博方：《日本行政法》，杨建顺、周作彩译，中国人民大学出版社 1988 年版，第 29~30 页。广义上的行政给付，包括供给行政、社会保障行政、财政资助行政。

门郭店镇村镇建设土地管理所于 2006 年 11 月 9 日收取了该厂用地手续费 5 万元，2007 年 5 月 8 日又收取现金 1 万元，2007 年 5 月 31 日新郑市郭店镇人民政府下属部门镇协税护税办公室收取 2007 年砖窑场赋税 7 万元。2007 年 6 月 28 日，新郑市郭店镇人民政府通知该厂停止生产、拆除供电设备、拆除砖机、拆除窑体，并于 2007 年 7 月 10 日前将该土地恢复耕种。新郑市郭店镇宏达建材厂认为，新郑市郭店镇人民政府收取的上述各项费用没有法律依据，要求其退还，未果，遂诉至人民法院，请求依法判决新郑市郭店镇人民政府退还收取的 13 万元费用。法院受理了本案。

问题：新郑市郭店镇人民政府下属部门在向新郑市郭店镇宏达建材厂收取费用时是否必须有法律依据？

案例二： SARS 疫情管理中的行政指导[1]

为控制 SARS 疫情，2003 年行政机关根据实际需要采取了许多具有强制性的行政行为，例如一些地方政府紧急征用若干宾馆、饭店用于隔离观察非典接触者，一些地方行政执法机构禁止影剧院放映通宵和连场电影，乃至暂时停止网吧等文化娱乐场所营业，在车站、港口等处强制检测体温，等等。而与此同时，行政机关还采取了比较柔软灵活、不具有强制性的许多行政指导。有的是针对一个区域内不特定多数行政相对人作出的，例如教育部公布《对"五一"期间高校学生活动安排和学生管理工作的指导建议》，卫生部公布《公众预防传染性非典型肺炎指导原则》及国家质检总局公布《过氧乙酸消毒液安全使用指南》，有的是针对一个或多个特定行政相对人作出的，例如到社区内非典疑似人员家中劝说其去医院隔离就诊等。

问题：在危机管理实务中如何合理运用行政指导？

案例三： 郭某、陈某与息县濮公山管理区行政合同纠纷案

2005 年 8 月 1 日，息县濮公山管理区所属的资源管理办公室（以下简称资源管理办公室）与郭某、陈某签订《河砂资源管理目标协议书》，资源管理办公室委托郭某、陈某对息县长陵乡辖区所有沙场实施管理，并负责征收资源补偿费，由郭某、陈某向被告一次性交清全年黄沙资源补偿费 2.6 万元，合同期限为 2006 年 6 月 30 日至 2007 年 6 月 30 日。郭某、陈某依该协议规定向被告所属

---

〔1〕 参见莫于川："非典危机启示之一：应重视行政指导措施在公共危机管理中的适当运用"，载《理论与改革》2003 年第 5 期。

的资源管理办公室缴纳 2.6 万元后，开始征收长陵乡辖区内沙场的黄沙资源补偿费。2006 年 9 月 27 日，息县濮公山管理区发布息濮管字［2006］24 号文件，终止长陵沙场黄沙资源补偿费代收代缴委托协议，责令资源管理办公室和执法大队负责收回各自所签订的协议。该协议被解除后，郭某、陈某多次到息县濮公山管理区协商，要求退还已缴纳的款额，但都以种种理由被拒绝。郭某、陈某向人民法院提起行政诉讼，请求法院判令息县濮公山管理区退还其缴纳的黄沙资源补偿费并按协议规定承担违约责任。

问题：息县濮管区资源管理办公室与郭某、陈某签订的《河砂资源管理目标协议书》是否为行政协议？是否有效？

案例四：　　　　广州公安局鼓励市民拍摄交通违章

为了发动群众力量打击车辆违章，广州市公安局于 2003 年 7 月 15 日发布了《关于奖励市民拍摄交通违章的通告》，让市民充当"义务监督员"，对违章车辆进行拍摄并以照片的形式向公安部门进行检举，检举者可获得一定奖励。

试分析：《关于奖励市民拍摄交通违章的通告》的性质。

第十章

行政复议

学习目标

【知识目标】

1. 掌握行政复议的概念。

2. 理解行政复议的原则。

3. 掌握行政复议的范围、管辖和复议程序。

4. 明确行政复议参加人、行政复议机关。

【技能目标】

运用行政复议法原理分析和解决行政复议案件。

第一节　行政复议概述

本节引例

徐某对违法拆迁提出行政复议案

2005 年，徐某在原有居住房屋的后面加盖了几间偏房，但是因种种原因一直没有办理相关手续。2017 年 5 月 24 日，街道工作人员和村委工作人员来到他家中口头通知加盖的偏房属于违建，但是没有下达任何书面文件。6 月 2 日，街道工作人员、当地综合行政执法人员还有村委工作人员来到现场，开始拆除偏房，但在双方僵持下，当天只拆除了门窗和部分墙角。6 月 5 日，执法人员再次来到现场，将偏房拆除夷为平地，但是在整个拆除过程中，徐某始终没有收到任何强制拆除的书面决定。2017 年 9 月，徐某向市人民政府提起行政复议。

问题：徐某能不能提起行政复议？

理论知识

一、行政复议的概念

行政复议是指公民、法人或其他组织认为行政主体的具体行政行为侵犯其合法权益，依法向行政复议机关提出复查该具体行政行为的申请，行政复议机关按照法定程序对该具体行政行为进行合法性和合理性审查，并作出裁决的活动。

（一）行政复议是行政机关的行政行为

行政复议的主体是享有行政复议权的国家行政机关。这包括两层含义：其一，行政复议机关只能是国家行政机关。其他国家机关，如立法机关、审判机关和检察机关，不能成为行政复议主体；其二，作为行政复议机关的国家行政机关必须享有行政复议权，没有行政复议权的国家行政机关不能成为行政复议机关。行政复议机关一般为作出具体行政行为的行政机关的上一级主管部门或本级人民政府。

（二）行政复议是依申请的行政行为

行政复议是一种依申请的行政行为，即行政复议是行政主体根据行政相对人的申请，在审查被申请的行政行为是否合法、适当的基础上，依法作出的一种行政行为。有权提起行政复议的只能是认为自己的合法权益受到具体行政行为侵犯的公民、法人或其他组织。应当指出，公民、法人或其他组织提出复议申请，并不要求具体行政行为事实上已侵犯其合法权益，而只要其认为合法权益受到侵犯就可以，事实上到底是否受到侵犯，只有在行政复议完结后才能确定。

（三）行政复议是化解行政纠纷的重要途径

行政复议解决的是行政争议，即行政主体与行政相对人就行政主体的具体行政行为是否合法以及是否适当而发生的争议。确立行政复议制度的目的之一就是防止行政机关及其工作人员作出违法或者不适当的具体行政行为，行政复议机关通过这种监督机制依法对违法或者不适当的行政行为进行审查和纠正。

本节引例中，行政机关依法强制拆除违法建筑前应当履行催告、制定强制执行决定、公告等法定程序，如果因行政违法对当事人造成损失，应当依法承担赔偿责任。综合行政执法局在强制拆除房屋前没有履行催告、制定强制执行决定、公告等法定相关程序，属于违反法定程序的行为。徐某是可以申请行政复议的，市政府最终确认综合行政执法局作出行政强制措施（强制拆除）违法。

（四）行政复议是一种行政救济手段

行政复议是上级行政主体对下级行政主体进行监督的一种基本形式，是国家行政救济机制的重要制度。通过行政复议，既是对行政机关的行为进行复查，纠正违法或不当的行政行为，也是对作为行政相对方的公民、法人或其他组织的合法权益的保障。行政复议比一般行政程序更为正式、严格，较司法审判程序简便、灵活，它兼顾公正与效率，具有准司法性。

二、行政复议的基本原则

行政复议的基本原则，是指在行政复议立法目的的指导下和遵循行政复议的基本规律下设定的，对行政复议活动具有指导意义的基本行为准则。

（一）合法原则

合法原则是指履行行政复议职责的行政机关必须严格按照《行政复议法》的规定，对行政相对人申请复议的具体行政行为，依法定程序进行审查，根据审查的不同情况，依法作出不同的处理决定。具体而言，合法原则有下列几个方面的要求：①履行复议职责的主体合法；②审理复议案件的依据合法；③审理复议案件适用的程序合法；④复议行为的内容合法。

（二）公正原则

公正原则是指行政复议机关必须在程序公平的约束下，正当地行使复议权。行政复议机关公正地行使复议权，对于复议机关而言，是使相对人信服，确立其权威的源泉；对于申请人而言，是申请行政复议获得行政救济的主要目的。具体而言，公正原则要求复议机关在复议过程中应当平等地对待双方当事人，无偏私、公正地作出行政复议决定。

（三）公开原则

公开原则是指行政复议机关应当向行政相对人和社会公开行政复议活动。公开意味着公民有权了解政府的活动，除涉及国家秘密、商业秘密和个人隐私之外，政府的活动均应向社会公开。具体而言，公开原则包含以下几个方面的内容：①行政复议的依据公开；②行政复议活动过程公开；③行政复议决定公开。

（四）及时原则和便民原则

及时原则是指行政机关在查明事实、分清是非的基础上，应在法定期限内迅速地解决行政争议。及时原则既有利于提高行政效率，也是保护公民、法人或其他组织合法权益的需要。具体而言，及时原则要求：①受理复议申请应当及时。行政机关在收到行政相对人的复议申请后，应当在5日内对复议申请书进行审查，对于符合法定条件的应当及时作出受理决定并通知申请人；对于不符合法定受理条件的，应当及时作出不予受理决定并通知申请人；对于符合本法规定，但是不属于本机关受理的行政复议申请，应当告知申请人向有关行政复议机关提出。②复议活动应当及时进行。行政机关受理复议案件以后，应当及时进行调查、取证、收集相关材料，在法定期限内完成复议案件的审理，并及时作出复议决定，使行政争议尽早得到解决。《行政复议法》规定，行政复议机关应当自受理申请之日起 60 日内作出行政复议决定。但是法律规定的行政复议期限少于 60 日的除外。申请人对抽象行政行为提出审查申请的，行政机关应当在 30 日内依法处理，无权处理的，应当在 7 日内转送有关机关，有权处理的行政机关应当在 60 日内依法处理。③执行行政复议决定要及时。行政复议决定一经送达，即具有法律效力，行政复议机关要督促该行政复议当事人履行。对行政机关（被申请人）不履行行政复议决定的，复议机关应责令其履行；对行政相对人在法定期限内不起诉又不履行的，复议机关应依法强制执行或申请人民法院强制执行。

便民原则是指行政复议活动应尽可能做到方便行政相对人申请行政复议，简化复议程序，节省行政相对人的时间。

第二节　行政复议范围

本节引例

青岛市人民政府不予受理崔曦元申请行政复议案

2014 年底至 2015 年初，公民崔曦元多次通过 12××8 交通投诉服务热线向青岛市道路运输管理局反映"公交集团运行学生专线车，不允许普通乘客搭乘违法，违反法律公平原则，要求给予明确的书面答复"。2015 年 6 月 16 日，青岛市道路运输管理局受理了崔曦元投诉，并于同年 6 月 19 日向其作出了书面答复，认为"一是在目前的法律法规中，没有明确禁止公交企业开通学生专线车。开通学生专线车，目的是倡导学生家长少用私家车接送学生，缓解道路拥堵，减少车辆尾气排放。二是公交企业开通学生专线，是满足学生等特殊群体的出行需要，是公交特色服务的尝试，有待于进一步观察和探讨"。崔曦元不服该答复意见，要求青岛市交通运输委员会进行复查。青岛市交通运输委员会复查后于同年 9 月 9 日出复查意见，认为："青岛市道路运输管理局作出的信访答复意见认定事实清楚，适用法律正确，程序合法，内容得当。"同时告知崔曦元："同意青岛市道路运输管理局作出的处理意见。根据国务院《信访条例》有关规定，如你对复查意见不服，可以自收到书面答复之日起 30 日内向青岛市人民政府提出复核申请，没有正当理由逾期提出申请的，视为自行放弃复核权利，该意见为信访终结意见。"崔曦元就此事于同年 7 月 2 日向被告青岛市人民政府申请行政复议。青岛市人民政府于同年 7 月 6 日作出青政复不字 [2015] 8 号不予受理决定书，并于次日送达崔曦元。

问题：信访举报事项是否属于行政复议的范畴？

理论知识

行政复议范围，是指行政相对人认为行政机关作出的行政行为侵犯其合法权益，依法可以向行政复议机关请求重新审查的范围。行政复议作为一种法律救济手段，其在解决行政争议功能上的局限性，导致行政复议机关不可能受理所有的行政争议。因此，通过立法规定行政复议范围是非常必要的。《行政复议法》规定了可以申请复议的行政行为和不可以申请行政复议的事项。

一、可申请行政复议的事项

（一）申请复议的具体行政行为

1. 行政处罚行为。根据《行政处罚法》的规定，行政处罚主要有警告，罚款，没收违法所得、没收非法财物，责令停产停业，暂扣或者吊销许可证、暂扣或者吊销执照，行政拘留以及法律、行政法规规定的其他形式的处罚。《行政复议法》仅列举七种行政处罚形式，但这不意味着具有排他性。从立法目的上看，公民、法人或其他组织对于法律、行政法规规定的其他种类的行政处罚不服的，同样可以提起行政复议。

2. 行政强制措施。行政强制措施包括限制人身自由和限制财产的行政强制措施两类。限制人身自由的行政强制措施的表现形式多样，如扣留、强制戒毒、强行隔离、强制治疗、对公共场合醉酒者的强制约束、对闹事者采取的带离现场的措施等。对财产的行政强制措施的主要形式是查封、扣押、冻结，还包括单行法律法规中规定的强制扣除、强制扣缴、强制收购、强制铲除等措施。

3. 行政许可。许可证、执照、资质证、资格证等证书是行政许可权的外化形式，行政许可是指有权行政机关根据行政相对人的申请，依法核发一定证明文书，允许证书持有人从事某一职业或进行某种活动的具体行政行为。行政机关核发的许可证大体可以分为两类：一类是行为许可，另一类是资格许可。对于行政相对人而言，此类许可证书一经颁发，便具有法律效力。有权行政机关没有依法办理，或者对申请不予答复的，申请人可以申请复议。如果行政机关在证书有效期限作出变更、中止、撤销的决定，证书持有人有权申请复议，寻求法律救济。

4. 权属纠纷事项。行政机关作出的关于确认土地、矿藏、水流、森林、山岭、草原、荒地、滩涂、海域等自然资源的所有权或者使用权的决定，是有权行政机关对个人、组织的法律地位或者权利义务关系的确定、认可和证明，公民、法人或其他组织对于行政机关的确认决定不服，都可以申请复议。

5. 侵犯经营自主权的行政行为。公民、法人或其他组织在法律、法规规定的范围内拥有的调配使用自己的人力、物力、财力，自主组织生产、经营活动的权利，这构成经营自主权。如果认为行政机关非法干预、截留、限制或剥夺自己的合法经营自主权，有权向行政复议机关申请行政复议。

6. 农业承包合同。基于公共利益的考虑，行政机关在国家政策发生改变或当事人情况有所变化时，可以对农业承包合同进行相应的变更，即对合同的主要条款进行修改以适应新的变化，在某些情况下，行政机关甚至可以废止农业承包合同，使农业承包合同完全失去法律效力。但这并不构成行政机关可以恣意变更或者废止农业承包合同的理由。公民、法人或其他组织认为行政机关变更或者废止农业承包合同侵犯其合法权益，可依法申请行政复议。

7. 违法设定义务。行政复议法列举了最具代表性的行政机关违法要求履行义务的三种形式，即行政机关违法集资、征收财物、摊派费用，除以上列举的形式之外，行政机关没有合法依据而让公民、法人或其他组织出钱、出工、出物等其他行为都属于违法要求履行义务。公民、法人或其他组织对这些违法要求，不仅可以拒绝执行，而且可以申请行政复议。

8. 不履行法定职责行为。公民、法人或其他组织在其人身权、财产权、受教育权利等各项权利受到侵犯时，有权申请行政机关给予保护。负有法定职责的行政机关如果没有依法履行的，即拒绝履行或未予答复的，受害人可以申请行政复议。

9. 行政给付行为。公民有获得国家物质帮助的权利，可申请行政机关依法发放抚恤金、社会保险金或者最低生活保障费等，以获得社会救助。如果公民认为其符合法定条件且提出申请，行政机关没有依法发放的，或对发放的数额或数量有异议的，可申请行政复议。

10. 认为行政机关的其他具体行政行为侵犯其合法权益的。这是一条概括性的规定，凡不属于上述列举情形的具体行政行为，只要行政相对人认为侵犯其合法权益，均可以提起行政复议。

（二）附带申请复议的抽象行政行为

公民、法人或其他组织认为行政机关的具体行政行为所依据的下列规定不合法，在对具体行政行为申请行政复议时，可以一并向行政复议机关提出对该规定的审查申请：

1. 国务院部门的规定，不含国务院的规定。国务院部门的规定是指国务院的部委、直属机构根据法律、行政法规、决定、命令以及本部门的规章在其职权范围内制定和发布的规范性文件。

2. 县级以上地方各级人民政府及其工作部门的规定。包括省级人民政府及其职能部门、省辖市人民政府及其职能部门以及县级人民政府及其职能部门制定和发布的行政规定。

3. 乡、镇人民政府的规定。乡、镇人民政府是我国的基层人民政府，根据宪法和政府组织法的规定，乡、镇人民政府为了执行本级人大的决议或者上级人民政府的决定、命令，可以在其职权范围内制定和发布行政规定。

上述行政规定不含国务院部门规章和地方人民政府规章。对规章的合法性审查依照法律、行政法规办理。另外，对于国务院制定和发布的行政法规、决定和命令不服的，应当根据《立法法》规定的程序处理，也不属于行政复议的范围。

二、行政复议的排除事项

1. 人事处理行为。人事处理行为属于内部行政行为的范畴，例如，行政机关对其工作人员的奖惩、任免、考核、调动、处分、工资、福利待遇等事项，是行政机关内部事务。工作人员对人事处理行为不服的，不得申请行政复议或者提起行政诉讼，但是可以依法申请复核或者提起申诉。

2. 民事调解行为。即行政机关的居间行为，主要是指行政机关的对民事纠纷作出的调解或者仲裁等行为。这些行为对双方当事人的约束力取决于其自愿接受，行政机关在行政管理过程中对平等主体之间发生的民事纠纷进行调解，没有行使国家强制权。因此，一方当事人如不服，可以就民事争议提起诉讼或者向仲裁机关申请仲裁，但不能申请行政复议。

3. 其他不属于行政复议受案范围的行为。国防、外交等国家行为；公安、国家安全等机关依照《刑事诉讼法》的明确授权实施的行为；不具有强制力的行政指导；驳回当事人对行政行为提起申诉的重复处理行为；对当事人的权利义务不产生实际影响的行为。

本节引例中，崔曦元主张其多次通过交通委电话12××8进行投诉公交集团违法运行学生专线车的问题，可见其启动的是信访程序，性质上属于《信访条例》所称的向有关行政机关反映情况、提出意见或者投诉请求的行为活动，应当适用《信访条例》，按照信访程序解决和处理。青岛市道路运输管理局按照上级转办要求，针对他的投诉作出答复，该答复行为并非属于行政机关实施履行保护公民、法人或其他组织人身权利、财产权利、受教育权利的法定职责的行为，而是行政机关面临公民的举报、投诉时所负有的普遍的和一般的义务。从性质上说，青岛市道路运输管理局向崔曦元作出的答复行为属于对其信访活动的处理行为，该行为在法律上不能产生、创设、改变或者消灭崔曦元行政法上的权利义务的结果，不具有行政法上的权利义务内容，不改变其行政法上的权利义务状态，不产生行政法上的法律效果。因此，青岛市道路运输管理局的答复行为对崔曦元的权利和义务不产生影响，不属于《行政复议法》规定的可以提起行政复议的行为。现崔曦元又就该信访举报事项申请复议，显然不属于行政复议的受理范围，青岛市人民政府作出不予受理决定并无不当。

第三节　行政复议参加人

本节引例

案例一：　唐某不服某市环境保护局对他人的行政处罚案

唐某于 2003 年 8 月开始在某街道桑家自然村的杂地内从事养猪行业（个体工商营业执照发照日期为 2013 年 3 月 4 日），而后，李某在其隔壁开办喷涂加工企业。唐某从 2010 年开始，以其养猪场周围有喷漆厂污染环境、影响养猪为由向环保部门进行投诉，要求予以处理。期间，李某曾向唐某进行经济补偿。2012 年 9 月，唐某又以喷漆厂气味及噪音污染为由进行投诉，要求查处。2012 年 10 月，宁波市环保局对李某的喷涂厂进行检查，并根据初步判断，向李某出具环保现场监察单，要求李某立即停止金属件的喷塑生产加工，办理环评及环保审批手续。此后，根据查清的事实，宁波市环境保护局认定李某未经环评及环保部门批准擅自进行三轮车喷塑加工，违反《宁波市环境污染防治规定》第10 条第 1 款关于"建设项目未取得环境影响评价批准文件的，项目审批部门不得批准其建设，建设单位不得开工建设或者投入生产使用"的规定，决定在结合案情实际的基础上依照该法规第 30 条第 1 项关于"未取得环境影响评价批准文件，建设项目擅自投入生产使用的"，"由环境保护行政主管部门责令停止生产使用，并可处 2 万元以上 20 万元以下罚款"的规定，责令李某停止喷塑加工生产，并对其处以 25 000 元的罚款。唐某不服该处罚决定，认为李某未取得环境影响评价批准文件即开始擅自投入生产使用的生产经营行为，已经对周边环境及周边居民的生产生活产生影响，性质极其恶劣，因此仅仅对其处以 25 000 元的罚款严重不公平、不公正，要求行政复议机关撤销该行政处罚决定。

问题：唐某可否对该行政处罚提出复议申请？

案例二：于某对市残疾人联合会政府信息公开申请未作出答复的复议案

申请人于某向被申请人市残疾人联合会提出政府信息公开申请，请求公开本市行政机关和事业单位在职的残疾公务员和事业单位残疾职员的数量、比例，被申请人未作出答复。申请人对此不服，向市人民政府申请行政复议。

问题：残疾人联合会是否为适格的行政复议的被申请人？

理论知识

行政复议参加人，是指参加行政复议的当事人和与行政复议当事人地位相类似的人。根据行政复议法的规定，行政复议参加人包括行政复议申请人、被申请人、第三人以及行政复议代理人。

一、行政复议申请人

（一）申请人的概念和特征

行政复议申请人，是指认为行政机关的具体行政行为侵犯其合法权益，依法向行政复议机关提出行政复议申请的公民、法人或其他组织。作为行政复议申请人，具有以下几点特征：

1. 行政复议申请人必须是以自己的名义进行行政复议活动的人。在行政复议过程中，不是以自己名义而是受他人之托、以他人名义参加行政复议的人，因为其所表达的意志不属于自己的意志，所代表的利益也不属于自己的利益，因此不能作为行政复议申请人。

2. 行政复议申请人必须与被申请行政复议的具体行政行为有利害关系，即有法律上的利益牵连。与具体行政行为没有利害关系的人，即便他对该具体行政行为有不同意见，也不能作为行政复议申请人。

本节引例一中，唐某作为被处罚人李某一墙之隔的邻居，李某开办的喷涂厂生产的气味以及噪音确实超过了国家的相关规定，违反了环境保护相关法律法规，而且该违法行为实际上已经侵害了唐某的生命健康等合法权益，所以作为利害关系人唐某列为该具体行政行为的行政复议申请人是合法、合理的。

3. 行政复议申请人必须是依法向行政复议机关递交了行政复议申请书或者

口头申请行政复议的行政相对人或行政相关人。如果行政管理相对人只有不服有关具体行政行为的内心意愿，但并未依法向行政复议机关提出行政复议申请，就不能实际取得行政复议申请人的地位。

（二）申请人的范围

1. 公民。这里所讲的公民，是指具有中华人民共和国国籍的自然人。公民如果不服与其存在利害关系的具体行政行为，可以申请行政复议，从而成为行政复议申请人。

在我国境内的外国人、无国籍人认为行政机关的具体行政行为侵犯其合法权益的，也可以是行政复议申请人。但是，如果该外国人所在国的法律对我国公民在其国内申请行政复议的权利进行限制的，我国对该外国人也应当给予同等的限制。

2. 法人。法人是指具有民事权利能力和民事行为能力，依法独立享有民事权利和承担民事义务的组织。它们作为组织，是与公民相区别的具有自己独立利益的一类法律主体。在它们认为合法权益受到具体行政行为的侵害时，与公民一样有权申请行政复议。需要注意的是，国家行政机关作为机关法人，具有双重的身份。一方面，它们是行使某行政管理职权的行政主体，可能成为违法的或者不当的具体行政行为的始作俑者；另一方面，它们又是具有法人地位的民事主体，相对于其他行政机关而言，在日常生活中又经常处于被管理对象的位置，并可能受到其他行政机关违法的或者不当的具体行政行为的侵害。因此，在它们居于被管理对象的地位时，它们也可以成为行政复议申请人，并以行政相对人的身份向行政复议机关申请行政复议。

3. 法人以外的其他组织。所谓法人以外的其他组织，是指不具备法人资格的所有组织。在实践中，法人以外的其他组织很多。例如，根据《合伙企业法》成立的合伙企业，根据《企业法人登记管理条例》成立的法人分支机构，未办理法人登记的集体所有制企业等，都属于法人以外的其他组织。这类组织虽然没有法人资格，但是同样具有自己相对独立的利益，是社会主义市场经济条件下一类特殊的民事主体，可以作为行政复议申请人。

对于法人或者其他组织来讲，如果它们受到违法的或者不当的具体行政行为的侵害，未及时申请行政复议即告终止的，承受其权利的法人或者其他组织可以作为行政复议申请人提出行政复议申请。在我国境内的外国法人或者其他组织，也可以依法申请行政复议。

《行政复议法实施条例》对行政复议申请人作了以下两点补充规定：①合伙企业申请行政复议的，应当以核准登记的企业为申请人，由执行合伙事务的合伙人代表该企业参加行政复议；其他合伙组织申请行政复议的，由合伙人共同申请行政复议。不具备法人资格的其他组织申请行政复议的，由该组织的主要负责人代表该组织参加行政复议；没有主要负责人的，由共同推选的其他成员代表该组织参加行政复议。②股份制企业的股东大会、股东代表大会、董事会认为行政机关作出的具体行政行为侵犯企业合法权益的，可以以企业的名义申请行政复议。

（三）申请人资格转移

所谓行政复议申请人的资格转移，是指行政复议申请权的转移与承受。具体有两种情形：

1. 有权申请行政复议的公民死亡，其近亲属继受其行政复议申请人的地位，以自己的名义（而不必以死者的名义）直接申请行政复议。根据有关法律的规定，行政复议申请人的近亲属包括：配偶、父母、子女、兄弟姐妹、祖父母、外祖父母、孙子女、外孙子女。

2. 有权申请行政复议的法人或者其他组织终止的，由承受其权利的法人或者其他组织承受行政复议申请人资格。法人或者其他组织终止的原因多种多样，如破产、注销、吊销等，转移只在分立和合并这两种情况下才发生，破产、吊销等都不发生资格转移的问题。

二、行政复议被申请人

（一）行政复议被申请人的概念

行政复议被申请人，是指作出的具体行政行为被行政相对人认为侵犯其合法权益，由行政复议机关通知参加行政复议的行政机关或法律、法规授权的组织。

行政机关的具体行政行为虽然是通过特定的工作人员来实施的，但是行政机关的工作人员不能成为行政复议被申请人。因为这些人员的具体执法行为是代表其所在的行政机关的意志，而不是他个人的意志。因此，当行政相对人不服行政机关工作人员在履行职责过程中作出的具体行政行为时，只能以该工作人员所在的行政机关作为行政复议被申请人，而不能直接指控该工作人员。

（二）行政复议被申请人的种类

在行政管理实践中，行政机关作出的具体行政行为多式多样，这必然影响到行政复议被申请人的认定，法律对此进行了如下规定：

1. 作出具体行政行为的行政机关是被申请人。

2. 两个或者两个以上的行政机关以共同的名义作出具体行政行为的，共同作出具体行政行为的行政机关是被申请人。例如，工商局和烟草专卖局共同查处某烟草违法行为，由此引起行政复议的，工商局和烟草专卖局是被申请人。

3. 法律法规授权的组织作出具体行政行为的，该组织是被申请人。

4. 行政机关委托的组织作出具体行政行为的，委托的行政机关是被申请人。

5. 行政机关与其他组织以共同名义作出具体行政行为的，行政机关是被申请人。

6. 下级行政机关依照法律、法规、规章规定，经上级行政机关批准作出具体行政行为的，批准机关为被申请人。

7. 行政机关设立的派出机构、内设机构或者其他组织，未经法律、法规授权，对外以自己名义作出具体行政行为的，该行政机关为被申请人。

本节引例二中，根据《中国残疾人联合会章程》和《残疾人就业条例》的规定，中国人残疾人联合会及其地方组织依照法律、法规或者接受政府委托，负责残疾人工作的具体组织、实施和监督。因此，残疾人联合会虽是群众团体组织，但其属于法律、法规授权的具有管理公共事务职能的组织。残疾人联合会履行相应职责的行为属于具体行政行为，其可以成为行政复议的被申请人。

8. 作出具体行政行为的行政机关被撤销的，继续行使其职权的行政机关是被申请人。具体又可细分为三种情形：①行政机关被撤销后，其职权与其他行政机关的职权合并，在此基础上形成了一个新的行政机关，此时应当以新的行政机关为被申请人；②行政机关被撤销后，其职权被另一个行政机关接管，此时应当以接管其职权的行政机关为被申请人；③如果行政机关被撤销后，没有确定接管其职权的行政机关或者原职权不再存在的，此时应当以撤销该行政机关的行政机关作为被申请人。

三、行政复议第三人

行政复议第三人，是指同被申请行政复议的具体行政行为有利害关系的，为了保护自己的合法权益而参加到正在进行的行政复议活动中的公民、法人或其他组织。行政复议第三人具有以下特征：

1. 行政复议第三人必须是同被申请行政复议的具体行政行为有利害关系的人，也就是说，对某一具体行政行为进行的行政复议可能影响到该公民、法人或其他组织在法律上的权利和利益，从而使其有参加行政复议活动的必要。

2. 行政复议第三人只能在其他人提出的行政复议申请被受理后、行政机关作出行政复议决定以前才能产生。如果没有其他人提出行政复议申请，或者其他人提出的行政复议申请未被受理，或者行政复议活动已经结束，那么就不可能存在行政复议第三人的问题。

3. 行政复议第三人可以由行政复议机关通知其参加行政复议，也可以自己提出申请，要求作为第三人参加行政复议。

4. 行政复议第三人可以是公民，也可以是法人或者其他组织。作为行政复议第三人的可以是一个公民或者组织，也可以是两个或者两个以上的公民或者组织。

行政复议第三人参加行政复议，是正确开展行政复议的需要，也是保护各方当事人合法权益的需要，对促进行政复议活动的正常进行具有重要作用。首先，由于行政复议第三人的参与，有利于行政复议机关及时查清案件的全部事实真相，有利于准确地把握和分析有关法律问题，正确地作出行政复议决定。其次，避免对于同一问题产生新的行政复议，妥善处理好各方面的利益关系。由于行政复议第三人参与到正在进行的行政复议活动中，而行政复议决定的作出是建立在广泛听取包括行政复议第三人在内的各方当事人的意见基础上的，因此，在结案后，有利于避免行政复议第三人再次申请行政复议，防止造成人力、物力的浪费，促进社会稳定。

四、行政复议的代理人

行政复议代理人，是指以行政复议申请人或者第三人的名义，在代理权限内进行行政复议活动的人。作为行政复议代理人，只能以被代理人的名义参与到行政复议当中，而不能直接以自己的名义进行行政复议活动；只能在代理权限范围内进行活动；在代理权限范围内进行活动的法律后果，包括对被代理人有利的和不利的法律后果，都由被代理人承担；代理活动超出了代理权限范围，对超出代理权限范围的那部分，由代理人自己承担相应的法律责任。行政复议代理人包括以下两种：

1. 法定代理人。行政复议的法定代理人，是指根据法律的规定，代替无民事行为能力人或者限制民事行为能力人进行行政复议活动的人。法定代理人一般都是对被代理人负有监护责任的人，即监护人。根据我国《民法通则》《民法总则》的有关规定，对两种人需要设立监护人：①不满 18 周岁的未成年人，其监护人可以是父母、祖父母、外祖父母、兄、姐、经过有关组织同意的关系密切的其他亲属朋友等个人，以及未成年人父母所在单位或者未成年人住所地居民委员会、村民委员会或者民政部门等组织；②不能辨认、控制或者不能完全辨认、控制自己行为的精神病人，其监护人可以是配偶、父母、成年子女、其他近亲属、经过有关组织同意的其他亲属朋友等个人，以及精神病人所在单位或者住所地的居民委员会、村民委员会或者民政部门等组织。由于法定代理人只适用于被代理人属于无民事行为能力人或者限制民事行为能力人的场合，因此，只有当行政复议申请人或者第三人是自然人时，才可能存在行政复议的法定代理人。行政复议的法定代理人不得作出损害被代理人利益的行为，更不能利用代理权为自己的个人利益谋取私利。

2. 委托代理人。行政复议的委托代理人，是指受行政复议申请人或者第三人的委托代为参加行政复议活动的人。由于行政复议是一种比较严谨的法律活动，参加行政复议需要履行一系列法律手续，例如，行政复议申请人申请行政复议，要向行政复议机关递交行政复议申请书，并须写明相应的内容等。因此，参加行政复议活动，需要耗费有关人员相当多的时间和精力，而且要具备一定的文化水平和法律知识。在这种情况下，为了更好地行使自己的行政复议权利，充分地维护自己的合法权益，有些行政复议申请人或者第三人就需要求助于具有专门知识或者相应能力的人，作为自己的委托代理人进行行政复议。

第四节　行政复议机关与管辖

本节引例

杨某诉某国税分局行政征收案

某国税分局在清理漏征漏户过程中，发现杨某自经营以来一直未申请办理税务登记，亦未向当地税务主管机关申报纳税，于是向杨某下达了《限期改正通知书》和《责令改正通知书》，责令其限期办理税务登记及纳税申报事项，杨某未予理睬。该局决定对其分别处以 800 元和 100 元罚款。杨某以罚款过重为由，向某县人民政府申请行政复议，请求变更或撤销该具体行政行为。

问题：县政府在收到申请书后，怎么处理？

理论知识

一、行政复议机关

行政复议机关，是指依法受理复议申请，对被申请的行政行为进行合法性、适当性审查并作出行政复议决定的行政机关。与我国实行的"条块结合"的行政管理体制相一致，行政复议管辖也实行"条块结合"的制度，除实行全国垂直领导的部门外，原则上允许申请人选择向同级政府或上级主管部门申请行政复议。

（一）行政复议机关的类型

1. 作出被申请具体行政行为的行政机关。

2. 作出被申请具体行政行为的行政机关的上一级行政机关。由作出被申请具体行政行为的行政机关的上一级行政机关作为行政复议机关，客观上给行政复议的申请人增加路途不便的困难，但是，它可以利用上一级行政机关的领导权和监督权提高行政复议的权威性，降低纠错成本。

3. 作出被申请具体行政行为的行政机关所属的人民政府。由本级人民政府作为行政复议机关，既有利于行政复议申请人申请行政复议，也有利于行政复议机关利用人民政府的权威及时、有效地解决行政争议。

（二）行政复议机构

行政复议机构是行政复议机关内部设立的一种专门负责行政复议案件受理、审查和裁决工作的办事机构。行政复议机构不是行政机关，它不能以自己的名义对外行使职权，上下级行政复议机关的行政复议机构之间没有领导和监督关系，它们各自对所属的行政复议机关负责。

根据《行政复议法》的规定，负责法制工作的机构为行政复议机构。行政复议机构的工作具有事务性、程序性、操作性，一般履行下列职责：受理行政复议申请；向有关组织和人员调查取证，查阅文件和资料；审查申请行政复议的具体行政行为是否合法与适当，拟定行政复议决定；处理或者转送有关抽象行政行为的审查申请；对行政机关违反《行政复议法》规定的行为依规定权限和程序提出处理意见；办理不服行政复议决定而提起诉讼的应诉事项；法律、法规规定的其他职责。

二、行政复议管辖

行政复议管辖，是指各行政复议机关对行政复议案件在受理上的具体分工，即明确行政相对人提起行政复议申请之后，应当由哪一个行政复议机关来行使行政复议权。行政复议法确立了以下管辖规则：

1. 对县级以上地方各级人民政府工作部门的具体行政行为不服，由申请人选择，由该部门的本级人民政府或上一级的主管部门管辖。但对实行垂直领导的行政机关的具体行政行为不服的，只能向上级主管部门申请复议。海关、金融、国税、外汇管理、海事等是实行垂直领导的行政机关。国家安全机关的行政复议案件适用这个管辖规则。《行政复议法实施条例》第24条规定，申请人对经国务院批准实行省以下垂直领导的部门作出的具体行政行为不服的，可以选择向该部门的本级人民政府或者上一级主管部门申请复议；省、自治区、直辖市人民政府另有规定的，依照省、自治区、直辖市的规定办理。

本节引例中，县政府在收到申请书后，应将此案转送市国税局审理。因为，《行政复议法》第12条第2款的规定，对海关、金融、国税、外汇管理等实行垂直领导的行政机关和国家安全机关的具体行政行为不服的，向上一级主管部门申请行政复议。据此，只有该分局的上一级机关市国税局对此案才有复议管辖权。

2. 对省、自治区、直辖市人民政府以下的地方各级人民政府的具体行政行为不服，上一级人民政府是复议机关。对省级人民政府依法设立的行政公署所属的县级人民政府的具体行政行为申请复议的，该行政公署是复议机关。

3. 对国务院部门或者省、自治区、直辖市人民政府的具体行政行为不服，作出该具体行政行为的国务院部门或者省、自治区、直辖市人民政府是复议机关。

4. 对县级以上的地方人民政府依法设立的派出机关的具体行政行为不服，设立该派出机关的人民政府为复议机关。

5. 对政府工作部门依法设立的派出机构以自己的名义作出的具体行政行为不服，设立该派出机构的部门或者该部门的本级地方人民政府为复议机关。

6. 对法律、法规、规章授权的组织作出的具体行政行为不服，由直接管理该组织的地方人民政府、地方人民政府工作部门或者国务院部门作为行政复议机关。

7. 对两个或者两个以上的行政机关以共同的名义作出的具体行政行为不服，由他们的共同上一级行政机关作为行政复议机关。

8. 对继续行使被撤销行政机关职权的行政机关作出的具体行政行为不服，由继续行使职权的行政机关的上一级行政机关作为复议机关。但申请人对两个以上国务院部门共同作出的具体行政行为不服的，可以向其中任何一个国务院部门提出行政复议申请，由作出具体行政行为的国务院部门共同作出行政复议决定。

第五节　行政复议程序

本节引例

胡某请求撤销潞城镇人民政府非住宅认定结果的行政复议案

2016 年 5 月 20 日，胡某以北京市通州区潞城镇人民政府（以下简称：潞城镇政府）为被申请人，向通州区人民政府提出行政复议申请，请求撤销潞城镇政府以六方工作小组的名义作出的非住宅认定结果，请求对胡某的自建房屋按照实际居住用途认定为住宅，责令新奥公司按照《通州区潞城镇棚户区改造项目（A片区）住宅房屋拆迁补偿与安置方案》（以下简称：潞城镇A片区补偿安置方案）的规定，与胡某签订拆迁安置补偿协议。依据潞城镇A片区补偿安置方案，涉案项目系根据《北京市集体土地房屋拆迁管理办法》的规定进行的棚户区改造项目。新奥公司是该项目的实施主体即拆迁人；潞城镇政府是该项目的属地责任人，协助拆迁人做好拆迁工作，协调政府各职能部门依法履行职责，监督和见证拆迁工作；六方工作小组由潞城镇政府牵头组织，具体成员为潞城镇政府、拆迁人、村"两委"工作小组、拆迁服务机构、评估机构和测绘机构。负责对新老宅基地、合法宅基地面积、被安置人员、新生儿补助与安置、经营面积等问题研究确定，并出具六方工作小组共同签署的认定单，此认定结果为拆迁补偿安置的依据。

问题：通州区人民政府是否应受理胡某的行政复议申请？

理论知识

一、行政复议的申请

行政复议申请是指公民、法人或其他组织认为行政机关的具体行政行为违法或不当，在法定期限内要求复议机关撤销或者变更原具体行政行为，以保护自己合法权益的行为。在我国，行政复议采取"不告不理"原则，即没有申请，行政复议就不能开始，复议申请是启动行政复议程序的前提和基础。申请行政复议是法律赋予公民、法人或其他组织的一项权利，但这一权利的行使还要受到一定的限制。

（一）申请行政复议的实质条件

根据《行政复议法》第三章的规定，提起行政复议应具备以下条件：

1. 行政复议申请人是认为具体行政行为侵犯其合法权益的公民、法人或其他组织。这是对提出复议申请的主体资格的限定：①复议申请人只能是行政相对人，即具体行政行为影响公民、法人或其他组织的权利义务；②复议申请人是与所要复议的具体行政行为有利害关系的行政相对人。也就是说，谁的权益受具体行政行为侵犯，谁有资格提起复议申请。

2. 有明确的行政复议被申请人。行政复议被申请人是必不可少的复议参加人，没有被申请人或者被申请人不明确，行政复议将无法进行。因此，要求申请人在提出复议申请时要指明指控的行政机关或者法律、法规授权组织。

3. 有具体的复议请求和事实依据。申请人在提起复议时，应明确表示通过行政复议所要解决的问题以及其所要达到的目的。如请求复议机关撤销、变更具体行政行为，确认自己的某项权利，请求责令被申请人重新作出具体行政行为等。同时，申请人还必须提供支持自己请求的事实根据，包括那些能够证明行政机关已经作出具体行政行为的材料，以及能够证明行政机关的具体行政行为违法和不当的证据，如行政处罚决定书、罚款收据，以及具体行政行为对自己合法权益造成损害的事实和经过等。

4. 属于行政复议的范围。申请行政复议的事项必须是属于行政复议机关主管范围内。如果复议申请人所要求解决的问题超出了法定的行政复议受案范围，复议机关可以不予受理。

5. 属于受理申请的复议机关管辖。申请行政复议必须符合法律、法规关于复议管辖的规定，受理复议申请的复议机关必须对案件具有管辖权。不符合复议管辖规定的，复议机关不予受理。如果复议机关受理了不属于自己管辖的案件，应及时转送给有管辖权的复议机关。

（二）申请行政复议的期限

提起行政复议是有严格时间限制的，这种时间限制就是复议申请权的时效。一般情况下，如果超过了法定的时效期间，复议申请权也随即消灭，复议机关将不受理复议申请。

《行政复议法》规定，公民、法人或其他组织认为行政机关的具体行政行为侵犯其合法权益的，可以自知道该具体行政行为之日起 60 日内向复议机关申请复议，但法律规定的申请期限超过 60 日的除外。

申请人提起行政复议的起算时间，可分为以下几种情况：

1. 不服行政行为的行政复议申请期限。

（1）合法送达情况下申请期限的起算时间：当场作出行政行为的，自行政行为作出之日起计算；载明行政行为的法律文书直接送达的，自送达人签收之日起计算；载明行政行为的法律文书邮寄送达的，自受送达人在邮件签收单上签收之日起计算；具体行政行为依法通过公告形式告知受送达人的，自公告规定的期限届满之日起计算；行政机关作出具体行政行为时未告知公民、法人或者其他组织，事后补充告知的，自该公民、法人或者其他组织收到行政机关补充告知的通知之日起计算；被申请人能够证明公民、法人或者其他组织知道具体行政行为的，自证据材料证明其知道具体行政行为之日起计算。

（2）未合法送达情况下申请期限的起算时间：行政机关作出具体行政行为，依法应当向有关公民、法人或者其他组织送达法律文书而未送达的，视为该公民、法人或者其他组织不知道该具体行政行为。

2. 不服行政不作为的行政复议申请期限。当事人申请行政机关履行法定职责，行政机关未履行的，行政复议的申请权限依照下列规定进行计算：有履行期限规定的，自履行期限届满之日起计算；没有履行期限的，自行政机关收到申请满 60 日起计算。

（三）申请行政复议的方式

《行政复议法》基于便民的考虑，对行政复议申请的方式作了较为灵活的规定，申请人申请行政复议，可以书面申请，也可以口头申请。口头申请的，行政复议机关应当当场记录申请人的基本情况、行政复议请求、申请行政复议的主要事实、理由和时间。书面申请的，应当向行政复议机关递交复议申请书。

行政复议申请书应当载明下列内容：①申请人的基本情况：姓名、性别、年龄、职业和住所；法人或其他组织的名称、住所，以及法定代表人或主要负责人的姓名、职务。②被申请人的名称、住所。③申请行政复议的要求和理由。明确申请人要求保护的权益内容，同时表明请求所依据的事实和理由。④申请行政复议的时间。这一日期关系到复议申请是否已经超过法定期限。行政复议申请书是启动行政复议活动的有效凭据，是一种重要的法律文书。

此外，申请行政复议还必须符合某些法律规定的特别条件。例如，按照《税收征收管理法》第 88 条规定，纳税人、扣缴义务人、纳税担保人同税务机关在纳税上发生争议时，必须先依照税务机关的纳税决定缴纳或者解缴税款及滞纳金或者提供相应的担保，然后可以依法申请行政复议。

二、复议申请的受理

复议机关在收到复议申请后，依法应当在收到之日起 5 日内，对申请书进行审查并作出如下处理：

1. 对于符合申请复议条件，且没有向人民法院提起诉讼的，依法应当决定受理。复议机关负责法制工作的机构收到复议申请之日即为受理日期。《行政复议法实施条例》第 28 条规定了如下受理条件：①有明确的申请人和符合规定的被申请人；②申请人与具体行政行为有利害关系；③有具体的行政复议请求和理由；④在法定申请期限内提出；⑤属于行政复议法规定的行政复议范围；⑥属于收到行政复议申请的行政复议机构的职责范围；⑦其他行政复议机关尚未受理同一行政复议申请，人民法院尚未受理同一主体就同一事实提起的行政诉讼。

2. 对于不符合申请复议条件的，如超过复议期限或者人民法院已经受理的，依法决定不予受理，并告知申请人不予受理的理由。

本节引例中，通州区人民政府依据《行政复议法》第 17 条第 1 款的规定，决定不予受理，作出复议决定并向胡某邮寄送达。因为胡某向通州区人民政府申请复议的是以联合认定表为载体的联合认定行为。六方工作小组的认定行为不应视为潞城镇政府履行法定职责的行政行为，不是行政复议法所规定的具体行政行为，不属于行政复议范围。该行为虽然对胡某所主张房屋的非住宅性质、占地面积及建筑面积进行了认定，但在涉案项目的拆迁补偿程序中，该认定行为旨在为后续的补偿安置工作提供证据，并不具有行政行为的法律效力。胡某主张的房屋是否为住宅以及其是否拥有相应土地的宅基地使用权等问题，均有待在后续的补偿安置程序中进一步确定。故该联合认定行为不能视为对胡某的合法权益施加了直接影响，不属于可以申请复议的具体行政行为。胡某针对联合认定行为提起的行政复议申请，不符合行政复议受理条件，其提出的其他请求亦不属于行政复议法之调整范围。

3. 对于行政复议申请材料不齐全或者表述不清楚的，行政复议机构可以自收到该行政复议申请之日起 5 日内书面通知申请人补正。补正通知应当载明需要补正的事项和合理的补正期限。无正当理由逾期不补正的，视为申请人放弃行政复议申请。补正申请材料所用时间不计入行政复议审理期限。

4. 对于复议申请符合《行政复议法》规定，但不属该机关管辖的，应当告知申请人向有管辖权的复议机关提出或者转送有关复议机关。对于法律规定的特定申请需要转送的，由受理申请的具体行政行为发生地的县级人民政府负责。

5. 申请人就同一事项向两个或者两个以上有权受理的行政机关申请行政复议的，由最先收到行政复议申请的行政机关受理；同时收到行政复议申请的，由收到行政复议申请的行政机关在 10 日内协商确定；协商不成的，由其共同上一级行政机关在 10 日内指定受理机关。协商确定或者指定受理机关所用时间不计入行政复议审理期限。

6. 上级行政机关认为行政复议机关不予受理行政复议申请的理由不成立的，可以先行督促其受理；经督促仍不受理的，应当责令其限期受理，必要时也可以直接受理；认为行政复议申请不符合法定受理条件的，应当告知申请人。

三、行政复议的审理

（一）行政复议的审理方式

《行政复议法》第 22 条规定："行政复议原则上采取书面审查的办法，但是申请人提出要求或者行政复议机关负责法制工作的机构认为有必要时，可以向有关组织和人员调查情况，听取申请人、被申请人和第三人的意见。"据此，复议案件的审理方式是以书面审理为原则，以其他审理方式为补充。

所谓书面审理，就是行政复议机关在对被申请复议的具体行政行为进行审查时，以申请人与被申请人提交的有关材料为依据，不再进行当面调查和对质辩论，直接作出行政复议决定的办法。实行书面审查，申请人不必亲自到行政复议机关陈述情况，可以通过书信、传真等方式提起行政复议请求，将有关的请求及证据和其他有关材料全部附上。这样可以避免公民、法人或其他组织来回奔波、减少费用，也便于行政复议机关节省时间，从而更迅速地处理案件。书面审理方式体现了行政复议的便民和及时原则。

行政复议机关认为必要时可以采取其他审理方式，主要有：①行政复议人员向有关组织和人员调查取证时，可以查阅、复制、调取有关文件和资料，向有关人员进行询问。调查取证时，行政复议人员不得少于 2 人，并应当向当事人或者有关人员出示证件。被调查单位和人员应当配合行政复议人员的工作，不得拒绝或者阻挠。②行政复议机构认为必要时，可以实地调查核实证据；对重大、复杂的案件，申请人提出要求或者行政复议机构认为必要时，可以采取听证的方式审理。

（二）行政复议案件的审理范围

行政复议审查应当坚持全面审理的原则。所谓全面审理，就是对被申请人作出的具体行政行为所依据的事实和适用的法律进行全面审查，不受复议申请人复议请求范围的限制。

行政复议的审理范围主要包括以下三个方面：具体行政行为的合法性；具体行政行为的合理性；具体行政行为所依据的规范性文件的合法性。《行政复议法》第 27 条规定："行政复议机关在对被申请人作出的具体行政行为进行审查时，认为其依据不合法，本机关有权处理的，应当在 30 日内依法处理；无权处理的，应当在 7 日内按照法定程序转送有权处理的国家机关依法处理。处理期间，中止对具体行政行为的审查。"

（三）行政复议的举证责任分配

行政复议中的举证责任，是指在行政复议中由谁承担提供证据证明案件事实的责任。如果负有举证责任的人举不出证据证明其主张，就要承担其主张不能成立的法律后果。

《行政复议法》第 23 条第 1 款规定："……被申请人应当自收到申请书副本或者申请笔录复印件之日起 10 日内，提出书面答复，并提交当初作出具体行政行为的证据、依据和其他有关材料。"第 28 条第 4 项规定："被申请人不按照本法第 23 条的规定提出书面答复、提交当初作出具体行政行为的证据、依据和其他有关材料的，视为该具体行政行为没有证据、依据，决定撤销该具体行政行为。"这两条规定共同构成了行政复议中由被申请人对具体行政行为的合法性与适当性负举证责任的制度。当然，申请人对自己提出的主张也负有一定的举证责任，但申请人与被申请人所负举证责任的范围和大小却是有很大差异的。

1. 被申请人的举证责任。在行政复议中，由被申请人对其作出的具体行政行为的合法性与适当性负担举证责任，主要应对下列事实提出证据予以证明：①作出具体行政行为的事实根据；②适用法律、法规和其他规范性文件的依据，并提供证据证明适用这些法律、法规和规范性文件的正确性；③作出的具体行政行为符合法定程序的证据；④关于是否滥用职权的证据；⑤关于具体行政行为适当性的证据。对于不履行或者拖延履行法定职责的，被申请人应提供存在合法事由或正当事由的证据。在行政复议中，如果被申请人不能举出确凿的证据，证明具体行政行为的合法性与适当性，那么被申请人就要承担不利的复议结果。

2. 申请人的举证责任。申请人首先应提供证据证明其复议申请符合法定条件，并进一步提供证据以动摇被复议具体行政行为的合法性与适当性。根据行政复议的理论和实践，申请人主要应对下列事项承担举证责任：证明行政机关对其作出的具体行政行为的存在；在被申请人不作为的案件中，申请人应证明其向行政机关提出申请履行法定职责的事实；在一并提起的行政赔偿申请中，申请人应证明因受被复议的具体行政行为的侵害而造成损失的事实；与复议程序有关的其他事实。

（四）行政复议的依据

根据行政复议的基本原理，结合行政复议实践和有关法律的规定，行政复议机关审理复议案件的依据包括以下几种：

1. 法律。这里的法律是指狭义的法律，即由全国人大及其常委会按照立法程序制定的规范性文件。行政复议机关审理复议案件应首先以法律为依据。

2. 行政法规。行政法规是国家各级行政机关活动的重要准则，同时也是判断行政行为正确与否的标准。

3. 地方性法规。复议机关审理复议案件时，一方面要以地方性法规为依据，另一方面只能以被申请复议的具体行政行为发生地的地方性法规为依据。地方性法规与法律、行政法规的规定不一致时，应以法律、行政法规为依据。

4. 行政规章。行政规章是指具有法定权限的行政机关在法定权限内依法制定和发布的具有普遍约束力的规范性文件。规章不得与法律、法规相抵触。

5. 决定、命令。决定和命令作为法律、法规和规章的重要补充，在保证法律、法规和规章在本部门、本地区的适用上起着重要作用。决定、命令这类规范性文件是行政机关作出具体行政行为的依据，也是行政复议的依据。但复议机关在审查依据这些文件作出的具体行政行为时，还可以对这些规范性文件本身的合法性进行审查。

6. 自治条例、单行条例。自治条例和单行条例在民族自治区域内具有普遍约束力，复议机关在民族自治区域内审理复议案件，除了以法律、法规等为依据外，还应以民族自治地方的自治条例和单行条例为依据。

四、行政复议的决定和执行

（一）行政复议的决定

1. 维持决定。对被申请的具体行政行为，复议机关经审查后认为其事实清楚，证据确凿，适用法律、法规、规章和具有普遍约束力的决定、命令正确，符合法定程序和内容适当的，应当依法作出维持该具体行政行为的复议决定。维持决定是肯定具体行政行为合法性的决定，对于申请人来说，意味着他的请求没有得到法律的支持。

2. 履行决定。履行决定是指行政复议机关责令被申请的行政机关在一定期限内履行法定职责的决定。主要适用于如下两种情况：①被申请的行政机关不履行法定职责。"不履行"在法律上表现为行政机关针对行政相对人的申请没有作出任何意思表示。如果行政机关明确表示拒绝，则是作出了一个行政行为，不属于履行决定适用情形。②被申请人拖延履行法定职责。"拖延履行"是行政机关针对行政相对人的申请拖而不办，并以"研究""请示"等搪塞当事人的询问。

3. 撤销、变更和确认违法决定。行政复议机关对被申请的具体行政行为进行审查，认为该行为具有如下情形之一的，依法作出撤销、变更或者确认该行为违法的决定，必要时，可以附带责令被申请人在一定期限内重新作出具体行政行为：①主要事实不清、证据不足的；②适用依据错误的；③违反法定程序的；④超越职权或者滥用职权的；⑤具体行政行为明显不当的。另外，被申请人依照《行政复议法》第23条的规定未提出书面答复、提交当初作出具体行政行为的证据、依据和其他有关材料的，视为该具体行政行为没有证据、依据，行政复议机关应当决定撤销该具体行政行为。

行政复议案件有下列情形之一，行政复议机关可以决定变更：①认定事实清楚、证据确凿，程序合法，但是明显不当或者适用依据错误的；②认定事实不清，证据不足，但是经行政复议机关审理查明事实清楚、证据确凿的。但是，行政复议机关在申请人的行政复议请求范围内，不得作出对申请人更为不利的行政复议决定。

行政复议机关作出撤销决定后责令被申请人重新作出具体行政行为的，被申请人应当在法律、法规、规章规定的期限内重新作出具体行政行为；法律、法规、规章未规定期限的，重新作出具体行政行为的期限为 60 日。

4. 驳回复议申请决定。经审理，有下列情形之一的，行政复议机关应当作出驳回行政复议申请的决定：①申请人认为行政机关不履行法定职责申请行政复议，行政复议机关受理后发现该行政机关没有相应法定职责或者在受理前已经履行法定职责的；②受理行政复议申请后，发现该行政复议申请不符合《行政复议法》和《行政复议法实施条例》规定的受理条件的。不符合复议申请条件但已经进入复议程序的，应当从程序上驳回申请人的复议申请。

上级行政机关如认为行政复议机关驳回行政复议申请的理由不成立的，应当责令其恢复审理。行政复议机关拒绝上级行政机关的"责令"，申请人可以要求上级行政机关监督或者向法院提起履行法定职责之诉。

5. 行政赔偿决定。行政相对人在申请行政复议时一并提出行政赔偿请求的，行政复议机关经审查后认为符合《国家赔偿法》有关规定应予赔偿的，应在作出撤销、变更具体行政行为或者确认具体行政行为违法的决定时，作出责令被申请人依法给予赔偿的决定。行政相对人在申请行政复议时如没有提出行政赔偿请求，行政复议机关在依法决定撤销或者变更罚款、撤销违法集资、没收财物、征收财物、摊派费用以及对财产的查封、扣押、冻结等具体行政行为时，应当作出责令被申请人返还申请人财产，解除对申请人财产的查封、扣押、冻结措施，或者赔偿相应价款的决定。

6. 对行政规定的处理决定。行政相对人在申请行政复议时一并提出对相关抽象行为的审查申请的，行政复议机关对该抽象行为有权处理的，应当在 30 日内依法作出处理决定；无权处理的，应当在 7 日内按照法定程序转送有权处理的行政机关作出处理决定，该有权处理的行政机关应当在 60 日内依法作出处理决定。处理期间，复议机关中止对具体行政行为的审查。

（二）行政复议的执行

行政复议决定的生效需要具备两个条件：复议机关在法定期限内作出复议决定并制作行政复议决定书；依法送达行政复议决定书。

被申请人完全不履行或无正当理由不及时履行义务的，行政复议机关或者上级行政机关有权采取责令其限期履行。

申请人逾期不起诉又不履行行政复议决定的，或者不履行最终裁决的行政复议决定的，按照下列规定分别处理：①维持具体行政行为的行政复议决定，由作出具体行政行为的行政机关依法强制执行或者申请人民法院执行；②变更具体行政行为的行政复议决定，由行政复议机关依法强制执行，或者申请人民法院强制执行。

思考题

1. 行政复议的范围有哪些？
2. 行政复议的申请人和被申请人有哪些情况？
3. 我国法律对行政复议的举证责任是如何规定的？
4. 行政复议的结果有哪几种情形？

实务训练

2016 年 5 月 9 日，北京市朝阳区平房地区办事处向筹备组下发通知，主要内容为请筹备组在 5 月 15 日前做好如下工作：一是将委托投票业主的委托材料整理后交给筹备组长；二是 5 月 15 日投票结束后，由居委会协助地方主管部门对委托投票行为的真实性逐一进行核实，要求提供委托材料是依照《民法通则》关于委托代理相关规定提出的，是甄别委托投票行为是否真实、合法、有效的必备条件；三是将制定的选举业委会计票规则材料提交地区主管部门；四是地区主管部门将严格按照北京市住建委〔2010〕739 号文件第 5 条规定履行相关职责。通知最后说明：所有委托投票行为经核实均符合委托代理法律规定，地区主管部门将提请天鹅湾社区居委会组织召开居民代表会议，并在筹备组成员、部分业主代表、居民代表的共同见证下取出被封存的票箱，同时进行现场计票。筹备组中属于业委会候选人的成员不得参与计票过程。

2016 年 6 月 12 日，天鹅湾社区居委会出具情况说明，记载有 2016 年 4 月 1 日召开第一季度居民代表会议，会上过半数居民代表提议并举手表决通过，对大部分业主之前按规则和方案进行投票的票箱予以封存，保障已投票业主的合法权益等内容。2016 年 8 月 5 日，朝阳区政府制作的谈话笔录中，天鹅湾社区党委书记连雅曼亦有内容相同之陈述。

2016 年 4 月 27 日，朝阳区政府收到天鹅湾小区业主王大锤提交的《行政复议申请书》。复议请求为：请求确认平房地区办事处于 2016 年 5 月 9 日下发对天鹅湾小区业委会筹备组的通知违法。2016 年 5 月 19 日，朝阳区政府作出《行政复议申请受理通知书》（朝政复受字〔2016〕第 240 号），受理了前述复议申请。2016 年 5 月 19 日，朝阳区政府作出《行政复议答复通知书》（朝政复受字〔2016〕第 240 号），通知平房地区办事处提交书面答复并提交作出具体行政行为的证据、依据和其他有关材料。2016 年 5 月 29 日，平房地区办事处向朝阳区政府提交《行政复议答复书》、授权委托书、相关证据等。朝阳区政府工作人员于 2016 年 8 月 5 日对天鹅湾社区党委书记连雅曼进行谈话并制作《谈话笔录》，并向平房地区办事处调取了相关材料。2016 年 7 月 8 日，朝阳区政府作出《行政复议延期审理通知书》（朝政复通字［2016］第 240 号），告知行政复议决定延期 60 日作出。2016 年 8 月 9 日，朝阳区政府作出复议决定，驳回王大锤的复议申请，并向复议当事人进行了送达。王大锤不服，诉至法院。

问题：①平房地区办事处于 2016 年 5 月 9 日下发对天鹅湾小区业委会筹备组的通知是否属于行政复议受案范围？为什么？②本案中，复议机关的复议行为是否合法？为什么？

第十一章

行政赔偿

【知识目标】

1. 掌握行政赔偿和行政补偿的概念。

2. 明确行政赔偿的归责原则和构成要件、行政赔偿的范围和行政赔偿义务机关。

3. 掌握行政赔偿的程序、行政赔偿计算标准。

【技能目标】

运用行政赔偿制度解决实务问题。

第一节　行政赔偿概述

本节引例

2016 年 9 月 27 日，原告王丽萍借用村民张军明的小四轮拖拉机装载 31 头猪前往县城销售，路遇被告县交通局工作人员查车。经检查，县交通局工作人员以张军明未交养路费为由暂扣车辆。王丽萍申明车上的猪不能停留，请求将猪卸下后再扣车，县交通局工作人员置之不理，致使 15 头猪死亡，16 头猪因惊吓浑身充血，客户予以拒收。同年 11 月 22 日，王丽萍向县交通局申请赔偿遭拒绝，遂以县交通局为被告向河南省中牟县法院提起行政赔偿诉讼。

问题：王丽萍能否获得国家赔偿？

理论知识

一、行政赔偿的概念与特征

（一）行政赔偿的概念

行政赔偿是指行政主体及其工作人员在行使行政职权过程中违反国家赔偿法的规定，侵犯公民、法人或其他组织的合法权益并造成损害，受害人依法向国家请求赔偿的行政救济制度。

（二）行政赔偿的特征

1. 行政赔偿本质上属于国家赔偿。行政机关承担着国家赋予的行政职权，行政机关及其工作人员以国家的名义实施职务行为。行政赔偿虽然是受害人向致害机关、组织或致害者所在的机关、组织请求赔偿，但赔偿金最终由国家各级财政支付，最终的责任主体是国家。所以行政赔偿是一种国家赔偿，而不是机关赔偿，更不是公务员赔偿。

2. 行政赔偿的损失是行政相对人合法权益的损失。行政机关及其工作人员在履行行政职务的过程中，其行为侵害了公民、法人或其他组织的合法权益并造成损害的，应当承担赔偿责任。如果剥夺的是行政相对人的非法利益，如行政相对人的某项财产是通过盗窃或其他非法手段获取的财物，行政机关予以没收销毁，不能构成行政赔偿。但是违法行政行为损害行政相对人权益的范围如果超过其非法权益的范围，涉及合法权益，如行政机关用违法方式（如爆炸等）拆除行政相对人违章建筑时，对其合法建筑也予以拆除，甚至伤及行政相对人的身体或生命，对超出范围的部分损失应予以赔偿。[1]

3. 行政赔偿是因行政侵权行为引起的行政责任。行政侵权行为的主体包括行政机关和法律、法规授权组织，行政机关委托的组织和个人。行政机关工作人员、行政机关委托的组织和个人的行为，以行政机关的名义、在行使行政职权过程中作出，视为行政机关的行为，行为侵害行政相对人合法权益的，由行政机关承担赔偿责任，具体行使职权的公务员不是行政赔偿的义务主体。

4. 行政赔偿的范围以职务行为造成的损害为限。这里的损害是指行政侵权造成的实际损害，如果违法行政行为未造成实际损害，如，没依法举行听证但未影响相对人实体权利义务的行政行为，或者行政损害是由行政相对人过错造成的，则不构成行政赔偿。

---

〔1〕 姜明安：《行政法》，北京大学出版社 2017 年版，第 611 页。

二、行政赔偿责任的归责原则

综观各国国家赔偿立法，有代表性的归责原则有三种：①法国采用的以公务过错为主，无过错责任为辅的归责原则；②英、美、日等国家采用的过错与违法双重归责原则；③瑞士、奥地利等国家采用的违法原则。

我国 2012 年 10 月 26 日修订的《国家赔偿法》第 2 条规定："国家机关和国家机关工作人员行使职权，有本法规定的侵犯公民、法人或其他组织合法权益的情形，造成损害的，受害人有依照本法取得国家赔偿的权利。"

这一规定在形式上实现了国家赔偿归责原则多元化，扩大了国家赔偿的范围。然而，对于结果责任的采纳主要体现在司法赔偿方面，在行政赔偿方面依然采取了违法责任原则。修改后的《国家赔偿法》第 2 条虽然在字面上取消了"违法性"的规定，但是将赔偿的范围限定在"本法规定"的范围内，而第 3 条和第 4 条在具体规定侵犯人身权和财产权的行政赔偿范围时依旧使用了"违法"一词，这表明中国在行政赔偿中实质上仍旧采取违法原则作为归责原则。违法责任原则是指国家机关及其工作人员在执行职务中，违反法律规定造成他人权益损害的，国家承担赔偿责任。这一原则以行为是否违法为标准，而不问行为人有无主观过错。

三、行政赔偿责任的构成要件

行政赔偿责任的构成要件是指国家承担赔偿责任所应具备的前提条件。它是在行政赔偿的归责原则的基础上建立起来的具体标准，主要有下述四项：

（一）行政侵权主体要件

《国家赔偿法》规定了四类侵权行为主体：

1. 行政机关。行政机关作为侵权主体应当是机关意志在执行中侵权，如果机关意志正确，执行落实时侵权则不构成机关侵权。

2. 行政机关工作人员。机关工作人员侵权应当是个人职务行为侵权，包括错误执行单位意志和实施与单位意志无关的违法职务行为。

3. 法律、法规授权的组织。《国家赔偿法》第 7 条第 3 款明确规定，法律、法规授权的组织在行使授予的行政权力时侵犯公民、法人或其他组织的合法权益造成损害的，被授权的组织为赔偿义务机关。

4. 委托机关。《国家赔偿法》第 7 条第 4 款明确规定，受行政机关委托的组织或者个人在行使受委托的行政权力时侵犯公民、法人或其他组织的合法权益造成损害的，委托的行政机关为赔偿义务机关。

（二）行政侵权行为要件

行政侵权行为要件所要解决的是行为主体的哪些侵权行为可能引起国家赔

偿责任的问题。这一构成要件包含了两项内容：

1. 行政侵权行为必须是执行行政职务的行为。构成行政侵权赔偿责任的行为必须是执行职务的行为，对行政机关工作人员行使的与执行职务无关的个人行为所造成的损害，国家不承担赔偿责任。

行政工作人员的公务行为与个人行为区分的重要标准是工作时间，但此标准也不能绝对化，行政工作人员在下班时间仍干"公活"的现象屡见不鲜。例如，警察在下班或假日发现通缉犯而主动将其缉拿归案；卫生许可行政机关工作人员在下班时间发现食品商品出卖严重违反食品卫生要求的、将危及人们健康的食品而加以制止、取缔。因此，区分行政工作人员某一种行为属于公务行为或公务相关行为还是属于个人行为，除了主要依据工作时间、地点为标准外，还有考虑行为人动机、目的、行为导因、条件、性质等要素。

2. 执行行政职务的行为必须违法且给行政相对人造成损害。违法的含义有广义和狭义之分。狭义的违法指违反严格意义上的法律，包括宪法、法律、行政法规和规章、地方性法规和规章以及其他规范性文件等。广义的违法则认为还包括违反法律的一般原则，如诚实信用原则、公序良俗原则等。

（三）行政侵权结果要件

这是指当事人的合法权益受到了行政侵权行为的客观损害。首先，损害必须具有现实性和确定性，即损害之事实必须是已经发生的、确实存在的事实，虚构和臆造的损害都不引起国家赔偿责任，尤其是身体健康和生命损害的事实，通常还需要以医疗机构或其他法定鉴定机构的证明或鉴定意见为依据。而且这种现实性的损害必须是直接的，间接的损害不属于国家赔偿的损害范畴。其次，损害必须针对合法权益而言，违法的利益不受法律保护，不引起国家赔偿责任。

（四）因果关系要件

行政侵权行为与损害结果之间有必然的、内在的、本质的联系，即有因果关系。只有两者之间具有这种联系，国家才负责赔偿。因果关系不是一般的先后关系，也不是一般的条件关系，因果关系要件要解决的问题是损害结果由哪种行为所造成，以初步明确行为主体承担赔偿责任的可能。当然，在行政赔偿实践中，辨别和确认被害人的损害事实与行政侵权行为之间的因果关系往往相当困难，必须具体案件具体分析。况且，因果关系只是归责之基础，造成损害结果的行为人最终是否承担赔偿责任尚须借助于对其他构成要件的分析。

以上四项要件是相互联系的统一整体，缺一不可，只有四个要件同时具备，国家才承担赔偿责任。

本案引例中，县交通局在执行暂扣车辆决定时，不考虑车上财产的安全，对王丽萍提出的将生猪运抵目的地后再扣车的请求也置之不理，导致15头猪的死亡。这一损害后果与县交通局的工作人员执行暂扣车辆决定存在因果关系。因此，王丽萍有权请求国家赔偿。

第二节　行政赔偿范围

本节引例

孙文良诉于洪区政府违法停耕行政赔偿案[1]

　　于洪区政府于2010年3月6日作出《关于于洪街道东民村部分农业用地停耕的决定》（以下简称《停耕决定》），以公共利益的名义征收了孙文良的农田盖商品楼，孙文良认为《停耕决定》侵犯其合法财产权，诉至法院要求返还因《停耕决定》所占用的土地，并赔偿停耕期间所造成的停耕损失12万元。于洪区政府辩称：《停耕决定》并不产生征收的效力，实际占用土地是在开工建设的时候，事实上孙文良承包的土地没有发生停耕事实，至今仍在耕种；只应赔偿停耕期间必要的经常性费用开支，预期可得利益并不在法定赔偿项目之列。

　　问题：于洪区政府承担的行政赔偿范围有哪些？

理论知识

一、行政赔偿范围的界定

　　行政赔偿的范围是对行政机关及其工作人员行使职权造成的哪些损害给予赔偿的界定，涉及国家在多大范围内对行政行为担负赔偿责任，决定了对行政相对人的救济程度，更决定着受害人对哪些事项享有索赔的权利，是行政赔偿制度的核心。

二、行政赔偿的范围

　　按照《国家赔偿法》的规定，我国行政赔偿的范围包括对人身权的损害赔偿和对财产权的损害赔偿。对人身权的损害赔偿又包括侵犯人身自由赔偿、身体伤害赔偿、致残赔偿、死亡赔偿和精神损害赔偿。

　　（一）人身权的损害赔偿

　　行政机关及其工作人员在行使行政职权时有下列侵犯人身权情形之一的，

---

〔1〕　参见中华人民共和国最高人民法院（2015）行监字第89号，引自中国裁判文书网。

受害人有取得赔偿的权利。

1. 违法拘留或违法采取限制公民人身自由的行政强制措施的。

（1）违法拘留。行政拘留是以剥夺公民的人身自由为手段的较为严厉的限制人身自由的行政处罚。违反法律关于实施行政拘留的主体资格、拘留的条件、拘留的程序、拘留的期限规定，或者认定事实错误、证据不足、适用法律法规错误的行为等，都构成违法。

（2）违法采取限制人身自由的行政强制措施。限制公民人身自由的强制措施主要有：收容审查、强制传唤、行政扣留、强制遣返、强制治疗与强制戒毒和其他行政强制性措施。根据行政管理的需要，行政机关还可以采取其他行政强制措施，如对公共场所醉酒者的强制约束、对严重传染性病人的强制隔离、限期出境、驱逐出境等。上述强制措施如果存在认定事实错误、证据不足、适用法律错误、违反法定程序的，构成违法采取行政强制措施。

2. 非法拘禁或者以其他方法非法剥夺公民人身自由的。行政机关及其工作人员在行使职权过程中，在法定的行政拘留和行政强制措施之外限制公民人身自由的行为是非法的，这种非法包括没有法定权限的行政机关实施的限制公民人身自由行为，或有权的行政机关严重超越其权限实施的限制公民人身自由的行为，如变相拘禁、禁闭、关押、隔离等。

3. 以殴打、虐待等行为或者唆使、放纵他人以殴打、虐待等行为造成公民身体伤害或者死亡的。殴打、虐待等暴力行为严重侵犯公民的人身权，是法律严格禁止的。如果行政机关工作人员在执行公务期间使用或唆使他人使用暴力手段的，是严重侵犯公民人身权的违法行为，一旦造成行政相对人身体伤害或死亡，应当承担行政赔偿责任。

这里应当注意，行政侵权行为的实施有的是行政工作人员所为，有的是行政工作人员唆使、放纵他人所为。被唆使、放纵的人不一定是公职人员，但受害人对受到的伤害仍可提起行政赔偿请求。当然，受害人也可以对直接致害人提起民事赔偿请求。

4. 违法使用武器、警械造成公民身体伤害或死亡的。国家对武器和警械的使用有严格的规定，根据国务院制定的《人民警察使用警械和武器条例》，违法使用武器和警械的，不论行为人主观有无过错，只要造成了公民身体伤害或致其死亡的，应当依法承担赔偿责任。例如，警察追捕手执凶器的杀人犯，意欲向凶犯开枪射击，却因枪法不准未射中凶犯而射伤无辜群众，这种情况下警察有过错；如果警察在开枪射击时，一公民骑车从凶犯身前经过，结果子弹射中公民而未射中凶犯，这种情况下警察无过错。无论何种情况，上述被害人的人身权均受到了"不法"侵害，从而都应当获得行政赔偿。[1]

5. 造成公民身体伤害或死亡的其他违法行为。这是一项概括性的规定，在《国家赔偿法》列举的具体侵犯公民人身权利的行为之外，凡是行政机关的违法行为造成公民身体伤害或死亡的，国家都有承担赔偿责任。需要说明的是，这里不包括行政机关及其工作人员侵害公民姓名权、肖像权、名誉权、荣誉权等使得公民精神受到损害的行为。这一兜底规定，以概括的方式弥补了列举式方式的不足。

（二）侵犯财产权的赔偿范围

根据《国家赔偿法》的规定，对下列侵犯财产权的行政行为，国家承担赔偿责任：

1. 违法实施罚款、吊销许可证和执照、责令停产停业、没收财物等行政处罚行为。罚款、吊销许可证和执照、责令停产停业、没收财物等行政处罚行为，与行政相对人的财产权密切相关，行政处罚主体超越权限、对象错误、处罚内容错误或程序不合法等行为给相对人造成损失的，国家承担赔偿责任。

这里的处罚有两种情况：一是罚款、没收财物等行政处罚行为，其损害的主要是行政相对人的既得利益；二是吊销许可证和执照、责令停产停业一类的处罚，其损害的主要是行政相对人的可得利益。我国《国家赔偿法》规定，对于既得利益的损失一般可获得赔偿，但对于可得利益的损失，目前尚不能得到赔偿，国家只对实际的直接损失部分予以赔偿。

2. 违法对财产采取查封、扣押、冻结等行政强制措施的行为。采取查封、扣押、冻结等行政强制措施会影响到财产的使用和流通，违法实施查封、扣押、冻结等行政强制措施会给行政相对人造成财产损失，为此，国家应当承担赔偿责任。《国家赔偿法》规定，对违法采取查封、扣押、冻结的行为的救济，一是解除对财产的查封、扣押、冻结，二是赔偿因此造成的财产的损坏或灭失。

3. 违法征收、征用财产的行为。行政机关及其工作人员违反国家规定征收财物和摊派费用，其本身就根本没有法律、法规的依据。因此，这种违法行为不是一般的违法，而是更多地具有"不法"的性质。合法的征收、征用必须符合三项法定条件：为了公共利益的需要；符合法定程序；给予公正补偿。所以征收、征用应当按照法律法规规定的数额、标的、方式、期限、对象等实施，否则构成违法，国家应当承担赔偿责任。

根据《国家赔偿法》第4条的规定，行政机关在行使行政职权时违法造成

---

[1] 姜明安：《行政法》，北京大学出版社2017年版，第625页。

他人财产损失的，依法应当承担行政赔偿责任。于洪区政府于 2010 年 3 月 6 日作出的《停耕决定》，已经被沈阳市中级人民法院［2012］沈中行初字第 140 号生效行政判决确认违法。于洪区政府对由此给农民造成的财产损失，应当承担行政赔偿责任。《停耕决定》一经作出即发生法律效力，在于洪区政府没有充分证据证明农民在《停耕决定》作出后继续耕种的情形下，应当认定农民按照《停耕决定》要求停耕，对因停耕造成农民赖以为生的土地收益损失，于洪区政府依法应当予以赔偿。因各方当事人均无充分证据证明每户农民停耕损失的具体数额，原审法院以停耕时当地每亩土地的平均年产值作为计算每户农民停耕损失的标准，具有一定的合理性。

4. 造成财产损害的其他违法行为。这是兜底性条款，是指造成公民、法人或其他组织财产权损害的其他一切违法行政行为，如侵犯经营自主权造成财产损害的，行政机关不作为造成财产损害的等。

三、行政赔偿的免责范围

在特殊情况下，损害非由行政机关的行为造成，或者损害虽然发生在行政过程中，但由于不可抗力造成，因而国家不负赔偿责任。根据《国家赔偿法》第 5 条规定，以下行为导致的损害，国家不予赔偿：

（一）行政机关工作人员与行使职权无关的个人行为

行政机关工作人员的行为有两类：一类是行使职权的行为；另一类是与行使职权无关的个人行为。行使职权的行为是代表行政机关作出的，进一步说是代表国家作出的，因而，行使职权行为致害由国家承担赔偿责任；而个人行为与职权无关，因个人行为致害，由个人负责。关于职权行为与个人行为的区分标准，学术界尚有不同观点。有的主张采用时间标准，也有人主张采用职责标准、公共利益标准等。我国倾向于对职权行为作扩大解释，凡是在行使职权过程中实施的行为或因行使职权提供侵权机会的行为，一般都归为职权行为的范畴。在具体的案件中，职权行为与个人行为的划分比较复杂，需要综合考虑多项标准。

（二）因公民、法人或其他组织自己的行为致使损害发生

在该种情形下，虽然受害人受到了某种损害，但损害和行政机关的违法行为没有必然关系，而是由受害人自己的行为造成，因而不由国家承担赔偿责任。例如，一农民因拒绝缴纳违法征收的费用，其生产工具被村委会扣留，无法生产。该农民一气之下，自杀身亡。这里，人身损害虽与违法征收有关，但主要由受害人自己的行为导致，不属于行政赔偿的范围。如果损害的发生是由行政机关及工作人员行使职权的行为和受害人自己的行为共同造成，国家要根据行

政机关工作人员行使职权行为过错的大小，部分地承担赔偿责任。

（三）法律规定的国家不予赔偿的其他情形

1. 国家行为。根据《行政诉讼法》的规定，国家行为是指国防、外交等行为。从立法内容和精神看，对于国防、外交等国家行为造成的损害不予赔偿，这也符合各国的通例。

2. 抽象行政行为。抽象行政行为，是指行政机关行使行政权，针对不特定的对象而制定发布的具有普遍约束力的规范性文件的总称。在我国，抽象行政行为不属于行政诉讼的受案范围，因此抽象行政行为造成的损害不能要求国家承担行政赔偿责任。但当行政机关依据抽象行政行为作出的具体行政行为而使公民、法人或其他组织受到损害后，受害人有权提出赔偿请求。

3. 行政机关内部的行政行为。内部行政行为是指行政机关基于特别法律关系，对其所管辖的公务员进行奖惩、任免、培训、考核、离退休、工资、休假等行为。这些行为属于行政机关内部的管理事项，在行政诉讼法中明确将对公务员的奖惩、任免等行为排除于国家赔偿之外。

第三节　行政赔偿请求人和行政赔偿义务机关

本节引例

罗父诉某县公安局人身损害赔偿案

2008 年 5 月 13 日，甲县村民罗某在家与同村王某等打麻将，甲县公安局下属乙派出所以参与赌博（后经查实，罗没有赌博行为）为由对罗某罚款 500 元，在审问期间，乙派出所民警张某对罗某拳打脚踢，致罗某身体重伤，经救治无效死亡。罗某有 65 岁老父，此外无其他亲属。罗父在要求派出所赔偿时与派出所民警发生争吵，被乙派出所拘留 10 日。

问题：本案的赔偿请求人和赔偿义务机关是谁？

理论知识

在行政赔偿案件中，存在两方当事人：一方是受到行政机关及其工作人员违法侵害的赔偿请求人；另一方是承担赔偿义务的行政机关。明确赔偿案件的双方当事人，有利于受害人行使赔偿请求权，也便于作为赔偿主体的行政机关履行赔偿义务。

一、行政赔偿请求人

（一）赔偿请求人的确认

行政赔偿请求人，是指其合法权益受到行政机关及其工作人员不法行为侵害，依照《国家赔偿法》及相关法律规定请求国家给予行政赔偿的公民、法人或其他组织。这里包含以下几层内容：①行政赔偿请求人是行政管理中的行政相对方；②行政赔偿请求人是其合法权益受到了行政侵权行为损害的一方；③行政赔偿请求人是以自己的名义提出赔偿请求的公民、法人或其他组织。

一般情况下，行政赔偿请求人是为了维护自身的合法权益而提出赔偿请求。但当合法权益受到损害的公民死亡时，其继承人及其他有扶养关系的亲属可作为行政赔偿请求人；当合法权益受到损害的法人或其他组织终止时，其请求赔偿的权利则可以转移给承受其权利的新的法人或者其他组织。

（二）赔偿请求人行使权利的时效

根据《国家赔偿法》的规定，请求人请求赔偿的时效是 2 年，自知道或应当知道国家机关及其工作人员行使职权侵犯其人身权、财产权时计算，但被羁押或限制人身自由的时间不计算在内。在请求时效最后 6 个月内，由于不可抗力或其他障碍不能行使请求权的，时效中止。从时效中止的原因消除之日起，赔偿请求时效期间继续计算。

（三）赔偿请求人行使权利的经济保障

我国国家赔偿立法非常注重从经济方面为赔偿请求人行使权利提供帮助和支持，《国家赔偿法》第 41 条规定，赔偿请求人要求国家赔偿的，赔偿义务机关、复议机关、人民法院不得向赔偿请求人收取任何费用。对赔偿请求人取得的赔偿金不予征税。从经济的角度为赔偿请求权人提供了保障。

二、行政赔偿的义务机关

行政赔偿义务机关，是指代表国家接受行政赔偿请求、支付赔偿费用、参加赔偿诉讼的行政机关或者法律、法规授权的组织。

（一）行政赔偿义务机关的确定

根据《国家赔偿法》的规定，行政赔偿义务机关有以下几种情形：

1. 一般赔偿义务机关。行政机关及其工作人员行使行政职权侵犯公民、法人或其他组织的合法权益造成损害的，该行政机关为赔偿义务机关。

2. 共同侵权时的赔偿义务机关。两个以上行政机关共同行使行政职权时侵犯公民、法人或其他组织的合法权益造成损害的，共同行使行政职权的行政机关为共同赔偿义务机关。

3. 授权行政侵权时的赔偿义务机关。法律、法规授权的组织在行使授予的行政权力时侵犯公民、法人或其他组织的合法权益造成损害的，被授权的组织为赔偿义务机关。

4. 委托行政侵权时的赔偿义务机关。受行政机关委托的组织或者个人在行使受委托的行政权力时侵犯公民、法人或其他组织的合法权益造成损害的，委托的行政机关为赔偿义务机关。如果受委托的组织或个人所实施的致害行为与委托的职权无关，则国家不能对该致害行为承担赔偿责任，受害人只能追究委托组织或个人的民事侵权责任。

5. 致害机关被撤销时的赔偿义务机关。赔偿义务机关被撤销的，继续行使其职权的行政机关为赔偿义务机关；没有继续行使其职权的行政机关的，撤销该赔偿义务机关的行政机关为赔偿义务机关。

6. 经过行政复议情况下的赔偿义务机关。经复议机关复议的，最初造成侵害行为的行政机关为赔偿义务机关，但复议机关的复议决定加重损害的，复议机关对加重的部分履行赔偿义务。也就是说，谁造成的侵权损害，应由谁作为赔偿义务机关履行赔偿义务。

（二）行政赔偿义务机关的权利义务

赔偿义务机关作为国家责任的履行者，在行政赔偿中具有下列权利和义务：

1. 对相对人的行政赔偿请求在法定期间作出处理。

2. 参加行政赔偿问题引起的行政赔偿诉讼。

3. 履行行政复议决定或人民法院的判决，支付赔偿金、返还财产等。

4. 在赔偿受害人的损失后，有权向有故意或重大过失的工作人员或受委托的组织、个人行使追偿权。

本节引例中，民警张某在行使行政职权过程中殴打罗某导致其死亡，对此，张某所属的县公安局应作为赔偿义务机关。乙派出所违法对罗某罚款 500 元，由于在 500 元罚款范围内派出所是治安管理处罚法授权的组织，所以，此时应由派出所作为赔偿义务机关。对罗父实施的违法拘留，虽然具体的实施者是乙派出所，但最终应由县公安局作为赔偿义务机关。罗父是罗某的唯一的亲属，他有权作为赔偿请求人要求乙派出所、县公安局履行行政赔偿义务。

第四节　行政赔偿程序

本节引例

2011 年 8 月，贺某某等五人认为，四川省彭州市人民政府修建三环路占用了其依法承包经营使用的集体土地1.91亩，且没有给予征地补偿，遂于2013年2月向彭州市人民政府递交行政赔偿申请。2013年3月彭州市人民政府作出彭府行赔字（2013）第003号行政赔偿决定书，不予赔偿。贺某某等提起行政赔偿诉讼，法院以其未提交证据证明被诉的征地行为已被确认为违法为由，裁定不予受理。贺某某等认为，2010年修订后的《国家赔偿法》第9条已经取消了违法确认前置程序，故无需提供被诉的征地行为已被确认为违法的证据。[1]

问题：人民法院的裁定是否符合国家赔偿法的规定？

理论知识

行政赔偿程序，是指赔偿请求人向赔偿义务机关请求行政赔偿，赔偿义务机关决定是否给予赔偿，以及人民法院解决行政赔偿纠纷的方式、步骤和时限的总称。

一、行政赔偿请求的提出

（一）行政赔偿请求的方式

《国家赔偿法》规定的行政赔偿请求分为两种方式：①单独提出赔偿。行政赔偿请求人在向人民法院提起行政赔偿诉讼之前，应首先向行政赔偿义务机关请求赔偿，由行政赔偿义务机关先进行处理；在行政赔偿请求人因行政赔偿义务机关逾期不予赔偿或赔偿请求人对赔偿数额有异议的情况下，赔偿请求人才可以向人民法院提起行政赔偿诉讼。这属于行政先行处理程序。②附带提出赔偿请求。赔偿请求人在申请行政复议、提起行政诉讼的过程中一并提出行政赔偿请求。

（二）行政赔偿请求的要件

受害人提出赔偿请求应具备以下条件：

1. 提出请求人具有请求权。原则上，请求权人是自己的合法权益受到行政机关及其工作人员的职务行为侵犯并造成损害的公民、法人或其他组织。具有请求权的公民死亡的，该请求权资格转移给其继承人和其他有扶养关系的亲属；具有请求权的法人或者其他组织终止的，继续承受其权利的法人或者其他组织有权提出赔偿。

2. 被请求人是明确、适格的赔偿义务机关。《国家赔偿法》明确规定了不同情形的行政赔偿义务机关，行政赔偿请求人必须按照其规定向明确、适格的赔偿义务机关提出，其他任何机关均无权直接受理。

---

〔1〕　参见中华人民共和国最高人民法院（2014）行监字第526号，引自中国裁判文书网。

3. 提出请求事项必须符合法定的范围。赔偿请求人所提出的赔偿请求事项，必须属于《国家赔偿法》规定的行政赔偿范围，或者其他法律明确规定的行政赔偿事项。

4. 提出请求必须在法定的期限内。赔偿请求人请求赔偿义务机关予以行政赔偿，必须在法定期限内提起。《国家赔偿法》规定，请求人请求国家赔偿的时效是 2 年。自其知道或者应当知道国家机关及其工作人员行使职权时的行为侵犯其人身权、财产权之日起计算，但被羁押等限制人身自由期间不计算在内。赔偿请求人在赔偿请求时效的最后 6 个月内，因不可抗力或者其他障碍不能行使请求权的，时效中止。从中止时效的原因消除之日起，赔偿请求时效继续计算。

（三）行政赔偿请求的形式

行政赔偿请求人向赔偿义务机关提出行政赔偿请求，应以书面形式申请。如果赔偿请求人书写申请书确有困难的，可以委托他人代书，也可以口头申请，由赔偿义务机关将其口头申请记入笔录，经赔偿请求人确认无误后，由赔偿请求人签字或盖章。

赔偿请求人当面递交申请书的，赔偿义务机关应当当面出具加盖本行政机关专用印章并注明收讫日期的书面凭证。申请材料不齐全的，赔偿义务机关应当场或者在 5 日内一次性告知赔偿请求人需要补正的全部内容。

二、行政赔偿义务机关的受理

行政赔偿义务机关在收到赔偿请求人的申请后，对申请书提出的赔偿要求进行受案前的初步审查。经过审查，行政赔偿义务机关根据不同情况分别作出如下处理：

1. 给予赔偿。行政赔偿义务机关认为符合赔偿条件，应自收到申请之日起 2 个月内给予赔偿。赔偿义务机关作出赔偿决定，应当充分听取赔偿请求人的意见，这是必经程序。赔偿义务机关可以与赔偿请求人就赔偿事项进行协商，也可以直接作出赔偿决定，协商不是必经程序。赔偿义务机关应制作赔偿决定书，并自作出决定之日起 10 日内送达赔偿请求人。如果赔偿请求人对赔偿方式、项目、数额有异议，可以自行政赔偿义务机关作出赔偿决定之日起 3 个月内，向人民法院提出行政赔偿诉讼。

2. 不予赔偿。赔偿义务机关认为赔偿请求人的申请不符合法律规定的赔偿条件的，应予以拒绝，不予赔偿，并自作出决定之日起 10 日内书面通知赔偿请求人，并说明不予赔偿的理由。如果赔偿请求人对行政赔偿义务机关作出的不予赔偿的决定有异议，可以自行政赔偿义务机关作出不予赔偿决定之日起 3 个月内，向人民法院提出行政赔偿诉讼。

3. 逾期未作出是否赔偿的决定。行政赔偿义务机关在收到赔偿申请后 2 个月内未作出是否赔偿的决定，赔偿请求人可以自 2 个月期限届满之日起 3 个月内，向人民法院提出行政赔偿诉讼。

三、行政赔偿诉讼

行政赔偿诉讼是一种特殊的诉讼形式，是指人民法院根据赔偿请求人的请求，依照行政诉讼程序和国家赔偿法的基本原则和制度裁判赔偿争议的活动。在起诉条件、诉讼当事人、审理形式、证据规则及适用程序等方面都有其自身特点：

1. 从起诉的条件看，在单独提起赔偿诉讼时，要以行政赔偿义务机关先行处理为前提条件。在一并提起赔偿请求时，通常以行政复议或行政诉讼确认行政行为违法为先决条件。

2. 从诉讼当事人看，行政赔偿诉讼以行政赔偿义务机关为被告，实行"国家责任，机关赔偿"制度。致害的公务员或行政主体的其他工作人员不能作为诉讼的被告。

3. 从审理方式看，行政赔偿诉讼可以适用调解作为结案方式。一般行政案件的审理不适用调解，这是行政诉讼的一项特殊规则，但行政赔偿诉讼可以适用调解。双方当事人之间因权利受损而发生赔偿争议，人民法院可以居中进行调解，以解决赔偿争议。

4. 从证据规则看，行政赔偿诉讼不完全采取"被告负举证责任"的原则，而是参照民事诉讼规则，实行举证责任合理分配。例如，证明损害事实的存在，自己所受损害与被告行政行为之间有因果关系，这应当由原告（赔偿请求人）负举证责任；而证明被诉行政行为合法或从未实施过该行为，则是被告（赔偿义务机关）负举证责任。赔偿义务机关采取限制人身自由的处罚或措施期间，被限制人身自由的人死亡或者丧失行为能力的，应由被告（赔偿义务机关）提供证明是否存在因果关系。

行政赔偿诉讼原则上适用《国家赔偿法》和 1997 年 4 月 29 日《最高人民法院关于审理行政赔偿案件若干问题的规定》所规定的程序，在与上述规定不抵触的情况下，适用《行政诉讼法》规定的程序。

赔偿请求人在申请行政复议和提起行政诉讼时一并提出行政赔偿。在行政复议中提出行政赔偿请求的适用行政复议程序；行政诉讼案件的原告可以在提起行政诉讼后至人民法院一审庭审结束前提出行政赔偿请求，人民法院一并受理，审理的程序、期限等与一般行政诉讼案件相同。

四、行政追偿

行政追偿又称行政求偿，是指国家向行政赔偿请求人支付赔偿费用后，依法责令有故意或重大过失的公务员、受委托组织和人员承担部分或全部赔偿费用的法律制度。是国家基于行政机关与工作人员之间特别权力关系而对公务员等实施的制裁形式。

（一）追偿要件

根据《国家赔偿法》和《行政诉讼法》的规定，赔偿义务机关在行使追偿权时应当具备以下条件：

1. 行政赔偿义务机关已经对受害人给予了赔偿。如果赔偿义务机关未曾支付赔偿费用，追偿无从谈起。

2. 只能向有故意或者重大过失的工作人员或者委托的组织或个人行使追偿权。一般来说，法律上将主观过错分为三个层次：故意、重大过失、轻微过失。只有责任人员的过错在达到故意或重大过失时，行政机关才能行使追偿权。

（二）追偿金额

根据《国家赔偿法》规定，金额负担分为全部负担和部分负担两种。赔偿义务机关在确定追偿金额时，要遵循三项原则：应与赔偿义务机关的赔偿金额大小相适应；追偿金额的大小与过错程度相适应；应考虑被追偿者的薪酬收入。

此外，对致害行为中的一些违法犯罪行为，国家在行使追偿权的同时，还要对有故意或重大过失，违反行政法律规范、刑事法律规范的工作人员，追究其行政责任或刑事责任。

本节引例中，涉及单独提起行政赔偿的行政诉讼。《最高人民法院关于审理行政赔偿案件若干问题的规定》第21条规定："赔偿请求人单独提起行政赔偿诉讼，应当符合下列条件：①原告具有请求资格；②有明确的被告；③有具体的赔偿请求和受损害的事实根据；④加害行为为具体行政行为的，该行为已被确认为违法；⑤赔偿义务机关已先行处理或超过法定期限不予处理；⑥属于人民法院行政赔偿诉讼的受案范围和受诉人民法院管辖；⑦符合法律规定的起诉期限。"根据该规定，加害行为为具体行政行为的，该行为已被确认为违法是单独提起行政赔偿诉讼的法定起诉条件之一，这既包含司法确认，也包含行政确认。本案中，贺某某等五人以彭州市人民政府修建三环路占用其依法承包经营的集体土地1.91亩，拒不依法给予征地补偿，侵犯其合法权益为由向人民法院单独提起行政赔偿诉讼，但其未提交证据证明被诉的征地行为已被确认为违法，因此，贺某某等五人提起的行政赔偿诉讼不具备法定的起诉要件。

关于2010年修订后的《国家赔偿法》第9条已经取消了违法确认前置程序

的问题。虽然修订后的《国家赔偿法》第9条（赔偿义务机关有本法第3条、第4条规定情形之一的，应当给予赔偿。赔偿请求人要求赔偿，应当先向赔偿义务机关提出，也可以在申请行政复议或者提起行政诉讼时一并提出）与修订前的《国家赔偿法》第9条（赔偿义务机关对依法确认有本法第3条、第4条规定的情形之一的，应当给予赔偿。赔偿请求人要求赔偿应当先向赔偿义务机关提出，也可以在申请行政复议和提起行政诉讼时一并提出）相比较，少了"依法确认"四个字，但是"违法"作为国家赔偿的前提没有改变。《国家赔偿法》第3条、第4条中所列举的侵犯人身权或侵犯财产权的情形均是违法行为。因此，从《国家赔偿法》第3条、第4条、第9条之间的文意理解，修订后的第9条只是将"违法确认程序"与"申请赔偿程序"合二为一，即赔偿请求人向赔偿义务机关提出赔偿要求后，赔偿义务机关认为具体行政行为违法的，应当予以赔偿。换言之，该第9条的修订仅涉及在赔偿请求人向赔偿义务机关提出赔偿请求的程序中，不再将违法确认作为一项前置程序，但没有取消确认违法的条件。所以，《国家赔偿法》第9条的修订与《最高人民法院关于审理行政赔偿案件若干问题的规定》第21条第4项的规定并不矛盾。

第五节　行政赔偿方式与计算标准

本节引例

李向巨诉哈尔滨市道外区政府房屋拆迁行政赔偿案[1]

2005年7月，哈尔滨市道外区实施拆迁，原告李向巨的房屋在拆迁范围内。李向巨房屋动迁时评估价为2378元/每平方米，李向巨不同意对其房屋价格的评估结论，书面申请复估，但拆迁单位及评估机构未予答复。2005年8月，被告向李向巨送达了强制拆除通知，采取强制措施拆除李向巨的房屋，李向巨因此起诉要求赔偿。一审法院按照动迁时的评估价，判决被告道外区政府赔偿原告拆迁补偿款303 055.62元。李向巨不服，向哈尔滨市中院提起上诉，要求按照上涨后的价格计算赔偿数额。截至2008年末，动迁地段的多层房屋销售价格为4000元/每平方米，四层加价18%。

─────────

〔1〕 参见中华人民共和国最高人民法院行政审判庭编：《中国行政审判指导案例（第1卷）》，中国法制出版社2010年版，第28号案例。

问题：依法应如何计算原告应获得的赔偿数额？

理论知识

一、行政赔偿的方式

行政赔偿的方式是指国家承担行政赔偿责任的具体形式。

（一）金钱赔偿

金钱赔偿是指以货币支付的形式，在计算或估算损害程度后，给予受害者适当额度的赔偿。以金钱支付赔偿金简便易行，既能够起到对受害人的救济作用，也不影响国家机关正常的工作。金钱赔偿方式适应性强，不论是公民人身自由还是生命健康权损害，都可以进行适当的金钱赔偿。所以，金钱赔偿是行政赔偿的主要方式。

（二）返还财产

所谓返还财产或返还原物，是指赔偿义务机关将非法占有的财产归还所有人、经营管理人或者其他合法占有人，以恢复到权利人合法占有状态的辅助性赔偿方式。比如返还违法实施的罚款、没收的财物、返还查封、扣押、冻结的财产等。与金钱赔偿相比，返还财产只适用于物质侵害，返还财产一般必须是原物，既可以是特定物，又可以是种类物。这一赔偿方式，不仅能使损害直接得到赔偿，有时还可以减少或避免可能发生的精神损害，但只有在不影响公务的实施，返还财产比金钱赔偿更为便捷时才适用。

（三）恢复原状

国家赔偿法中的恢复原状一般是指行政机关的行为侵害他人财产，对受到损害的财产进行修复，使其恢复到受损害前的形状和性能的赔偿方式。按照国家赔偿法的规定，应予返还的财产受到损害，能够恢复原状的，应恢复原状后返还。如将推倒的建筑物重新修复，解除对财产的查封、扣押和冻结等。同样，只有在不影响公务的实施，恢复原状比金钱赔偿更为便捷时才适用。

（四）精神损害的赔偿

精神损害是指对人身造成的精神痛苦，它包括精神上的悲伤、失望等。精神损害多由于侵犯人身而产生，但也不排除侵犯财产权造成的精神损害。《国家赔偿法》第35条规定："有本法第3条或者第17条规定情形之一，致人精神损害的，应当在侵权行为影响的范围内，为受害人消除影响，恢复名誉，赔礼道歉；造成严重后果的，应当支付相应的精神损害抚慰金。"这就是说，赔偿义务机关在给予金钱赔偿的同时，对受害人造成的名誉权、荣誉权等人格方面损害的，还要以精神赔偿的方式，为其消除影响，恢复名誉，赔礼道歉。

二、行政赔偿的计算标准

行政赔偿的计算标准，是指在行政赔偿时，法律所规定的对行政相对人支付赔偿金，计算其数额的尺度。

我国经济正处于发展期，国家的财力有限，我国的国家赔偿法立法时所确立的原则是"填平补齐"的赔偿原则，而不是"惩罚性"的赔偿标准，所以现阶段基本上采取的是抚慰性的赔偿标准。采取这一标准，只能是以保障公民、法人的生活和生存的需要为限，不以补足受害人的实际损失为目标，国家支付的赔偿额往往少于受害人实际发生的损失。

（一）侵犯人身自由权的赔偿计算标准

《国家赔偿法》第33条规定，侵犯公民人身自由的，每日的赔偿金按照国家上年度职工日平均工资计算。适用此标准时需注意以下的问题：

1. 该项标准所指的侵犯公民的人身自由，不包括因侵犯公民人身自由造成的公民身体健康、劳动能力丧失或者死亡的情形，只适用单纯的人身自由的侵犯。

2. 侵犯公民人身自由的赔偿金按照日计算，每日数额为国家上年度职工平均工资。此处的"上年度"应为赔偿义务机关、复议机关或者人民法院赔偿委员会作出赔偿决定时的上年度；复议机关或者人民法院赔偿委员会决定维持原赔偿决定的，按作出原赔偿决定时的上年度执行。

3. 上年度职工日平均工资数额，应当以职工年平均工资数额除以全年法定工作日数（通常为254天）的方法计算。年平均工资则以国家统计局公布的数字为准。

（二）侵犯公民生命健康权的赔偿计算标准

根据《国家赔偿法》第34条的规定，侵犯公民生命健康权赔偿分为三种情况：

1. 造成身体伤害的，应当支付医疗费、护理费，以及赔偿因误工减少的收入。减少的收入每日的赔偿金按照国家上年度职工日平均工资计算，最高额为国家上年度职工年平均工资的5倍。

2. 造成部分或者全部丧失劳动能力的，应当支付医疗费、护理费、残疾生活辅助具费、康复费等因残疾而增加的必要支出和继续治疗所必需的费用，以及残疾赔偿金。残疾赔偿金根据丧失劳动能力的程度，按照国家规定的伤残等级确定，最高不超过国家上年度职工年平均工资的20倍。造成全部丧失劳动能力的，对其扶养的无劳动能力的人，还应当支付生活费。

3. 造成公民死亡的，应当支付死亡赔偿金、丧葬费，总额为国家上年度职工年平均工资的 20 倍。对死者生前扶养的无劳动能力的人，还应当支付生活费。

根据我国有关法律的规定，第 2 项、第 3 项中提及的被扶养的人是未成年人的，生活费给付至 18 周岁止；其他无劳动能力的人，生活费给付至死亡时止。生活费的发放标准参照当地最低生活保障标准执行。

（三）侵犯财产权赔偿计算标准

根据《国家赔偿法》第 36 条的规定，侵犯财产权造成的损害赔偿包括如下情形：

1. 处罚款、罚金、追缴、没收财产或者违法征收、征用财产的，返还财产。

2. 查封、扣押、冻结财产的，解除对财产的查封、扣押、冻结，造成财产损坏或者灭失的，按照损害程度给予相应的赔偿金。

3. 应当返还的财产损坏的，能够恢复原状的恢复原状，不能恢复原状的，按照损害程度给付相应的赔偿金。

4. 应当返还的财产灭失的，给付相应的赔偿金。

5. 财产已经拍卖或者变卖的，给付拍卖或者变卖所得的价款；变卖的价款明显低于财产价值的，应当支付相应的赔偿金。

6. 吊销许可证和执照、责令停产停业的，赔偿停产停业期间必要的经常性费用开支。

7. 返还执行的罚款或者罚金、追缴或者没收的金钱，解除冻结的存款或者汇款的，应当支付银行同期存款利息。

8. 对财产权造成其他损害的，按照直接损失给予赔偿。

（四）行政赔偿的费用

《国家赔偿法》第 37 条规定："赔偿费用列入各级财政预算。……赔偿费用预算与支付管理的具体办法由国务院规定。" 2011 年 1 月 17 日国务院发布实施了《国家赔偿费用管理条例》，该条例对我国行政赔偿费用的来源和支付提供了法律依据。

本节引例涉及行政赔偿的标准。由于原告的房屋已经被拆除且原址已经新建房屋，故无法返还或者恢复原状，只能以支付赔偿金的方式来进行。根据《国家赔偿法》的规定，由于房屋已经灭失，应当以能够恢复原状的标准来给付赔偿金，即应当以判决时能够在同区位购买同等条件的房屋价格进行赔偿。

第六节 行政补偿

本节引例

广州市番禺区某村村民佳某，自 1993 年开始在村里租地养鸭。2007 年 9 月 5 日，番禺区发生疑似高致病性禽流感疫情，经国家禽流感参考实验室确诊为 H5N1 型禽流感。番禺区对以疫点为圆心、半径 3 公里的疫区范围内的 10 万只家禽全部捕杀。因佳某的养鸭场正处于这一疫区范围内，他养的 800 多只鸭子被全部捕杀。

问题：佳某的损失能够得到政府的补偿吗？

理论知识

一、行政补偿的概念和特征

行政补偿是国家对行政主体在行使行政职权过程中，因其合法行为造成行政相对人合法权益的损失而实行的一种救济制度。

行政补偿有以下特征：

1. 行政补偿的前提是行政主体及其工作人员行为合法。其对行政相对人合法权益造成的损失绝非法律意义上的侵权行为。只有合法的行政行为造成损害，才能引起行政补偿，这使它与因违法行政造成损失的救济制度——行政赔偿区别开来。

2. 行政补偿的致害行为是为了公共利益。行政行为的作出，从法理上讲本身是为了公共利益，而现实中，大量出于部门自身利益考虑而为之的行政主体，其目的违法性使得该行政行为在法律上被否定，因这种具有违法性的行为造成的损害，应该是行政赔偿而非行政补偿。所以只有行政主体基于公共利益而作出损害相对人权益的行为，才能导致行政补偿。但国家对公民因公平分配而承担的义务，不必加以补偿，如纳税、服兵役等。

3. 行政补偿主要是一种财产补偿。行政补偿一直是作为保障财产权的救济制度而出现的，其中最为典型的是土地征用。其他有关行政补偿的法律规定一般也都是以补偿对财产权的侵害为目的，但也不排除对征用人力而给予的补偿。

4. 行政补偿一般为事先补偿。行政赔偿是在行政侵权行为已经造成了损害之后进行的，而国家补偿既可以在侵害发生之前进行，也可以在侵害发生之后进行，但一般发生在行政侵权之前，事先确定补偿的条件、标准等。

5. 行政补偿以个人、组织所受的直接损失为限。我国行政补偿的标准一般采取"适当补偿"或"合理补偿"，但只补偿直接的损失。正如姜明安所说，合法权益受损的个人、组织不得要求超出其现实损失之外的补偿要求，因为这种要求已不是损失补偿，而是要求分取利益。[1]

二、行政补偿的范围

在行政管理的许多领域，行政机关和行政机关工作人员合法行使职权的行为，或国家为了社会公共利益的需要，都不可避免地会损害个别或部分行政相对人的合法权益。但我国目前除个别单行法对某些行政管理领域，如土地征用的补偿等作了一些零散的规定外，整体的、规范化的行政补偿制度尚未建立。从立法上看，下列行为应给予补偿：

1. 公用征调。在紧急情况下，行政机关为了处理临时性、突发性事件，如地震、火灾、洪水等，可以征用公民或组织的财物或人力，事后予以相应补偿。例如，《防洪法》第 7 条第 3 款规定，各级人民政府应当对蓄滞洪区予以扶持；蓄滞洪后，应当依照国家规定予以补偿或者救助。

2. 土地征用。国家为了公共利益的需要，可以依法对集体所有的土地实行征用，事后应给予补偿。例如，《土地管理法》第 47 条第 1 款规定，征收土地的，按照被征收土地的原用途给予补偿。

3. 房屋拆迁。因城市建设的需要，拆迁人依据行政机关的批文和许可证对房屋进行拆迁，应当给予补偿。例如，《城市房屋拆迁管理条例》（现已失效）第 4 条规定，拆迁人应当依照该条例规定，对被拆迁人给予补偿和安置。

4. 公用征收。行政主体为了公共利益目的，按照法定的形式和事先公平补偿原则，以强制方式取得私人不动产的所有权或其他物权，事后应当给予补偿。例如，《外资企业法》第 5 条规定，国家对外资企业不实行国有化和征收；在特殊情况下，根据社会公共利益的需要，对外资企业可以依照法律程序实行征收，并给予相应的补偿。

5. 公务合作。公民或组织协助行政机关履行职责而造成的损害，可以获得补偿。例如，《人民警察法》第 34 条第 2 款规定，公民和组织因协助人民警察执行职务，造成人身伤亡或者财产损失的，应当按照国家有关规定给予抚恤或者补偿。

6. 疫情应急。当发生疫情时，为保护公众身体健康与生命安全，维护正常

---

〔1〕　姜明安主编：《行政法与行政诉讼法》，北京大学出版社、高等教育出版社 2011 年版，第 717页。

的社会秩序，国家紧急采取扑杀、销毁等措施给当事人造成损害的，可以给予补偿。例如，《重大动物疫情应急条例》第 33 条规定，国家对因采取扑杀、销毁等措施给当事人造成的已经证实的损失，给予合理补偿。

7. 军事征调。当国家处于紧急状态下，军事机关依法征调财物和劳务，对被征调人应当给予补偿。例如，《国防法》第 48 条规定：国家根据动员需要，可以依法征收、征用组织和个人的设备设施、交通工具和其他物资。县级以上人民政府对被征收、征用者因征用所造成的直接经济损失，按照国家有关规定给予适当补偿。

8. 保护公物。公民或组织为保护国家或公共财产所致损害，可以给予补偿，补偿办法由省、自治区、直辖市政府制定。例如，《野生动物保护法》第 19 条规定，因保护国家和地方重点保护野生动物，造成农作物或者其他损失的，由当地政府给予补偿。

9. 见义勇为。没有法定或约定的义务，为保护国家、集体利益或他人人身、财产等合法权益，勇敢地同违法犯罪做斗争或者抢险救灾等对其人身具有高度危险性的行为，可以给予补偿。例如，《四川省保护和奖励见义勇为条例》第 18 条规定，见义勇为牺牲人员的配偶、子女及其扶养的亲属，在工作、学习、生产、生活中确有困难的，当地人民政府和有关部门、单位应给予重点照顾与帮助。

三、行政补偿的程序

行政补偿可适用行政性程序和司法程序两种，但行政性程序应为司法程序的前置程序。

1. 行政性程序。一般情况下，行政性程序包括以下步骤：行政相对人向行政机关提出申请，行政机关受理并书面审查申请或当面听取申请人的陈述、接受相对人有关证据材料，在必要时可举行听证、行政机关作出给予补偿或不予补偿的决定、向申请人送达决定书，告知申请人不服决定的救济途径。此外，某些行政补偿，如公民协助公务和见义勇为的补偿，也可不经行政相对人申请而由行政机关主动发放。如果行政机关不主动发给，行政相对人亦可自行申请。

2. 司法程序。多数行政补偿是按照行政性程序而非司法程序进行的。行政相对人如接受行政机关就其补偿申请作出的决定即不再引起司法程序，只有行政相对人不服行政机关的决定时，方可引起司法程序。行政相对人向人民法院提起行政补偿诉讼。行政补偿诉讼一般适用行政诉讼程序，但有关行政补偿的法律、法规可补充规定某些特别程序。

四、行政补偿的标准

行政补偿标准可参照行政赔偿的标准，以补偿行政相对人的实际损失为原则。但具体领域、具体事项的补偿标准，应以单行法律、法规规定，而不宜作统一的相同规定。例如，《土地管理法》第 47 条第 2 款规定，征收耕地的土地补偿费，为该耕地被征收前 3 年平均年产值的 6～10 倍。征收耕地的安置补助费，按照需要安置的农业人口数计算。需要安置的农业人口数，按照被征收的耕地数量除以征地前被征收单位平均每人占有耕地的数量计算。每一个需要安置的农业人口的安置补助费标准，为该耕地被征收前 3 年平均年产值的 4～6 倍。但是，每公顷被征收耕地的安置补助费，最高不得超过被征收前 3 年平均年产值的 15 倍。

本节引例涉及行政补偿的范围。《重大动物疫情应急条例》第 33 条规定，国家对疫区、受威胁区内易感染的动物免费实施紧急免疫接种；对因采取扑杀、销毁等措施给当事人造成的已经证实的损失，给予合理补偿。具体到本案来说，当发生疫情时，番禺区政府为保护公众身体健康与生命安全，维护正常的社会秩序，紧急采取扑杀、销毁等措施给佳某造成损害的，可以给予合理的行政补偿。据此，番禺区政府给予佳某行政补偿 9400 元。

思考题

1. 简述行政赔偿归责原则的内涵。
2. 国家赔偿法是如何规定精神损害赔偿的？
3. 简述行政赔偿义务机关的类型。
4. 行政赔偿请求人应具备什么条件？
5. 行政赔偿与行政补偿有何区别？

实务训练

2009 年 12 月 11 日，杨某和妻子奚某，向书院镇棉场村 12 组村民租赁 9.09 亩土地，用于金桂、银桂等树木的种植。至 2009 年 12 月 28 日，共计植树 8500 株，评估价值 289 000 元。2010 年 1 月 21 日，被告书院镇政府为保护基本农田，在未履行告知义务，未与原告杨某协商的情况下，于同年 1 月 25 日、2 月 9 日、2 月 21 日分三次拔掉原告种植的树木。原告杨某、奚某向上海市浦东新区人民法院提起行政诉讼。

问题：从行政赔偿法的角度讨论上述案件应如何处理？说出你的依据。